Solución política
y proceso de paz en Colombia

*A propósito de los diálogos entre el Gobierno
y las FARC-EP*

Solución política
y proceso de paz en Colombia

*A propósito de los diálogos
entre el Gobierno y las FARC-EP*

Jairo Estrada (coordinador)

una editorial latinoamericana

ISBN: 978-1-925019-07-0
Library of Congress Control Number: 2013938092

33614080903270

Primera edición 2013
Impreso en México por Quad/Graphics Querétaro, S.A. de C.V.

PUBLICADO POR OCEAN SUR
OCEAN SUR ES UN PROYECTO DE OCEAN PRESS

EE.UU.:   E-mail: info@oceansur.com
Cuba: E-mail: lahabana@oceansur.com
El Salvador: E-mail: elsalvador@oceansur.com
Venezuela: E-mail: venezuela@oceansur.com

DISTRIBUIDORES DE OCEAN SUR
Argentina: Distal Libros • Tel: (54-11) 5235-1555 • E-mail: info@distalnet.com
Australia: Ocean Press • E-mail: info@oceanbooks.com.au
Bolivia: Ocean Sur Bolivia • E-mail: bolivia@oceansur.com
Canadá: Publisher Group Canada • Tel: 1-800-663-5714 • E-mail: customerservice@raincoast.com
Chile: El Retorno a Itaca Ltda • E-mail: el_retorno_a_itaca@imagoweb.cl
Colombia: Ediciones Izquierda Viva • Tel/Fax: 2855586 • E-mail: edicionesizquierdavivacol@gmail.com
Cuba: Ocean Sur • E-mail: lahabana@oceansur.com
EE.UU.: CBSD • Tel: 1-800-283-3572 • www.cbsd.com
El Salvador y Guatemala: Editorial Morazán • E-mail: editorialmorazan@hotmail.com • Tel: 2235-7897
España: Traficantes de Sueños • E-mail: distribuidora@traficantes.net
Gran Bretaña y Europa: Turnaround Publisher Services • E-mail: orders@turnaround-uk.com
México: Ocean Sur • Tel: 52 (55) 5421 4165 • E-mail: mexico@oceansur.com
Puerto Rico: Libros El Navegante • Tel: 7873427468 • E-mail: libnavegante@yahoo.com
Uruguay: Orbe Libros • E-mail: orbelibr@adinet.com.uy
Venezuela: Ocean Sur Venezuela • E-mail: venezuela@oceansur.com

www.oceansur.com
www.oceanbooks.com.au
www.facebook.com/OceanSur

Índice

Presentación

El *Acuerdo general para la terminación del conflicto y la construcción de una paz estable y duradera*, suscrito entre el Gobierno de la República de Colombia y la guerrilla de las Fuerzas Armadas Revolucionarias de Colombia-Ejército del Pueblo (FARC-EP), así como el inicio formal de los diálogos en La Habana el 19 de noviembre de 2012, representan el hecho político de mayor significado en la historia presente colombiana tras la ruptura de los diálogos de San Vicente del Caguán con esa misma guerrilla, hace más de una década. De nuevo se ha abierto la posibilidad de avanzar en la búsqueda de una solución política al conflicto social y armado que por más de cincuenta años ha afectado al país.

Para Nuestra América, se trata igualmente de un hecho de indiscutible valor, pues la intensificación de la guerra se acompañó durante la última década de un creciente intervencionismo imperialista, que condujo a la instalación de bases militares a lo largo y ancho del territorio colombiano. Tal intervencionismo, con el argumento de contribuir a la derrota de una presunta amenaza terrorista, convirtió al país en una punta de lanza de los intereses geopolíticos de los Estados Unidos en la región y en plataforma de contención de los procesos de cambio emprendidos por gobiernos progresistas y nacional-populares. La dinámica del conflicto llegó incluso a afectar la estabilidad y la paz regional.

El inicio de los diálogos de La Habana, así como la posibilidad de la negociación y el acuerdo representan una buena noticia para las fuerzas democráticas, progresistas y revolucionarias en Colombia y en la región. La probabilidad del desistimiento del alzamiento armado contra el Estado y del tránsito al pleno ejercicio de la política a cambio de sentar las bases y definir los mecanismos para lograr la paz con justicia social, adquiere un inconmensurable significado para el proceso político. Ella se da en un contexto, por una parte, de redefinición de los campos de fuerza merced a un renovada dinámica de la lucha, organización y resistencia de las clases subalternas y, en general, del movimiento político, social y popular colombiano, contra la acumulación transnacional del capitalismo neoliberal y el oprobioso régimen político, con rasgos autoritarios, criminales y mafiosos, impuesto por la clases dominantes durante las últimas décadas. Por la otra, en el marco de una región con su destino aún en disputa, pero en la que la correlación general de fuerzas ha reafirmado la soberanía, fortalecido las opciones democrático-populares, reconocido y reivindicado los derechos de los de abajo y emprendido la búsqueda de trayectorias propias de desarrollo e integración, incluida la transformación del modo de vida y de producción.

Desde luego que no se está frente a un camino fácil de recorrer. Primero, por cuanto los diálogos transcurren en medio de la confrontación militar, pese a reiteradas demandas sociales y populares por un cese bilateral del fuego y a propuestas de la propia insurgencia guerrillera en el mismo sentido. La persistencia gubernamental en la idea de que «la paz es la victoria», es decir, que golpes militares pueden doblegar más rápidamente a la guerrilla y producir definiciones en la Mesa de diálogos, se constituye en un factor que hace peligrosamente vidrioso el proceso. Segundo, por la influencia de sectores militaristas y de ultraderecha, con fuerte resonancia en los medios masivos de comunicación, que se han opuesto desde un inicio al proceso, pretenden sabotearlo e insistir en una «solución final» militar, de exterminio del «enemigo terrorista». Tales sectores se inspiran con nostalgia en la fracasada política de «seguridad democrática» del expresidente Álvaro Uribe Vélez. Tercero, por la presión de influyentes sectores latifundistas y terratenientes y de corporaciones transnacionales minero-energéticas que, amparados en el inmenso poder político y económico derivado del control sobre la tierra y el territorio, rechazan cualquier posibilidad afectación de su intereses y negocios derivada de eventuales acuerdos con la insurgencia. Y cuarto, por la amenaza de grupos de poder (económico, político y militar), incluido el complejo militar-industrial del imperialismo colectivo, beneficiarios directos de los rendimientos que les generan la persistencia y prolongación indefinida de la guerra.

De lo anterior se puede deducir que el trámite exitoso de los diálogos de La Habana, depende —más allá de lo que ocurra en la Mesa entre las partes— del logro de un cambio en la correlación social de fuerzas, que permita consolidar de manera estable la necesidad de una solución política al conflicto social y armado. Ello pasa, como es obvio, por una apropiación social tanto de la agenda pactada, como del proceso en su conjunto. Para ello se requiere que la lucha por la solución política conducente a un proceso de paz, se constituya en un verdadero movimiento social y popular, que logre congregar de manera amplia las múltiples y diversas aspiraciones de sectores mayoritarios de la sociedad por democracia real con justicia social.

El *Acuerdo general* para los diálogos de La Habana es contentivo de aspectos nodales de la agenda política, económica, social y ambiental colombiana. Si se logra dialogar y avanzar en acuerdos sobre el desarrollo rural y agrario integral, incluida la cuestión de la tierra y el territorio, la participación política, que incorpora la discusión sobre los diseños del régimen político, los cultivos de uso ilícito y el narcotráfico, así como la problemática de las víctimas del conflicto, no solo se está contribuyendo a la democratización de la sociedad colombiana y sentando la bases para la acumulación de fuerzas tendientes a las transformaciones estructurales que requiere el país, sino que se está abriendo el compás para que desde el movimiento social y popular, desde las luchas y las resistencias, además de profundizar en los temas coincidentes de la agenda, se de paso a problemáticas no contempladas en ella.

La Agenda de La Habana es, en sentido estricto, una agenda que recoge aspiraciones sociales y populares, entendidas desde una trayectoria histórica de lucha basada en el alzamiento armado contra el Estado, se esté o no de acuerdo con él. No tiene el propósito, ni puede tenerlo, de resumirlas o representarlas todas. Así se ha demostrado, a manera de ejemplo, en las múltiples propuestas sobre el primer punto, el desarrollo rural y agrario integral, presentadas por la guerrilla de las FARC-EP en la mesa de diálogos. De su análisis preliminar se puede inferir el esfuerzo por presentar una visión programática, que partiendo de la propia perspectiva, intenta recoger las elaboraciones del movimiento social y popular, en general, y de los trabajadores del campo y de las comunidades campesinas, indígenas y afrodescendientes, en particular.

La antología *Solución política y proceso de paz en Colombia*, que aquí se presenta, es expresiva un esfuerzo colectivo de intelectuales e investigadores sociales colombianos por hacer más comprensiva la complejidad del conflicto social y armado, así como el valor histórico del proceso de diálogos que se ha iniciado en La Habana, visto ello desde diversos enfoques teóricos y políticos del campo de la izquierda.

La obra se ha dividido en tres capítulos. En el primero, «Contexto y significado del proceso de paz» se encuentran los trabajos que se ocupan del análisis de la tendencia reciente del conflicto colombiano hasta llegar a la firma del *Acuerdo general*. A partir de ello, se explora el lugar del proceso iniciado dentro del proceso político general y se aportan elementos de estudio para su caracterización en el marco de la geopolítica imperialista. En el segundo,

«Fundamentos políticos para la paz», se abordan las condiciones que permitirían consolidar la perspectiva de una solución política al conflicto, haciendo énfasis en su carácter histórico y su naturaleza social, así como en las reformas políticas que se requeriría emprender. De manera particular, se insiste en la necesidad de un proceso sustentado en la más amplia participación social y popular. El capítulo tercero, «Proceso de paz y Asamblea constituyente» trata de las condiciones nuevas para el ejercicio de la política, que podrían generarse, si el proceso logra acompañarse de la más amplia movilización y organización de las clases subalternas, y de la superación de la dispersión que aún caracteriza sus luchas y resistencias. En ese sentido, el análisis de las posibilidades, contenido y alcances de una Asamblea nacional constituyente ocupa un lugar preponderante, en atención a su papel como mecanismo de refrendación de un eventual acuerdo final, como opción de despliegue de los acumulados de aspiraciones sociales y populares por paz con justicia social, y como lugar de confluencia de diferentes experiencias y trayectorias históricas de lucha. Finalmente, a manera anexo, se presenta el texto completo del *Acuerdo general para la terminación del conflicto y la construcción de una paz estable y duradera*.

Todos los trabajos aquí reunidos coinciden en la imperiosa necesidad de un acuerdo entre el gobierno del presidente Juan Manuel Santos y la guerrilla de las FARC-EP, que permita una salida política a la guerra, en el entendido que tal salida no representa el fin del conflicto, sino la continuidad de la guerra a través de los medios que ofrece la política.

Jairo Estrada Álvarez
Bogotá, 17 de marzo de 2013.

CAPÍTULO 1

Contexto y significado
del proceso de paz

Las conversaciones de La Habana: una compleja oportunidad para la paz en Colombia

Víctor Manuel Moncayo

El país entero está hoy atento al desarrollo de las Conversaciones de Paz que se adelantan en La Habana. El debate es intenso y son muchas las opiniones y consideraciones que las organizaciones y los analistas se hacen, que se ubican en un espectro muy variado, desde quienes defienden el proceso y lo ven no solo posible sino como una necesidad histórica, hasta quienes lo atacan acerbamente y alientan su fracaso. El propósito de estas líneas es situar algunos aspectos centrales de orden político que, desde nuestra propia posición, deben iluminar el análisis. Se trata, en efecto, de rastrear los que pudieran ser los determinantes del viraje gubernamental, aceptado por las FARC-EP, de volver a la mesa de diálogo diez años después de la conclusión del proceso del Caguán y de vigencia de un enfoque abierto de confrontación y exterminio, para destacar como elementos principales del análisis el reconocimiento de la existencia del conflicto, los efectos de su degradación, la responsabilidad de ambas partes en sus consecuencias, la necesidad de examinar la causalidad económica y social, y la importancia y urgencia de hallar puntos de encuentro sobre la cuestión agraria, como llave maestra para avanzar en los restantes puntos de la agenda, aspectos todos que ilustran muy bien que las Conversaciones de la Habana son una oportunidad para la paz pero de una gran complejidad.

Los determinantes de la mesa de diálogo

Vivimos durante ocho años bajo la política denominada de seguridad democrática, que comportaba un tratamiento exclusivamente militar respecto de la insurgencia guerrillera y una negociación bastante controversial con las organizaciones paramilitares, muy lejana de los estándares internacionales de verdad, justicia y reparación. El gobierno Uribe, ante la agudización del conflicto y la profundización de la encrucijada de violencias que ha caracterizado a la sociedad colombiana durante decenios, reivindicó la defensa de la democracia amenazada por el terrorismo, negando de manera absoluta el conflicto social y político subyacente.

Sin abandonar los rasgos centrales de ese régimen autoritario, el gobierno Santos dejó atrás la taumaturgia personal y carismática de Uribe que embrujaba y aún continúa embrujando a un elevado porcentaje de la población, para abrir otra estrategia deformadora de la realidad, bajo el espejismo de la Unidad Nacional. Se ha querido en estos dos últimos años inducir como realidad la visión imaginaria de que la sociedad colombiana está ya en un contexto diferente, en el cual, aunque subsistan los retos de consolidar la seguridad, disminuir el desempleo y eliminar la pobreza, el futuro puede verse con optimismo, pues ya el país se ha convertido en una economía emergente, atractiva para la inversión, que permite formular ahora los derroteros hacia una prosperidad democrática.[1]

En ese contexto, sin embargo, el drama de la cuestión social sigue siendo inocultable, pues así lo develan todos los indicadores estadísticos, que contrastan con la altísima destinación de recursos al gasto militar y con no pocas instituciones regresivas en materia tributaria. De igual manera, el fenómeno paramilitar lejos de haber desaparecido se ha reactivado como bandas criminales muy ligadas al narcotráfico, enfrentadas entre sí y con las agrupaciones guerrilleras, sin que nada real haya existido en términos de verdad, justicia y reparación como consecuencia de la desmovilización paramilitar.

De otra parte, aunque las políticas y acciones antisubversivas han tenido un éxito relativo, sobre todo desde el punto de vista de la sensación colectiva de seguridad, la capacidad de la insurgencia guerrillera si bien ha sido disminuida y su dirección ha sido fuertemente golpeada, aún puede comprometer el orden público y escapar por múltiples formas a la persecución, de tal manera que aun los analistas más cercanos al régimen político estiman que en tales condiciones puede prolongarse la guerra durante un período relativamente amplio, con las obvias consecuencias económicas y sociales que ello implica.

Es por ello que el régimen político vuelve ahora a oscilar entre esas dos posiciones, que se han alternado o que han coexistido frente al conflicto colombiano. De un lado, la eliminación, es decir el exterminio, lo cual implica ampliar y profundizar el denominado ejercicio legítimo de la fuerza, proceso en el cual se pueden transitar caminos de desbordamiento por el Estado de los propios límites que el orden jurídico le impone o de apelación a modalidades paraestatales de represión; o, de otro lado, la integración o cooptación para que las resistencias acepten tanto las vías institucionales de manejo y tratamiento de la conflictividad, como contenidos compatibles con el buen desarrollo del orden de dominación, sin alterarlo ni comprometerlo.

El Estado colombiano siempre se ha movido entre esas dos posiciones y, por esa razón, durante estos largos decenios se han ensayado numerosos procesos de diálogo y paz, pero sin abandonar nunca la lógica militar. Más recientemente, la inflexión ha sido solo guerrerista, con la pretensión de lograr la derrota de las resistencias violentas, para lograr la imposición de la «normalidad» por la fuerza. Ese ha sido el signo de la política de seguridad democrática, desplegada durante los últimos dos períodos presidenciales y continuada en el actual, que no deja, en principio, ningún espacio para el diálogo, pues solo se admite la derrota o la rendición. Esta opción es en definitiva planteada como una solución de salvamento y protección del orden, que autoriza las formas más aberrantes de autoritarismo y de desconocimiento de las barreras institucionales, y que permite, además, avanzar sin mayores controversias en las transformaciones exigidas por el sistema capitalista, como son todas las emprendidas y realizadas durante los gobiernos de Uribe para adaptarse a la nueva época histórica del capital.

Pero, la realidad actual es que, según la información aportada por los investigadores y por el propio Estado, el conflicto violento subsiste y continúa, con nuevos elementos derivados de los cambios ocurridos en el mundo del narcotráfico, de la subsistencia del paramilitarismo ahora renombrado como «bandas criminales» (llamadas «bacrim»), de la renovación de la estrategias y tácticas de las organizaciones subversivas, de las acciones selectivas contra quienes como víctimas reivindican las tierras de las cuales fueron expulsadas, del crecimiento de la delincuencia urbana, de la ampliación del espectro de la parapolítica, y del develamiento de la participación de agentes del Estado en prácticas contrarias al derecho humanitario.

Esas circunstancias son las que parece han determinado que, a pesar de que el presidente Santos pregonara que la llave de la paz estaba muy bien guardada, se haya decidido a ensayar la alternativa de una respuesta a la resistencia que, aunque no renuncie al exterminio, busque canales de comunicación para una solución negociada. En efecto, del lado estatal y del orden capitalista, las necesidades del desarrollo capitalista en sectores como el minero-energético o el de la apropiación de los recursos naturales y de la biodiversidad, permiten pensar en que la rigidez de la política guerrerista requiriera una pausa, que sería compatible con una actitud de reconocimiento por parte de la guerrilla del decrecimiento de su capacidad militar, de la pérdida de su legitimidad social y política, y del efecto de sufrimiento para amplios sectores de la población más vulnerable.

Sin embargo, esa hipotética y quizás irreal viabilidad de una negociación, no debe olvidar que las respuestas a los elementos de violencia física que caracterizan el conflicto colombiano, no conducen a la eliminación plena del conflicto social y, por tanto, a la paz. Si la existencia del conflicto está asociada a la naturaleza de las relaciones sociales imperantes, mientras estas subsistan el conflicto se mantendrá bajo otras formas, sin que pueda excluirse la reaparición de la violencia. En tal sentido toda paz negociada será necesariamente precaria, pues quienes concurran a lograrla tienen intereses que nunca serán coincidentes: del lado de los beneficiarios del orden existente, la paz es un instrumento para afianzarlo y profundizarlo, nunca para eliminarlo. Del lado de quienes se oponen a él, puede ser la aceptación de la cooptación o la integración, o la posibilidad para encontrar otros escenarios y otros medios para la resistencia. Encontrar una salida, en medio de esa contradicción, de todas maneras es útil para ponerle fin al sufrimiento y a la dilapidación de los recursos destinados a la guerra que podrían tener otro uso, así este tenga que compartirse entre el conveniente para la marcha del desarrollo capitalista y la obtención de nuevas condiciones de existencia y para reconstituir las formas de confrontación.

Estamos, por lo tanto, frente a la apertura de canales de comunicación con quienes siempre han sido calificados como «terroristas», para explorar caminos orientados a poner término a la política guerrerista de exterminio, seguramente teniendo en cuenta las urgencias del orden capitalista de hallar condiciones de «normalidad» que favorezcan las políticas de desarrollo capitalista con énfasis en el sector minero-energético y en la apropiación de los recursos naturales y la biodiversidad, adecuándose a los patrones que vienen imponiéndose en la dimensión global.

El reconocimiento del conflicto

Durante el período uribista se negó con vehemencia la existencia de la subversión guerrillera como manifestación de un conflicto social y político y, en su lugar, se la reconoció como una anormalidad del funcionamiento social, calificada genéricamente como terrorismo, sobre todo después de los acontecimientos del 11 de septiembre, que coincidieron y se armonizaron con los inicios del régimen autoritario que enarboló la bandera del exterminio bajo el lema de la seguridad democrática. Se estimaba que el conflicto reside exclusivamente en la expresión de violencias físicas enfrentadas, olvidando que tras ellas hay una causalidad superior ligada a las características de las relaciones sociales vigentes teñidas de dominación e injusticia.

En esa dirección, es necesario formular que en todas la sociedades de nuestro tiempo hay conflicto, por cuanto todas ellas son sociedades en la cuales rige la explotación capitalista, aunque las formas de esta hayan variado históricamente y se presenten de diferentes maneras. Lo que ocurre, sin embargo, es que esa realidad necesariamente contradictoria y, por ende, conflictiva, siempre supone una resistencia que se expresa en las sociedades bajo formas distintas. Una forma de manifestación es la que pudiera llamarse «normal», «pacífica» o «civilizada», que es la que postula y promueve el Estado al señalar que debe obrarse conforme a las reglas jurídicas y políticas del sistema, justamente para garantizar su conservación y tranquilo desarrollo. Es la aspiración permanente por el orden, para lo cual las expresiones del conflicto no pueden ser sino bajo los contenidos y formas permitidos. Otro tipo de expresión es la que, de manera momentánea o con cierta permanencia, rompe la «normalidad», negándose a las formas institucionales de canalización, que puede incluso desconocer el monopolio legítimo de la fuerza por parte del Estado, asumiendo como legítima la utilización de la violencia.

En Colombia, como en toda sociedad capitalista, hay un conflicto derivado de la esencia misma del sistema imperante, y siempre han existido resistencias. Pero, lo que es muy propio de la historia colombiana es que esas resistencias, casi que desde siempre, han transitado por la ruptura de la «normalidad», tanto de manera individual como colectiva, bajo modalidades cambiantes de organización y presencia. Es la historia bien conocida y sufrida de las violencias, documentada y analizada en estudios académicos.

La circunstancia de violencia ha estado presente casi a todo lo largo de la existencia de la sociedad colombiana. Luego de la guerra de independencia, durante el siglo XIX Colombia vivió ocho guerras civiles generales, catorce locales y dos guerras con el Ecuador, y ya en el siglo XX tuvo la guerra con el Perú, numerosos levantamientos populares urbanos y rurales, la violencia bipartidista de los años cuarenta y cincuenta, y la actual que enlaza de manera compleja las organizaciones guerrilleras, las autodefensas o paramilitares, los carteles y agrupaciones del narcotráfico, frente a la acción militar y policiva del Estado, con el apoyo económico y técnico de los Estados Unidos de América.

Como se repite con frecuencia, la violencia colombiana actual hunde sus raíces en el problema agrario no resuelto desde los comienzos del siglo XX, pero en la segunda mitad de este mismo siglo adquirió un sentido más englobante para plantearse como una vía de resistencia para transformar la sociedad, en el sendero de la estrategia de toma del poder. Claro está que ese proceso de resistencias se ha visto alterado y profundamente degradado, por la intervención de otros factores de violencia derivados del narcotráfico y del paramilitarismo, que han transformado el accionar de la subversión armada, deslegitimándola y favoreciendo la respuesta militar del Estado y del propio paramilitarismo.

En esa degradación jugó un papel muy significativo la estrategia paramilitar «que implica cuerpos de civiles armados que actúan como brazo clandestino del ejército oficial, diseñados para traspasar todas las barreras jurídicas y éticas de la guerra con el fin de garantizar su eficacia». Además, «la lógica de este instrumento ha llevado necesariamente a que la población civil se vea cada vez más involucrada en la guerra y a que los métodos de terror dominen cada vez más el desarrollo de la guerra, obligando a crear lenguajes ficticios en que el Estado tiene que hacer jugar el rol de actor independiente al paramilitarismo para poder legitimarse ante la comunidad internacional».[2]

Pues bien, más allá de la continuidad de las manifestaciones escritas y verbales contra las acciones guerrilleras, con el mismo tono y las mismas expresiones que se vienen utilizando desde hace diez años, el gobierno Santos se ha visto forzado a reconocer la existencia de un conflicto armado interno, con las obvias consecuencias que ello tiene en cuanto a la aplicación de las reglas propias del Derecho Internacional Humanitario.

Ello tiene indudables consecuencias en el terreno político. Como es bien sabido, es importante recordar que la negación del conflicto coincidió en el caso colombiano con una tendencia generalizada en el mundo, que surgió especialmente a partir de los hechos del 11 de septiembre de 2001, que logró encontrar el enemigo en el llamado *terrorismo*, y les ha permitido a los gobiernos del planeta, encabezados obviamente por las grandes potencias, encontrar un enemigo que les da licencia para deslegitimar y criminalizar todos los movimientos sociales que controvierten el orden social vigente. De alguna manera, calificar toda expresión crítica o de protesta, o todo movimiento organizado que discute el orden existente como expresiones terroristas, o tratar a sus actores en términos de bandidos, bandoleros, terroristas, bandas armadas, etc., es la forma como contemporáneamente se confronta la contradicción presente o actual, que asume otras características.

Por ello, negar el conflicto permite no atender con respuestas sociales y económicas a la situación de injusticia reinante, y simultáneamente autoriza para reprimir todas esas manifestaciones con medios policivos y militares. La exigencia de la aplicación del Derecho Internacional Humanitario no es otra cosa que rebatir esa negación, y abordar esa controversia sobre la existencia del conflicto, para hacer renacer la realidad de las contradicciones de la sociedad, recogidas por los movimientos sociales y sus organizaciones; para que un Estado distinto o unos regímenes políticos diferentes, puedan entrar a responder con alternativas de reorganización diferentes a las del orden vigente, con las dificultades que todo ello entraña.

La degradación del conflicto, la responsabilidad estatal y sus efectos

Comoquiera que los diálogos de La Habana contemplan en su agenda el resarcimiento de las víctimas, a partir de sus derechos y de la exigencia de verdad, el reconocimiento del conflicto a que se ha hecho referencia, comporta también admitir el proceso de degradación del conflicto, no atribuible de manera simplista a los actores subversivos, sino provocada o inducida por el paramilitarismo en connivencia, en colaboración o con prácticas consentidas por el Estado, orientadas a eliminar las bases de apoyo de los movimientos subversivos, que condujeron a la acción guerrillera a imitar las mismas conductas degradadas con las cuales se les estaba combatiendo e inclusive a utilizar similares herramientas de financiación a las que empleó el paramilitarismo, apoyándose en las transnacionales que contribuyeron a su funcionamiento y operación, o en el narcotráfico, pues como es sabido el paramilitarismo tanto en sus orígenes como posteriormente ha estado hermanado con el narcotráfico.

En otras palabras, desde los diálogos del Caguán hasta el día de hoy, la degradación ha comprometido a todos los actores, y ha contribuido a menguar en el caso de las organizaciones subversivas su capacidad propositiva para formular y construir alternativas para la reorganización de la sociedad colombiana, colocándonos en un piélago donde la discusión versa exclusivamente sobre la tragedia de la muerte, sobre el horror de la muerte, pero no sobre las circunstancias económico-sociales del orden injusto que debe ser transformado.

Es indudable que esa especial circunstancia de degradación, en cuyo proceso no están ausentes agentes y prácticas estatales, compromete la responsabilidad del Estado, con las obvias consecuencias sobre el tratamiento y resarcimiento de las víctimas, tal y como viene ya ocurriendo desde que la Corte Constitucional declaró el Estado de cosas inconstitucional mediante la conocida sentencia T-025 de 2004, y más aún después de la expedición de la ley 1448 de 2011sobre «atención, asistencia y reparación integral a las víctimas del conflicto armado interno».

Esa degradación también puede apreciarse desde el ángulo de las múltiples violaciones del orden jurídico interno, no solo por parte de los actores subversivos, sino también por los agentes estatales y los cuerpos paramilitares. Basta al respecto mencionar el desconocimiento de la distinción entre delito político y delito común reconocida por la Constitución Política, amparándose en una decisión de la Corte Constitucional (C-456 de 1997) y en el Estatuto de Roma ratificado por Colombia; la presentación de los llamados «falsos positivos»;[3] la comprobación de ejecuciones extrajudiciales; las acciones bélicas indiscriminadas que afectan a la población civil; el desplazamiento forzado de campesinos; los crímenes selectivos; las detenciones arbitrarias e incluso las llamadas campañas de limpieza social.

La causalidad del conflicto

Pero, quizás el efecto más importante de lo que significa el viraje de reconocimiento del conflicto, es que ya no se puede seguir eludiendo la consideración de las causas del conflicto. En efecto, más allá de los rasgos de degradación del conflicto que han tenido consecuencias en las características de la acción militar tanto de la guerrilla como de las fuerzas estatales, las causas económicas y sociales, enlazadas desde los orígenes con el problema agrario de los años cuarenta o cincuenta, y remozadas con motivos altruistas de cambio social en los años sesenta o setenta, hoy subsisten agravadas, como lo permiten evidenciar las informaciones empíricas sobre la desigualdad, el empobrecimiento real de la población y la alta concentración de la riqueza.

Exclusión del conflicto de los sectores vulnerables y garantía de condiciones de existencia digna

El nuevo escenario de las conversaciones de La Habana permite también volver los ojos, con mucho énfasis, a la población civil y, especialmente, dentro de ella a los sectores vulnerables y empobrecidos, vale decir a las comunidades indígenas, los afrodescendientes, los campesinos, los desplazados y, en general, la vasta legión de pobres; en fin, todos esos sectores que están absolutamente desprotegidos y que, de alguna manera, son las víctimas de la degradación del conflicto, afectados por la acciones de todos los actores que intervienen en el conflicto, sin ignorar las imputables a los grupos paramilitares y al propio Estado.

En tales condiciones, la solución política que surja de las conversaciones supone que a todos quienes pertenecen a esos sectores vulnerados, se les garantice de manera privilegiada unas condiciones de existencia dignas, circunstancia que no está ocurriendo en el caso de los desplazados, cuyo número se reconoce ya que es del orden de los cuatro millones. A este respecto las decisiones jurisprudenciales de la Corte Constitucional con motivo de acciones de tutela, han demostrado justamente que el Estado no está cumpliendo con las condiciones de reparación ordenadas por muchas decisiones judiciales y por instrumentos legislativos que se han adoptado. Además, la reciente Ley de víctimas y restitución de tierras implica ya una admisión de esa responsabilidad estatal.

Necesidad de una solución política del conflicto y la urgencia de economizar el sufrimiento

Estos diálogos, de otra parte, abren la perspectiva de solución política que siempre ha estado presente, tanto en los conflictos internacionales como en los internos, pues la realidad ha demostrado que el exterminio, la muerte y los efectos de la guerra no solucionan los conflictos, ni mucho menos sus causas económico-sociales. A los opositores, a quienes resisten, los pueden matar, los pueden eliminar durante un tiempo, pero en la medida en que no se atiendan las causas originarias del conflicto la confrontación revivirá potenciada. El tratamiento que históricamente han tenido los conflictos internacionales e internos ilustran bien la necesidad de las soluciones políticas, ligadas, además a la necesidad de encontrar con urgencia un acuerdo que contribuya a economizar el sufrimiento, y que aporte positivamente a la construcción de ciertas bases para una paz con justicia social.

La significación del acuerdo para el diálogo

Lo explicado ha sido determinante en el viraje gubernamental de llegar a un «Acuerdo general para la terminación del conflicto y la construcción de una paz estable y duradera». Existe un conflicto armado sin ninguna duda; su negación es perversa e ineficaz; es necesario aplicar por ambas partes las normativas humanitarias reconocidas para economizar el sufrimiento; y debe buscarse una salida política al conflicto orientada a transformar el orden injusto, para lo cual se precisa garantizar espacios de actuación en el escenario político y social.

Dígase lo que se diga, hay dos partes —el gobierno colombiano como expresión del Estado y las FARC-EP como movimiento con pretensión subversiva del orden establecido— que se reconocen recíprocamente y asumen «la decisión mutua de poner fin al conflicto como condición esencial para la construcción de la paz estable y duradera», admitiendo como premisas que «la paz es un asunto de la sociedad en su conjunto que requiere de la participación de todos, sin distinción»; que «el respeto de los derechos humanos en todos los confines del territorio nacional es un fin del Estado que debe promoverse» y que «el desarrollo económico con justicia social y en armonía con el medio ambiente, es garantía de paz y progreso».

Esas son las expresiones consignadas en el preámbulo del Acuerdo que, por consiguiente, forman parte integrante del mismo y que, como tales, deben ser el referente para definir el contenido y el alcance de los temas específicos que se han definido como parte de la agenda. Por esto un tema como el agrario no puede entenderse en términos restringidos, sino de manera integral —que es el calificativo que se emplea—, o sea que se articule debidamente con «programas de desarrollo con enfoque territorial», de «infraestructura» y «desarrollo social», de impulso a la «economía solidaria y cooperativa» y de «seguridad alimentaria». Dicho en otras palabras, que la solución del llamado problema agrario no es solo un asunto campesino sino un problema del conjunto de la sociedad, pues si así no fuera no se podrían cumplir y asegurar los propósitos de «desarrollo económico con justicia y en armonía con el medio ambiente» para todos como se acuerda en el preámbulo.

Solo de esa manera, de otra parte, será posible concretar los restantes puntos y, en especial, garantizar condiciones de vida dignas para todos los sectores vulnerables y empobrecidos, que han visto agravada su situación por la no solución del conflicto social que es causa indudable de la expresión subversiva.

La política de desarrollo agrario: primero y definitivo paso hacia la paz negociada

Aunque la agenda del Acuerdo de las conversaciones de la Habana se contrae a cinco puntos, no es menos claro que se trata de retos de gran significación y, entre ellos, sin duda el primero debe permitir desbrozar el camino hacia los restantes.

Aproximación histórica y realidad actual del agro colombiano

Se trata precisamente del problema agrario, íntimamente ligado a los orígenes de la organización guerrillera sentada en la mesa de diálogos. No es inútil, por lo tanto, recordar que los movimientos campesinos se remontan en Colombia a los comienzos del siglo XX, tanto en la región Caribe, como en los departamentos de Cauca, Tolima, Huila y Cundinamarca, que cristalizaron en los años veintes y treintas en Ligas Campesinas, en sindicatos agrarios y en el Partido Nacional Agrario. El principal acontecimiento de esta época fue la «masacre de las bananeras», como se denomina a la represión brutal de la huelga en las explotaciones de la United Fruit Company (Santa Marta) en 1928.

Esas luchas fueron capitalizadas entonces por el Partido Liberal en el gobierno (época de la *Revolución en marcha* liderada por López Pumarejo 1934-1938), para promover la expedición de la ley 200 de 1936 que, en lo esencial, buscaba atacar el latifundio improductivo y favorecer la introducción de las relaciones capitalistas en el campo mediante el mecanismo de la extinción del dominio, pero que al tiempo instituyó una jurisdicción especial para dirimir los conflictos de tierras. Tendencia que fue contrarrestada pocos años después por la ley 100 de 1944, orientada a proteger la modalidad de explotación tradicional conocida como aparcería. Es en este momento cuando surge la primera organización de carácter nacional, la Federación Campesina e Indígena (1942), como parte de la Confederación de Trabajadores de Colombia (CTC). La violencia bipartidista que se agudizó desde 1946 acabó con esa organización y la mayoría de sus dirigentes perdieron la vida. Con el apoyo de la Iglesia Católica y de la nueva central sindical (UTC), se creó con una orientación más cercana al Partido Conservador, la Federación Agraria Nacional (FANAL). Se estima que en la época fueron desplazados cerca de 2 millones de campesinos, doscientos mil fueron asesinados, y se produjo un despojo violento de las tierras que poseían.

La resistencia campesina se dio en zonas muy específicas como los Llanos Orientales, Viotá, Sumapaz, el sur del Departamento del Tolima y el norte del departamento del Valle del Cauca. Entre los dirigentes de esos años se destacan Juan de la Cruz Varela (Sumapaz) quien luego fue miembro dirigente del Partido Comunista, y Pedro Antonio Marín, conocido después como Manuel Marulanda Vélez o Tirofijo (en el sur del Tolima), posterior líder histórico de la guerrilla de las FARC organizada a mediados de los años sesentas.

Bajo la dictadura militar de Rojas Pinilla (1953-1957) se firmaron compromisos de paz con guerrillas liberales de base campesina, pero al tiempo se adelantaron operaciones militares contra ellas, e incluso fueron asesinados muchos dirigentes que habían entregado sus armas, como es el caso del líder guerrillero de los Llanos Orientales Guadalupe Salcedo (1957).

Como parte de las políticas del Frente Nacional (a partir de 1958) se abrió paso la tendencia reformista agraria y se expidió la ley 135 de 1961 de reforma social agraria, bajo la responsabilidad de un instituto especializado, el Instituto Nacional de Reforma Agraria (INCORA). La ley continuó en la misma senda de impulsar la transformación capitalista del campo, afinando el procedimiento de extinción de dominio y presionando a los terratenientes con el instrumento de la expropiación, pero simultáneamente posibilitó algunos procesos de distribución de tierras y de colonización. Más

tarde la contrarreforma se manifestó en las leyes 4 y 5 de 1973, mori-
gerada luego con la nueva política agraria de López Michelsen de
Desarrollo Rural Integrado (DRI), para mantener los sectores de
producción campesina (1975-1978). Estas políticas dieron lugar a
una nueva organización, la Asociación Nacional de Usuarios Campesinos (ANUC, 1967), que se escindió en dos líneas (la oficial y la
liderada por movimientos de izquierda). Esta organización en los
momentos de auge promovió tomas de tierras (más de 600 en 1971).

En medio de la activación de la lucha guerrillera, el movimiento
campesino e indígena renació en la década de 1980. Paros, marchas, éxodos masivos, nuevas tomas de tierras. Surgió también la
Organización Nacional Indígena de Colombia (ONIC). Todo este
proceso muy ligado a organizaciones políticas y sociales como la
Unión Patriótica, A Luchar y el Frente Popular. También se redefi-
nió la ANUC, y volvió a liderar marchas y tomas de tierras (1988).
La respuesta estatal, además de la represión, fue el viraje de la política agraria a favor de la simple comercialización de los predios, sin
que mediaran procedimientos de expropiación y sistemas favorables de adquisición. El nuevo esquema se conservó en lo esencial a
comienzos de los noventa (ley 160 de 1993), a pesar de los esfuerzos hechos por la Coordinadora Agraria que integró a las principales organizaciones campesinas e indígenas.

Años más tarde (1999) se creó el Consejo Nacional Campesino
como resultado de movilizaciones campesinas. Su principal protagonismo fue lograr detener la expedición de nuevas leyes regresivas
en materia agraria. Al tiempo apareció en el escenario el Coordinador Nacional Agrario, como expresión de los campesinos minifundistas. Conjuntamente con las Autoridades Indígenas de Colombia
(AICO), dirigió una movilización pro reforma agraria que se prolongó durante cinco días. Igualmente lideró importante expresiones
en 13 sitios en una convocatoria hecha en septiembre de 2000.

A partir de la Unidad Cafetera que agrupó a los campesinos y pequeños productores de sector de la caficultura y que obtuvo importantes realizaciones en materia de condonación de deudas (1995), se conformó la Asociación Nacional para la Salvación Agropecuaria de Colombia que integró además a otros gremios minifundistas, pequeños y medianos propietarios paneleros, cerealeros y paperos, en especial contra la política neoliberal de libre importación de productos agropecuarios.

En esa historia no son extrañas las FARC-EP, como la guerrilla más antigua de Colombia, y de América. Sus orígenes se remontan a la guerrilla liberal de los años cuarenta y cincuenta, que se transformó luego en organización revolucionaria. La transformación se produjo en los años iniciales del Frente Nacional (posteriores a 1958), y cristalizó con ocasión del ataque militar a la población de Marquetalia (27 de mayo de 1964), aunque su denominación y organización formal se dio en la segunda Conferencia del Bloque Guerrillero del Sur de Colombia (abril y mayo de 1966).

Obviamente, la situación del sector agrario hoy dista mucho de lo que fue en aquellas épocas de surgimiento y fortalecimiento de las FARC-EP, pues en medio del conflicto el desarrollo capitalista no ha detenido su paso avasallador. Como bien lo explica Fajardo:

> Colombia ofrece la particularidad de haber asumido en un plazo relativamente breve la urbanización de su población y la «desagriculturización» del empleo: en 1938 la población rural representaba el 69,1% y en 1951 el 57,4%, pero en 1973, la población localizada en los medios rurales había descendido al 40,7% y en 1993 al 31,0%; en la misma forma, mientras Argentina requirió 77 años para pasar de la participación de la mano de obra agrícola del 50% al 30%, Brasil 35 años y Ecuador 32 años, Colombia lo hizo en solo 18 años.[4]

En ese contexto como lo ha señalado Absalón Machado:

> La característica básica observada en el período (1984-1996) «es el avance de la gran propiedad, el deterioro de la mediana y la continua fragmentación de la pequeña, tres fenómenos acompañados de violencia, desplazamiento de pobladores rurales y masacres continuas en las que fuerzas paraestatales han ido conformando, a sangre y fuego, dominios territoriales en un proceso de acumulación de rentas institucionales al estilo de una acumulación originaria.[5]

Según el reciente Informe Nacional de Desarrollo Humano,[6] ese panorama antes que ofrecer mejoría se ha agravado. En efecto, como lo demuestra ese estudio la tendencia hacia una alta concentración de le propiedad rural se ha agigantado, pues a las causas tradicionales que el sector rural viene arrastrando, se han sumado el control territorial y de poblaciones por parte de los actores armados y el proceso de expoliación y compra de terrenos por parte del narcotráfico. Ello ha ubicado a Colombia como uno de los países con más alta desigualdad en la propiedad rural tanto en América Latina como en el mundo: en 2009 el índice Gini de propietarios ascendió a 0,87 y el de tierras a 0,86. Apreciadas las cosas desde el punto de vista de la relación entre tamaño, productividad y número de propietarios, la «medición muestra que la propiedad está más concentrada en pocos tenedores de derechos (predios mayores de 10 UAF);[7] la mediana resulta con un peso mucho menor, y la pequeña tiene un porcentaje menor de la tierra (18,8%). El microfundio indica que casi el 80% de los propietarios-poseedores están prácticamente en la pobreza absoluta, pues obtienen un ingreso que no supera medio salario mínimo legal».[8]

O dicho en palabras de otro analista, la situación rural puede sintetizarse así:

i) La gran propiedad (más de 500 has) pasa de controlar 47 a 68 por ciento de la superficie catastrada; entre tanto, la pequeña propiedad cae de 15 por ciento a 9 por ciento; ii) las fincas menores de tres hectáreas pertenecen al 57,3% de los propietarios; en contraste, las fincas con más de 500 hectáreas corresponden al 0,4% de los propietarios; iii) en Colombia, 13.000 personas naturales son dueñas de 22 millones de hectáreas.[9]

La presencia de la producción campesina

En el interior de esa estructura rural, en los últimos tres decenios la participación de la producción campesina ha sido altamente significativa. Así entre 1970 y 1988 ella contribuyó en algo más del 50% de los alimentos consumidos en los centros urbanos y aportó en su conjunto el 20% del PIB sectorial,[10] como resultado de que asumió también porcentajes importantes de los cultivos típicamente empresariales, según lo evidenció la Misión de Estudios del Sector Agropecuario. Ya a la altura de 1993, la información permite aseverar que la forma campesina:

> [...] generaba el 53% de la producción física agrícola, el 71% de los alimentos, el 43% de las materias primas, el 20% del inventario bovino, el 70% de los porcinos y el 5,3% de la producción de aves; aportó el 22% de las exportaciones totales incluido el café y el 30% de la cosecha de este último producto.[11]

Y finalmente, con datos correspondientes a los años del cambio de siglo (1999-2001): «la participación de los productos predominantemente campesinos (incluidos la coca y la amapola) en el área agrícola pasa del 58,5% en 1990-1992 a 67,2% en 1999-2001, con la utilización de 2.732.349 hectáreas, frente a 1.333.146 hectáreas de los predominantemente capitalistas»,[12] información que al ser armonizada con los datos de la Misión permite concluir que las formas campesinas «para los finales de la década controlarían el 55,1% del total de área agrícola, con una reducción poco significativa frente al área controlada en 1988.[13]

Al finalizar la década (2008) la importancia del campesinado se registra como constituido por alrededor de 7 millones de personas, que produce algo más de la mitad de los alimentos que se consumen en Colombia,[14] pero sin ningún reconocimiento por parte del Estado en ninguna dimensión, ni siquiera en las menciones estadísticas.

Hay que tener en cuenta que cuando hablamos de producción campesina, coincidimos con quienes para el caso colombiano la estiman como una modalidad de producción familiar o comunitaria, que contrasta con la empresa propiamente capitalista y con el latifundio improductivo o de producción extensiva, generalmente ganadero. Se trata de unidades que son simultáneamente unidades de producción y de consumo, cuyo horizonte principal es la subsistencia y reproducción de la familia o de la comunidad.[15]

Obviamente, ese carácter no es incompatible con la integración al mercado, no solo porque esos productores deben acudir a él para poder disponer de los insumos y medios de producción requeridos, sino porque también deben utilizar mano de obra asalariada extraña a la familia o a la comunidad. De otra parte, generalmente, las unidades combinan la producción destinada al mercado y la que asegura una porción significativa del autoabastecimiento. La relación con la tierra ofrece también modalidades diferentes a las de la pequeña propiedad, como son las múltiples y variadas de carácter precario.

Se trata de una producción campesina heterogénea, no solo por el tipo de cultivos a los cuales está vinculada, sino por una estratificación que le es muy propia, pues al lado de productores que han logrado hacer el tránsito a la producción moderna gracias a particulares circunstancias tanto económicas como históricas, otros se mantienen en situación de equilibrio o simplemente son productores bajo el régimen de subsistencia, que recuerdan la trilogía de que se hablaba en su momento en la China de Mao, que distinguía el campesinado rico, los medianos que oscilan de manera inestable entre su transformación en empresarios o simples trabajadores rurales, y los que definitivamente empobrecen e ingresan al mercado laboral.

Y lo que es más significativo es que esas formas de producción coexisten, de alguna manera armónicamente, con las formas modernas, pues no se excluyen sino que conviven de manera articulada, hasta el punto que hay cultivos típicamente capitalistas, otros exclusivos de la producción campesina y un tercer grupo en el cual la producción es compartida por ambas formas de producción.

Esa organización campesina de producción, de otra parte, está difundida en todo el territorio nacional, aunque su participación porcentual es relativamente más importante en la región andina,[16] en contraste con la forma capitalista que se concentra principalmente en 3 departamentos (Antioquia, Valle y Tolima). Ello corresponde al final de la década de 1980 a aproximadamente un total de un millón de unidades familiares, según los diversos análisis de la información existente.[17] Tratándose de los cultivos ilícitos, también la participación de los cultivadores campesinos es mayoritaria, pues se estima que es del orden del 70% en coca y del 90% en amapola.[18] Esa forma de producción resistió más que la modalidad capitalista a los efectos de la apertura económica iniciada en la década de 1990, hasta el punto que aumentó su participación en la superficie agrícola entre 1990 y 2000, estabilidad que con razón se ha atribuido a sus características como forma productiva basada esencialmente en el autoconsumo y a su estructura misma de costos.

Más allá de las diferencias de cálculo por razones metodológicas, es lo cierto que los campesinos que sustentan esas formas de producción, alcanzan ingresos inferiores al salario mínimo legal, sobre todo después de descontadas las rentas e intereses, razón por la cual algunos consideran que la producción campesina podría tener posibilidades de mejoramiento real de los ingresos para los productores, si se aliviaran las cargas derivadas de las exigencias del acceso a la tierra, al crédito y a la tecnología.[19]

Finalmente, vale la pena también acotar que esas formas de producción campesina tienen una significación porcentual del 35% en la dieta alimentaria de la población colombiana, además del aporte que hacen a la agroindustria, tanto general como a la de alimentos. Están, por lo tanto, bastante articuladas a la organización económica, pues fuera del autoconsumo, abastecen mercados locales, centros urbanos, y cadenas formales.[20]

La complejidad del problema agrario y las políticas públicas

Lo brevemente expuesto evidencia como la realidad en materia agraria que hoy tiene ante sí la mesa de diálogo para acordar una política de desarrollo agrario integral, es no solo muy diferente a las de hace tres o cuatro decenios, sino absolutamente compleja. Luego de los años durante los cuales distintas estrategias se disputaban la escena de las políticas públicas de desarrollo rural, en las últimas décadas del siglo XX los procesos empezaron a estar presididos por la agudización del conflicto armado y por la ampliación y profundización de las actividades ligadas a los cultivos ilícitos. En medio de ese panorama, coexistieron un sector desarrollado al amparo de las políticas de sustitución de importaciones de materias primas, representado por la llamada en su momento agricultura moderna (sorgo, algodón, soya, maíz amarillo, cebada e incluso arroz) y por industrias pecuarias intensivas (avicultura y porcicultura); otro sector edificado alrededor del café y otros cultivos permanentes de vocación exportadora (banano y flores) o con ventajas competitivas en el mercado doméstico (azúcar y palma africana); el área de «productos no transables» (frutales, hortalizas, tubérculos y legumbres), sin apoyo de políticas sectoriales, volcada hacia el mercado interno, anclada en espacios regionales, muy propia de la economía campesina, que ha mostrado algún dinamismo, progresos tecnológicos y cierta articulación agroindustrial; y finalmente el sector de la ganadería bovina extendido en la frontera agropecuaria, al amparo del latifundio y de la concentración de la tenencia de la tierra.

En ese escenario, las políticas agrarias correspondiente a los dos períodos presidenciales de Álvaro Uribe, se movieron alrededor de las dimensiones de la infraestructura básica y la vivienda, las alianzas productivas, el desarrollo científico y tecnológico, y los factores productivos y financieros, pero con énfasis en determinadas zonas o regiones muy ligadas a las políticas de seguridad y de control territorial frente a las organizaciones armadas. Estuvo ausente toda referencia a la problemática de tenencia de la tierra, el uso de ella, la atención a la producción campesina, y la seguridad alimentaria.

No mucho ha cambiado en lo que va corrido del período Santos. A partir de esa situación ha sido posible poner en marcha la denominada «agenda interna 2019», que privilegia los siguientes sectores de desarrollo económico: «minero-energético, biocombustibles, petroquímico, gestión ambiental, agro-pesquero y acuícola, agroindustrial y agropecuario, forestal, turístico, *software* y telecomunicaciones, logística puertos».[21] En ese conjunto juega un papel central el sector minero-energético, llamado a ser la clave del modelo de acumulación en el inmediato futuro.[22]

Existen, pues, condiciones favorables, que el presidente Uribe llamaba condiciones de «confianza inversionista», para que se amplíe la frontera rural en más del 45%, para que las transnacionales y las empresas domésticas asociadas avancen en la explotación de la diversidad biológica, el agua, el paisaje, los minerales, los recursos energéticos, la silvicultura, los biocombustibles y los cultivos tropicales, configurando una verdadera reprimarización de la economía, con negativos efectos por el incremento del desplazamiento de la población rural, la disminución del empleo, la reducción de la oferta alimentaria, la expoliación irracional de los recursos naturales y la afectación del ecosistema.[23]

Esa realidad, bien documentada además por estudios rigurosos, y planteada en los foros que se han realizado para contribuir
al análisis que debe hacer la mesa de diálogo, es objetivamente el
punto de partida necesario. El reto es cómo trazar a partir de ella
políticas agrarias de otra significación, que apunten a eliminar una,
entre muchas, de las causas sociales y económicas del conflicto.
Se trata de diseñar en positivo fórmulas que ataquen realmente
la concentración de la tenencia de la tierra, que le reconozcan al
campesinado autonomía y territorialidad, que impidan el proceso
depredador de los recursos naturales y del ecosistema, que contribuyan a fortalecer y ampliar la seguridad alimentaria de la población colombiana y, en fin, que reconozcan espacios para avanzar
progresivamente en la misma dirección.

Este es el desafío inicial de la negociación que se adelanta, de
cuyo éxito depende de manera muy significativa la viabilidad del
Acuerdo que se han propuesto alcanzar el gobierno colombiano y
las FARC-EP para que, finalmente, la oportunidad abierta nos con-
duzca a la paz ambicionada.

Notas

1. Expresiones tomadas de la presentación de las bases para el nuevo Plan de Desarrollo 2010-2014.

2. Javier Giraldo S.J.: «Reconfigurar la esperanza en un contexto de deses-peranza», ponencia en el Encuentro sobre la Esperanza, organizado por el Centro de Acogida «Ernesto Balducci», en los 10 años de la muerte del Padre Ernesto Balducci, PozzuolodeiFriuli, Zugliano, Udine, Italia. Septiembre de 2002.

3. Se han denominado así las ejecuciones de civiles presentados como miembros de las organizaciones subversivas.

4. Darío Fajardo M.: *Situación y perspectivas del desarrollo rural en el contexto del conflicto colombiano*, Documento presentado en el seminario «Situación y perspectivas para el desarrollo agrícola y rural en Colombia» FAO, Santiago de Chile, 17-19 de julio de 2002.

5. Absalón Machado: *La cuestión agraria en Colombia a fines del milenio*, El Ancora Editores, Bogotá, 1998.

6. PNUD: *Colombia Rural. Razones para la esperanza. Informe Nacional de Desarrollo humano 2011*, PNUD, Bogotá, 2011.

7. La UAF es una unidad predial que genera por lo menos dos salarios mínimos mensuales de ingreso.

8. Informe Nacional de Desarrollo Humano 2011, resumen ejecutivo, p. 50.

9. Libardo Sarmiento Anzola: «Colombia: reprimarización económica y violencia», *Le Monde Diplomatique*, edición colombiana, julio 2010.

10. Carlos Salgado Aramendez: *Economías Campesinas, la Academia y el sector rural*, Universidad Nacional, CID, Bogotá, 2004, p. 121, con base en datos de Mariano Arango.

11. Ibídem p. 121.

12. Ibídem p. 123.

13 Véase a Carlos Salgado Aramendez: ibídem. Véase también a Elsy Corrales Roa: «Sostenibilidad Agropecuaria y sistemas de producción campesinos», *Cuadernos de Tierra y Justicia* no. 2, ILSA, Bogotá, 2002, p. 126.

14. Informe Nacional de Desarrollo humano 2011, ob. cit., p. 64.

15. Jaime Forero Álvarez: «La Economía Campesina», *Cuadernos Tierra y Justicia* no. 2, ILSA, Bogotá, 2002, pp. 8 y ss.

16. El análisis de esa información permite señalar que en el año 2002, en el área andina se situaba más del 70% de la producción campesina. Jaime Forero Álvarez: op. cit., p. 19.

17. Para la Misión de estudios en 1988, el número de campesinos era de 1 388 000, para Zamocs oscilaba entre 860 000 y 1 200 000 y para Valderrama y Mondragón se estima en 890 000. Véase «Desarrollo y Equidad con campesinos», Misión Rural, IICA y TM, Bogotá, 1998.

18. Jaime Forero Álvarez: op. cit., p. 20.

19. Jaime Forero Álvarez, por ejemplo, estima que: «El problema central de la pobreza rural no está en los sistemas de producción familiares, sino en que las limitaciones en el acceso a la tierra, al agua y al capital impiden desarrollar más plenamente sus potencialidades, unido todo a la carencia de tecnologías apropiadas», op. cit.

20. Jaime Forero Álvarez: op. cit. pp. 29 y ss.

21. Libardo Sarmiento Anzola: op. cit.

22. El proceso es claro: gracias a las condiciones de liberalización, las inversiones extranjeras directas en el sector minero han aumentado en un 640% entre 1999 y 2009, pasando así a representar el 1,5% del PIB. De otra parte, las inversiones pasaron de US 463 millones en 1999 a US 3000 millones

en 2009. Las ventajas que atrajeron esa inversión fueron muchas: «El gobierno acaba de gastar más de 5 000 millones de dólares en el acondicionamiento de infraestructuras vinculadas a los sectores de la minería y la energía: 2,5 veces sus gastos en infraestructura, 10 veces más que las sumas gastadas en vivienda y 20 veces más que en la red de telecomunicaciones. Por otro lado, el presidente Alvaro Uribe Vélez... flexibilizó, en 2009, el código minero para facilitar la obtención de las concesiones de exploración y su registro. Su duración se extendió de 5 a 11 años y el impuesto por la utilización de los terrenos, que en otros tiempos podía ascender a los 2 000 dólares por hectárea [...] acaba de llevarse a 8 dólares por hectárea y por año en cualquier parcela».

»El espectro es muy amplio, pues comprende platino, uranio, molibdeno y coltán, pero sobre todo el oro, cuya producción se triplicó entre 2006 y 2009. Todo bajo un esquema altamente oligopólico, por cuanto solo tres grandes compañías mineras se reparten la explotación del sector. Concretamente la sudafricana AngloGold Ashanti, la canadiense Greystar y la estadounidense Muriel Mining». Laurence Mazure: «Fiebre del Oro en Colombia», *Le Monde Diplomatique*, edición colombiana, julio de 2010.

23.   La expresión «reprimarización» la ha utilizado recientemente Libardo Sarmiento Anzola, op. cit.

¿Camino de una paz estable y duradera?

Nelson Raúl Fajardo Marulanda

Antecedentes al «Acuerdo general para la terminación del conflicto y la construcción de una paz estable y duradera»

Se trata de abrir los caminos a la solución política dialogada entre las partes, teniendo en cuenta los intereses del conjunto de la sociedad, sobre la cual ha recaído el peso fundamental de los efectos, no solo de la guerra, sino del amplio espectro de conflictos desatados por la forma y los contenidos que han acompañado la dirección y la conducción del Estado y la formación socioeconómica de Colombia. En este aspecto ha dominado un Estado de clase, representante de intereses oligárquicos, concentrador del poder político y promotor de la concentración de la riqueza. Igualmente, se trata de un Estado crecientemente transnacionalizado.

El punto de partida de los antecedentes está en la transición del gobierno de Julio César Turbay Ayala al gobierno de Belisario Betancur. En esta dirección, sería bueno compenetrarnos con los planteamientos y posiciones que se han asumido frente al conflicto social y armado desde las partes, a saber, las fuerzas armadas oficiales, acompañadas de grupos paramilitares, por un lado, y los movimientos insurgentes armados, con apoyo popular, por otro lado, así como de la participación del conjunto de la sociedad civil en él.

Al referirse a la paz, la insurgencia armada de las Fuerzas Armadas Revolucionarias de Colombia-Ejército del Pueblo (FARC-EP), en una carta abierta dirigida al parlamento colombiano con fecha de junio de 1980, afirmaba que «en el curso de esta ya prolongada lucha en defensa de nuestras vidas hemos perdido muchos seres queridos, hemos perdido nuestra libertad. El sistema nos ha dado *la selva por cárcel*».[1] Y más adelante, en texto titulado «¡Los alzados sí queremos la paz!», la organización insurgente planteaba que:

> [...] la lucha por la paz exige movilización de obreros y campesinos. Exige posición firme y patriótica de todos los intelectuales progresistas, de los medios de comunicación social siguiendo el ejemplo de *El Espectador* y de toda la gente pensante de este país, víctima de la doctrina fascista de la «guerra interna».[2]

La posibilidad de paz empieza a darse en la transición entre los dos gobiernos mencionados. Crea las condiciones para entablar diálogos, por primera vez, entre el Estado y la insurgencia armada de las FARC, principalmente en el gobierno de Belisario Betancur Cuartas. Así, el 26 de agosto de 1984, se firma el «Acuerdo suscrito entre la Comisión de Paz y las Fuerzas Armadas Revolucionarias de Colombia (FARC-EP)», más conocido como «Los Acuerdos de La Uribe».

Estos contenían varios puntos relacionados con la condiciones para consolidar la paz, tales como el cese al fuego, condenar y desautorizar el secuestro, la extorsión y el terrorismo, y verificar el cumplimiento de todas las disposiciones del acuerdo, entre otras. A ello se articula el Plan de Rehabilitación del Gobierno, que debe beneficiar a los colombianos que directa o indirectamente han padecido los estragos de la violencia; igualmente, el gobierno daría muestra de su voluntad para promover la modernización política del país, la reforma agraria, la organización del campesinado y los indígenas, incrementar la educación a todos los niveles, la salud, la vivienda y el empleo. Se agrega la protección de los derechos ciudadanos y promover iniciativas para fortalecer la fraternidad democrática. En general, el cumplimiento de Los Acuerdos de La Uribe se da dentro del esquema del cese al fuego, tregua y paz.

La situación para consolidar la paz, se ve truncada al finalizar el gobierno de Belisario Betancur Cuartas e inicios del gobierno de Virgilio Barco Vargas; esto conduce a las FARC-EP a enviar un memorando a Barco Vargas, en el cual da cuenta del estudio de la estrategia presidencial para la paz, bajo los nombres de «Reconciliación, normalización y rehabilitación».

La respuesta de las FARC-EP a esta estrategia no se deja esperar, y en septiembre de 1988, en carta dirigida al Presidente dice que:

> [...] el gobierno perdió la oportunidad histórica sin precedentes: la de haber prohijado un GRAN ACUERDO NACIONAL que le habría permitido un enfoque justo, realista y si se quiere científico del país. Pudo hacerlo, pero no quiso, no por culpa de la nación, sino de las fuerzas del militarismo, tan ricas en mezquindad.[3]

A lo que el gobierno responde, en carta del 24 de septiembre de 1988 que: «está obligado a advertir que no suspenderá sus obligaciones en materia de control del orden público y seguirá usando todos los instrumentos a su alcance para garantizar la tranquilidad ciudadana».[4]

Este intercambio de posiciones frente al Plan de Paz del gobierno de Virgilio Barco, se da en medio de un saboteo creciente al proceso de paz iniciado, el cual incluyó la guerra sucia contra la Unión Patriótica (1986 a 1991), con un costo muy alto en crímenes, asesinatos, desapariciones, masacres y atentados de todo tipo.

Al mismo tiempo que vivíamos esa situación, los movimientos insurgentes armados vivían un proceso muy interesante de unidad, que se plasmó en la Coordinadora Guerrillera Simón Bolívar, la cual posteriormente se va a disolver. Pero durante ese proceso, se logra realizar acciones conjuntas para alcanzar la paz, tales el desenmascaramiento público de las intenciones estratégicas del gobierno, la realización de cuatro *cumbres guerrilleras* y el trabajo político guiado por las declaraciones políticas de dichas cumbres.

Lo cierto es que durante el gobierno de Barco, el deterioro de las condiciones para los diálogos de paz es absoluto, asunto que hizo perder la iniciativa temporal y el tema quedó subsumido a otras problemáticas, es decir, pierde brillo y protagonismo, señalando el fin del procedimiento de diálogos que cubría el conjunto de la insurgencia armada de tregua, cese al fuego y paz. Se buscaba con ello desatar una solución política al conflicto, que abarcara la totalidad del movimiento guerrillero colombiano.

A partir de Barco, dominarán el escenario de los diálogos las propuestas fragmentadas, particularizadas y focalizadas, es decir, propuestas que no serán abarcadoras, sino limitadas a los actores específicos. Este comportamiento de Estado da cuenta de una modificación en el tratamiento de los problemas generales que dan soporte a la existencia, permanencia y capacidad reproductiva de la insurgencia armada, tales como los problemas de la democracia política y los problemas estructurales del nivel socioeconómico.

Al arribar el gobierno de César Gaviria Trujillo (1990-1994) se van a dar unos hechos muy significativos, que buscan reposicionar los diálogos de paz. Estos fueron: la toma de la Embajada de la República de Venezuela por un comando de las FARC-EP, encabezado por Joaquín Gómez, y la realización de unas charlas iniciales entre ese comando y la representación del gobierno. Esas charlas concluyeron en la decisión de reanudar los diálogos de paz, fuera del territorio nacional, y se escogió para tales fines a Caracas, capital de la República de Venezuela. Estos diálogos se inician en la fase final del gobierno de Barco y la inicial del gobierno de Gaviria.

Pero los diálogos más importantes de este último gobierno van a ser los que se dan en Tlaxcala, México. Dichos diálogos estuvieron centrados en la discusión sobre el modelo económico que se venía imponiendo en Colombia. Al respecto es bueno recordar que el gobierno de César Gaviria impuso en diciembre de 1991 una serie de medidas y decretos que consolidaban los mandatos del Fondo Monetario Internacional (FMI) y el Banco Mundial (BM). Esas medidas daban cuenta de la implementación de las directrices lanzadas desde el llamado Consenso de Washington, que abría el espacio, a través de la llamada Apertura Económica y el Habrá Futuro, consignas de ese gobierno, propias del modelo de acumulación neoliberal, transnacional y supraestatal.

Durante este gobierno, el Estado y su régimen político, en un acto de clara combinación de las formas de lucha contra sus adversarios, ataca La Uribe al tiempo que desarrollaba la Asamblea nacional constituyente, que dio vida a la Nueva Constitución Política de la nación de 1991, Constitución que excluyó de su participación a una franja significativa del movimiento insurgente armado, en particular, a las FARC-EP y el Ejército de Liberación Nacional (ELN). Podríamos afirmar que, si bien el gobierno de César Gaviria no cerró las puertas totalmente a los diálogos, sosteniéndolos con el encuentro en Tlaxcala (México), se estaba enterrando toda posibilidad de dialogar con el conjunto del movimiento insurgente armado, como estrategia, para alcanzar una paz con justicia social, que superará lo militar.

Por el contrario, la experiencia exitosa lograda por el gobierno y las nuevas acciones estratégicas de los Estados Unidos hacia América Latina, condujeron a una variación estratégica en el tratamiento al conflicto colombiano, consistente en la fragmentación y el trato particularizado, es decir, caso por caso y aparte. Al mismo tiempo, se siguen los mandatos imperialistas, que mezclan conflicto social armado con narcotráfico, narcotizando el primero.

Efectivamente, si bien se logra pactar con una franja de la insurgencia armada, la otra, compuesta por FARC-EP, ELN y un sector del Ejército Popular de Liberación (EPL), va persistir en la lucha política armada.

Es durante el gobierno de Andrés Pastrana Arango (1998 a 2002) que se reanimarán los diálogos en el municipio de San Vicente del Caguán, Colombia. Estos diálogos inician en medio de altas prevenciones entre las partes, prevenciones que se van a expresar claramente en la inauguración de los mismos, con la silla vacía, cuando el comandante Manuel Marulanda Vélez decidió no asistir a la instalación de la Mesa Nacional de Diálogos (Mesa) de cuyas deliberaciones y definiciones, debían salir las condiciones para alcanzar un Gobierno de Reconciliación y Reconstrucción Nacional.

Ahora bien, el acto de la silla vacía se debió, según las FARC-EP, al hecho conocido por ellos, de un posible atentado contra el Comandante en Jefe de la organización y a los efectos de los fracasos de los procesos anteriores. Sobre esto, Marulanda planteará que «para el gobierno nada de lo sustancial es negociable: referendo, Plan de Desarrollo (de corte neoliberal) y Plan Colombia (sustento para la guerra) son intocables. Así va a ser difícil avanzar en el proceso de paz».[5]

Sin embargo y a pesar de esas adversidades, se logra instalar la Mesa, y para ello, jugó un papel la llamada Comisión de los Notables. Esta comisión presentó un informe con propuestas concretas, de compromiso y consenso, en momentos que arreciaba la dificultad para el proceso de paz, agravada por la ofensiva estatal y militar contra la zona de despeje. Contra el informe se pronunciaron los sectores más retardatarios de la oligarquía, entre ellos, Álvaro Uribe Vélez, y el presidente de Federación Ganadera, Jorge Visbal. Otros sectores asumieron el informe con una oscilación entre el escepticismo y el optimismo, según lo plantea Carlos Lozano.[6]

Las diferencias más importantes del Caguán con respecto a los anteriores procesos fallidos, Caracas y Tlaxcala, consisten en que era la segunda vez que se intentaba realizar los diálogos en territorio nacional, después de la crisis de los diálogos en La Uribe (Meta). La segunda diferencia, y muy importante, fue el despeje de una zona del territorio nacional, para colocarla bajo el dominio político y administrativo de las FARC-EP, cuestión que se diferencia de los diálogos de La Uribe, por cuanto estos no obtuvieron dicha posibilidad.

Los diálogos del Cagúan se desarrollan con la participación directa de las organizaciones sociales populares y las personas, que alcanza más de los 30 000 visitantes con ponencias y documentos. Dicha participación estimuló la presencia directa de la sociedad civil en el proceso de paz y entregó un rico material de propuestas, proyectos y reflexiones, para fortalecer el proceso de paz, que incluía la crítica al modelo económico, las condiciones sociales del pueblo colombiano y la falta de derechos y libertades democráticas.

La Comisión Temática de las FARC-EP, con el apoyo de la Comisión Nacional de Diálogos, se encargaba de recibir los aportes que se presentaban en las Audiencias Públicas. La importancia de las audiencias consistió en que los diálogos entre las partes en conflicto, pasaban por tener en cuenta las necesidades y las esperanzas del pueblo trabajador colombiano, al tiempo que cuestionaban el modelo de acumulación de capitales y sugerían alternativas claras, para el progreso de la nación y el conjunto de la sociedad, teniendo presente el respeto a la soberanía nacional.

Esta participación social en los diálogos del Cagúan se complementó con la presencia de las partes en los componentes temáticos, que contaron con la participación de especialistas y técnicos en asuntos específicos. A ello se une la plataforma con propuestas organizadas desde las FARC-EP, para un Gobierno de Reconciliación y Reconstrucción Nacional, cuyos 10 puntos apuntaban a la conformación de un gobierno pluralista, patriótico y democrático.

Desgraciadamente, esto no se logró y se prefirió el esquema de dialogar en medio de la confrontación. La realidad va a demostrar los límites de dicho esquema de diálogos, pues la confrontación se va agudizando, al punto de privilegiar el aspecto militar, en detrimento del aspecto político.

Sin negar la incidencia de dialogar en medio de la confrontación, el deterioro y fracaso de los Diálogos del Cagúan va a tener sus causas principales en las modificaciones que sufrió el Plan Colombia. Este plan fue concebido, inicialmente, como una propuesta de paz, que debería generar los recursos necesarios y suficientes para avanzar en el proceso. Se trataba de recursos que debían contar con el apoyo de la Comunidad Internacional, pero, desgraciadamente, el gobierno de Pastrana Arango decidió colocarlo al servicio de la geoestrategia de guerra estadounidense para Colombia.

Las FARC-EP van a culpar al gobierno nacional de la ruptura de los diálogos, debido a sus dificultades para lograr el sometimiento de la guerrilla a las políticas del Estado, altamente manipuladas y direccionadas por el imperialismo estadounidense. Era claro que la puesta en marcha del Plan Colombia cambiaría las condiciones y el contexto de posibles diálogos de paz, pues el plan no solo presionaba en función de la derrota militar de las FARC-EP, sino que también condujo a la internacionalización del conflicto social y armado.

Concluido el gobierno de Pastrana, llega Álvaro Uribe Vélez a la Presidencia de la República, para instalarse durante ocho años, en dos períodos consecutivos de gobierno. Con el apoyo del Plan Colombia, Uribe desata la guerra abierta contra la insurgencia armada, particularmente, contra las FARC-EP, sin colocar límites, al punto de agredir Estados y naciones vecinas, como lo practicó contra la república hermana del Ecuador, en marzo de 2008, con el pretexto de atacar un campamento de la guerrilla de las FARC-EP, donde se encontraba el comandante Raúl Reyes, en una clara violación a la soberanía nacional de este país.

La perversidad del contenido del nuevo Plan Colombia consiste en mezclar la lucha insurgente armada con el problema del narcotráfico, tal como lo planteábamos anteriormente, bajo el supuesto de la configuración de una narcoguerrilla en la que confluyen la lucha política de resistencia armada y la producción de cocaína, fenómeno que, hasta ahora no es suficientemente claro y real, pero que ha servido y sirve para demostrar que la lucha insurgente no tiene fines políticos claros y transita hacia la conformación de una organización delictiva y criminal.

En cuanto a los impactos económicos, sociales, ambientales y locales, era claro que el Plan Colombia tendría resultados diferenciados sobre la región latinoamericana, pero serían relativamente homogéneos, principalmente, sobre los países fronterizos con Colombia. Esta manifestación clara de la falta de Estado nacional en las fronteras colombianas, se viene «mejorando» con entregar dichas fronteras al servicio de los megaproyectos de las transnacionales, que para alcanzar sus objetivos recurren al chantaje, la manipulación y la violencia sobre las comunidades que habitan los territorios que pretenden dominar. Desde luego que esto no se da sin la resistencia de las comunidades ancestrales, que emprenden acciones de confrontación que van desarrollando las contrapartes, en muchos casos con grandes éxitos. Efectivamente, el conflicto social y armado de Colombia se ha internacionalizado y no ha logrado tomar desenlaces, que conduzcan a una paz duradera y estable.

Como se puede observar, el fracaso de La Uribe, primero, y luego del Caguán, están muy asociados a las denominadas fuerzas oscuras, cuya intransigencia es tan alta que cualquier posibilidad de acuerdo político para una solución política, es considerada como una traición y entrega al enemigo.

Son precisamente esas fuerzas las que se han beneficiado de la guerra, tales como la elite militarista, los latifundistas, principalmente, los ligados a la ganadería extensiva, el sector del capital financiero y bancario, por sus aportes económicos a la construcción de las estructuras paramilitares, y también los aportes de las transnacionales y el gremio del alto comercio.

Con relación a la elite militarista, es bueno señalar su defensa incondicional a la clase política dominante, cuestión que queda plasmada en la afirmación del mayor Gonzalo Bermúdez Rossi, según la cual:

> [...] en el gobierno de Rojas se había dado un paso de dinámica política, incompleta pero importante experiencia de un militar en el poder [...], que ya comenzaba ese «proceso de dignificación» o el rompimiento de la dependencia ideológica, y paralelamente, la desmitificación de esa clase a la que históricamente las Fuerzas Armadas ya han rendido un excesivo y agotador servicio. Ciertamente que en el estrecho marco ideológico de las Fuerzas Armadas, aún no cabían en mínima parte planteamientos ideológicos más avanzados, como hoy comienzan a concebirlos muchos Oficiales, especialmente los mandos medios.[7]

Esta afirmación ratifica el carácter de clase del Estado y de una institución tan importante del mismo, como son las Fuerzas Armadas oficiales, asunto que sigue pesando fuertemente en las mismas.

Los gobiernos de Uribe, entre el 2002 y el 2010, van a colocar la prioridad de la guerra contra la insurgencia armada. No van a darse diálogos, ni propuestas de formulas de paz, ni mucho menos despejes de territorios. Durante estos gobiernos, el Plan Colombia, con su carga militar, se puso a plena marcha, articulado a un creciente gasto militar desde el presupuesto general de la nación y la abundante asesoría técnica militar procedente de los Estados Unidos, Gran Bretaña e Israel, hechos que permitirán triunfos relativos de las Fuerzas Armadas del Estado sobre las FARC-EP, al alcanzar lo que ellas llamaron, objetivos de alto valor, es decir, algunos miembros del Secretariado y del Estado Mayor Central de las FARC-EP.

Con estos triunfos, se aspiraba a generar una derrota definitiva (el fin del fin) de esa organización y su desbandada, acompañada de deserciones masivas; más ha sucedido que esa organización demuestra su capacidad de reproducción y relevo, al punto de confirmar que no está derrotada.

Lo señalado, y la necesidad de la oligarquía de dar mayor confianza a las transnacionales con sus inversiones, acompañan la exigencia de cambiar la representación presidencial y ejecutiva de carácter narcoparamilitar y mafioso, en cabeza de Uribe Vélez, por una representación de mayor agrado a los Estados Unidos y sus transnacionales, como de los sectores modernizantes de la oligarquía, bajamente comprometidos con las mafias y el paramilitarismo, quienes han presionado en función de la reinauguración de otro intento de diálogos, que dan como resultado el «Acuerdo general para la terminación del conflicto y la construcción de una paz estable y duradera».

A manera de síntesis podemos ubicar los siguientes aspectos sustanciales del largo proceso de lucha por alcanzar la paz, que parte de 1982 (gobierno de Belisario Betancur Cuartas hasta los gobiernos de Álvaro Uribe Vélez, 2002 a 2010), organizados en dos planos, uno que tiene que ver con las propuestas programáticas, y dos, relacionado con los aspectos procedimentales.

Al referirnos a las propuestas programáticas tenemos de parte de las FARC-EP, tres momentos significativos. El primero, ligado a los Diálogos de La Uribe, que buscan abordar el conjunto de los problemas estructurales de Colombia, desde los problemas del orden político hasta los ligados a los aspectos socioeconómicos, para dar vida al concepto de paz con democracia y justicia social. En el orden procedimental, para poder dar concreción a la paz con democracia y justicia social, es necesario proceder a un cese al fuego, pasar a la tregua y derivar en la paz con democracia y justicia social.

El segundo momento significativo, está ligado con los diálogos con los gobiernos liberales, desde Virgilio Barco Vargas (1986) hasta Ernesto Samper Pizano (1998). En términos programáticos, el peso del debate va a recaer sobre el modelo de acumulación de capitales

(Caracas y Tlaxcala) y las garantías políticas para la izquierda y la oposición, en un momento en que se impone la violencia desatada por la guerra sucia agenciada por las llamadas, metafóricamente, fuerzas oscuras aliadas con el terrorismo de Estado. En este contexto, la estrategia de los diálogos, desde los gobiernos liberales, es la fragmentación de los mismos, a fin de debilitar al enemigo y tener mayor capacidad de maniobra. Es decir, dividir las fuerzas insurgentes armadas y manipular los diálogos en mejores condiciones. En el campo de lo procedimental, se implementan los diálogos en medio de la confrontación.

Y un tercer momento tiene que ver con lo sucedido desde el gobierno de Andrés Pastrana (1998 a 2002) hasta los gobiernos de Álvaro Uribe Vélez. Este es un momento en el que el Estado y su oligarquía practican la consigna de «mano fuerte y corazón amable»; es decir, vamos a persuadir para la búsqueda de la paz (corazón amable), pero si no nos da resultados, volvemos a la guerra hasta destruirlos (mano fuerte). Esta consigna o mensaje construido desde el Estado y la ultraderecha es publicitado por los medios de comunicación masiva. El primer componente, «corazón amable» fue el que predomino durante el gobierno de Pastrana, hasta el momento en que declaró la ruptura de los diálogos. Aquí, hay un retorno al tratamiento del total de los problemas estructurales que agobian la sociedad colombiana, pero lo novedoso, a diferencia de los Diálogos de La Uribe, es que la sociedad civil es involucrada y el movimiento insurgente tiene control territorial. Al mismo tiempo, el Estado coloca su segunda carta en movimiento, cual es el Plan Colombia de un fuerte contenido militar. Es un diálogo, que se desata en medio de la confrontación, con dominio territorial de la insurgencia armada, participación de la sociedad civil y un plan de guerra del Estado alimentado por los Estados Unidos.

Podríamos concluir, entonces, que no existen suficientes deseos de paz por parte del Estado y la oligarquía que representa. Los procesos de paz que hemos reseñado muestran su inestabilidad y su incapacidad de consolidarse y dar apertura a una paz estable y duradera con democracia y justicia social, a una paz que supere un conflicto fundamentalmente de clase, enraizado en la formación socioeconómica colombiana. Es un conflicto que no logra encontrar canales de superación en el alcance de una paz estable y duradera, que coloque las vías políticas de solución en primer plano.

«Acuerdo general para la terminación del conflicto y la construcción de una paz estable y duradera»

Contextualización del momento que acompaña el «Acuerdo general»

El momento que ha dominado hasta la actualidad es de ambigüedad en el tratamiento de los problemas colombianos. Ello va desde abordar aspectos estructurales parciales hasta aspectos estructurales de totalidad, pero en lo procedimental se prioriza el Plan Colombia de guerra, monitoreado desde los Estados Unidos.

Se trata, en general, de un comportamiento oligárquico, estimulado y promovido por un Estado que ha practicado y sigue practicando una especie de persuasión patriarcal y autoritaria, para imponer y defender sus intereses y su sistema, con el terrorismo de Estado, el crimen selectivo, las masacres y las guerras, entre otros métodos crueles. Todo lo anterior se produce bajo falsos supuestos de representar los intereses generales del Estado, la nación y la sociedad colombiana, resumidos en el famoso «Estado social de derecho», pegado en el papel de la Constitución.

En realidad, es un Estado dedicado al dominio de una especie de militarismo que presiona sobre el conjunto de las relaciones sociales, estimulado por la dependencia de los Estados Unidos y la existencia de un régimen político patriarcal y autoritario que se impone y hegemoniza. Ahora bien, la situación del momento sugiere variaciones muy importantes en el comportamiento oligárquico y de su Estado, que da continuidad a la guerra, pero vuelve a reconocer que la insurgencia armada existe y hay un conflicto tanto político como social, que puede solucionarse por vía política, sin descuidar la acción militar y su «seguridad democrática».

Colombia, según las FARC-EP:

> [...] se debate en medio del drama de su derrumbamiento económico, institucional y político, atada de pies y manos por un impresionante aparato militar, paramilitar y policial al que se suma el más descarado divertimento mediático que pretende ocultar la gravedad de lo que ocurre. Nuestra nación ni siquiera cuenta con una Constitución Política, acaban de desahojarla y pisotearla en las narices de todos. Los grandes centros del poder mundial nos condenan a ser un país atrasado y dependiente, suministrador barato de recursos naturales, mientras la oligarquía encargada de cumplir fielmente tal propósito se enzarza a dentelladas por la mejor tajada.[8]

Este contexto planteado por la organización insurgente promueve la idea de un deterioro creciente de la sociedad colombiana que la puede conducir a una profunda crisis de totalidad, que requiere el despertar y la movilización de las masas, concentrada principalmente en el movimiento popular, encabezado por los trabajadores de la ciudad y del campo, contra el modelo de acumulación dominante y sus profundos efectos sobre la calidad de vida, los movimientos sociales de indígenas, afrodescendientes, de mujeres y de la diversidad sexual, los intelectuales, académicos y artistas, entre muchas de las expresiones políticas y sociales, todos ellos, víctimas tanto del régimen político dominante, como del modelo de acumulación de capitales que orienta y rige la nación.

Es un llamamiento a considerar, por cuanto tiene en cuenta que los cambios que requiere el país, no se logran, exclusivamente, con los diálogos entre las dos fuerza contendientes, sino que esos diálogos tendrán éxito si hay una fuerte movilización por la paz con justicia social y el fin de la guerra; esto es lo que se llama Salida Política Dialogada (SPD).

El Comité Ejecutivo del Partido Comunista Colombiano, en sus reflexiones recientes sobre la solución al conflicto social y armado, considera que los elementos más relevantes del inicio de los actuales diálogos entre el gobierno Santos y las FARC-EP son:

- El reconocimiento de la inviabilidad de una solución exclusivamente militar, aun en un contexto de incremento de la intervención directa norteamericana, del uso de ejércitos privados paramilitares y de la implementación de tecnologías de punta en la práctica de la guerra contemporánea.

- El hecho fehaciente de que, en medio de la profunda fragmentación y dispersión del movimiento social por la paz en nuestro país, incrementada por los dos gobiernos de Uribe Vélez, el campo popular colombiano le da otra oportunidad a la solución política dialogada al conflicto.

- La constatación de que la lucha por la paz se convierte en el centro de la política nacional y su destino está ligado a los avances o retrocesos del campo popular, de la izquierda y de los sectores democráticos tanto políticos, como sociales.

- El evidente fracaso de la llamada *seguridad democrática*, que limita su visión de la conflictividad social a medidas policiales autoritarias.

- La disposición de la insurgencia armada a realizar un nuevo intento de solución política, en un contexto latinoamericano favorable a los cambios políticos desde la lucha popular y la emergencia de gobiernos progresistas y de izquierda.

Caracterización del «Acuerdo general»

Análisis del «Acuerdo general»

Lo primero que llama la atención es que el «Acuerdo general» parte de abandonar el territorio colombiano como espacio para los diálogos; esto acompañado de la necesidad de hacer diálogos en los que predomine la efectividad del proceso y concluir el trabajo de la agenda de manera expedita, pero los tiempos estarán sujetos a evaluaciones periódicas de los avances.

Este planteamiento sugiere que hay afán, por una de las parte, de trabajar rápidamente y concluir a la mayor brevedad posible; se trata, principalmente, del Estado colombiano, que viene de obtener algunos triunfos sobre el movimiento guerrillero. Mientras tanto, la contraparte (FARC-EP) no tiene afán y pugna por la más amplia participación de la sociedad. Este escollo se viene superando a través de implementar, de común acuerdo, mecanismos de participación ciudadana.

No se puede argumentar que lo propuesto por el movimiento insurgente armado constituye la revolución por cuotas y a plazos, como lo plantean los sectores más ultraderechistas de la sociedad colombiana. La propuesta de agenda, si la analizamos detenidamente, es una propuesta que podríamos denominar un programa mínimo pero sustancial, cuyos propósitos apuntan a modificar, mínimamente, algunas realidades, tanto históricas, como actuales, que impregnan hace mucho tiempo el Estado, la nación y la sociedad colombiana. Se agrega la necesidad de crear un proceso integral y simultáneo para alcanzar el fin a la confrontación armada, y dar realce a lo político. Este aspecto pasa por el cese al fuego y de hostilidades de manera bilateral y definitiva; la dejación de las armas; y el desarrollo de reformas mínimas al Estado, que lo democratice, lo limpie de sus relaciones con las estructuras mafiosas y narcoparamilitares, supere la corrupción y la impunidad por la violación a los derechos humanos y el derecho a la vida.

Los ejes temáticos de la Agenda en el «Acuerdo general»

Una característica inicial del «Acuerdo general» es que llama a la efectividad, que entendida como la relación costo beneficio, apunta a reducir a la mínima expresión el desgaste en el proceso de diálogo, que entre otras cosas debe abordar la temática sin prolongaciones «innecesarias» en el tiempo. Esta exigencia tiene de positivo que obliga a ser más explícitos en lo que se quiere; pero igualmente, reduce la capacidad de la Mesa para tratar una serie de aspectos que se derivan de los temas aprobados en el Acuerdo. Si bien la eficiencia es una necesidad, existe el peligro de un reduccionismo, que se puede hacer extensivo a la participación de la llamada sociedad civil, con sus iniciativas y propuestas.

Ahora bien, si observamos los ejes temáticos a tratar, encontramos temas muy concretos, que se relacionan con dos aspectos centrales. Uno, abordar los efectos de la acumulación originaria, primitiva y violenta, sobre la economía campesina, principalmente en lo que tiene que ver con los cultivos ilícitos y las condiciones de vida de este importante sector social; ello por cuanto este problema ha sido un componente de preocupación permanente de las FARC-EP. Dos, todo el paquete ligado al tema de la democracia, los derechos humanos, así como los derechos políticos y civiles para poder transitar hacia la dejación de las armas y el ejercicio político garantizado por el Estado reformado y democrático.

Podríamos afirmar que es un programa mínimo de reivindicaciones fundamentales, que pueden ir desactivando las causas y las raíces históricas de esta forma específica de manifestación de la lucha de clases en Colombia, desactivación que pasa por ver esas reivindicaciones plasmadas en la realidad, como requisito para hacer dejación de las armas y transitar hacia la acción política.

En esta forma específica de manifestación de la lucha de clases, la concentración de la propiedad sobre la tierra y su mal uso por parte del latifundio improductivo existen, por lo menos, dos aspectos centrales, que es bueno resaltar:

- Uno, consiste en la tendencia de algunos latifundistas, hoy, a poner la tierra concentrada al servicio de la producción; es decir, la tendencia a estimular el desarrollo del capitalismo en el campo, tal como se desprende del contenido de la Ley de Tierras y la reforma agraria que pretende implementar el Estado, aspecto que se dirige contra la economía campesina, no solo por el manejo de la tierra, sino también porque el latifundio productivo está orientado, básicamente, hacia una producción agro exportadora ligada a las demandas de las transnacionales.

- A esto, se une, como segundo aspecto central, la creciente transnacionalización de la propiedad y el uso de la tierra que, efectivamente, va a deteriorar, a través de los megaproyectos, el ecosistema nacional, incluyendo la expropiación de la economía campesina, por vías violentas (desplazamiento forzado —6 millones de campesinos hacia las ciudades— o muerte) o por vías legales (compra de tierras en el mercado del fondo de tierras).

La concentración de la propiedad sobre la tierra y su mal uso por parte del latifundio improductivo y las transnacionales configuran un panorama, que va a desatar y a agudizar los conflictos de clases, no solo en la dimensión tradicional (el problema de la tierra), sino también en la dimensión ecosistémica. Así las cosas, se hace extensivo el conflicto hacia una nueva dimensión, como la ecosistémica, que incluye el tema de la reserva alimentaria de la nación.

Un tema de gran relevancia que se abordará está relacionado con los derechos y garantías políticas y civiles. Al respecto, la historia de Colombia, desde sus orígenes, es rica en violación a los derechos y garantías políticas y civiles, ante todo, en aquellas zonas donde el poder político queda en manos de latifundistas (gamonales, caciques y barones regionales de la politiquería), hoy en día aliados con el sector financiero del capital y las transnacionales, cuestión que permite la llamada «financiarización» del mercado de tierras.

Así, sobre la expansión del capitalismo en el país, pesa enormemente la acumulación originaria, primitiva y violenta del capital, que potencia una avanzada en el desarrollo capitalista, crecientemente dependiente, en específico, del capital proveniente de la política monroista, de América para los americanos (léase los Estados Unidos de América).

Es una acumulación acompañada de un terrorismo de Estado, ideológicamente alimentado, por la doctrina del «enemigo interno», elaborada en el Pentágono y la CIA, para destruir toda opción que atente contra sus propósitos en el continente, pero también nutrida por un anticomunismo visceral y primitivo, de una oligarquía, que acude al fanatismo religioso, a los estados pasionales de las masas enajenadas por los medios de comunicación y al sectarismo político. Son componentes que se conjugan para crear y reproducir un estado de terror permanente, en la población, que paraliza su organización y su capacidad de movilización y lucha.

Los últimos veinticinco o treinta años de nuestra historia, se han caracterizado por ese desplazamiento forzado de millones de colombianos del campo a la ciudad, que deriva en resentimiento y deseos de aplicar justicia por cuenta propia; pero igualmente, puede estar incubando condiciones para una nueva forma de confrontación, que traslada la guerra del escenario rural al escenario urbano, en la medida que la sociedad se polariza, y esa población desplazada no es óptimamente absorbida por las estructuras económicas urbanas. Solo sobre la base de garantizar los derechos políticos y civiles, el fortalecimiento de los derechos humanos y el desarrollo de una política económica, de importantes alcances redistributivos, podremos transitar a la paz estable y duradera, que abra espacios al fin de la confrontación armada.

Uno de los componentes más difíciles en el proceso de diálogos tiene que ver con el fin a la confrontación armada. Frente a este, hay dos posiciones claramente definidas. Una que plantea un final a la confrontación armada, a partir de la derrota a la insurgencia, la entrega de armas y el sometimiento a la justicia, con «garantías». La otra posición considera la necesidad de un cese bilateral al fuego en medio de los diálogos, así como de hostilidades bilaterales y definitivas, que abran el camino para la dejación de armas, al ritmo del desarrollo de las reformas democráticas mínimas al Estado.

El choque entre estas dos posiciones se va a profundizar en la medida que nos acerquemos a su tratamiento en la Mesa de Diálogos. Su desenlace va a estar determinado por la correlación de fuerzas que se exprese en la misma Mesa, y por la capacidad de movilización de la sociedad por la paz. En términos de los actores de los diálogos, tendríamos que contar con un Estado que reconoce que no tiene su legitimidad total ganada, lo que se expresa en la pérdida parcial del monopolio sobre las armas, por un lado, y por el otro, un movimiento insurgente armado con voluntad política para dejar el uso de las armas, siempre y cuando se amplíe la acción del Estado por caminos democráticos.

Apreciaciones sobre las perspectivas de los diálogos en La Habana

Se sugieren varios escenarios posibles:

Escenario 1

En este escenario partimos de una posición pesimista, en la que se percibe la inviabilidad de la paz por la vía de la solución política dialogada. Se trataría de una situación en la que los sectores militaristas de Colombia, aliados con los halcones de la ultraderecha estadounidense, presionan por el fracaso para imponer y continuar con la salida militar, es decir, la guerra.

Este escenario tiene a su favor el poderío de los sectores oligárquicos y militaristas, que aliados con la ultraderecha militarista de los Estados Unidos, se mueven de manera virulenta y agresiva para dar continuidad y permanencia a la guerra. Para lograr esos objetivos hay que recurrir a la mentira, la distorsión, el engaño, la provocación, el sabotaje, es decir, a toda forma perversa y maniquea, que desestructure y lleve a la crisis los diálogos por una solución política dialogada. Este ha sido un método que se ha manifestado en los procesos anteriores, bien sea de manera tenue o de manera abierta y desembozada.

El escenario 1 tiene en su contra la crisis económica mundial del sistema, que por ahora lo obliga a orientar fuertes recursos financieros a solucionar o amortiguar los efectos de dicha crisis. A esta crisis, se une el hecho que los Estados Unidos libra guerras en el cercano oriente árabe, que vienen afectando el presupuesto de la nación, con un déficit tan alto, que hoy es señalado de «abismo fiscal». Estas situaciones presionan a los países imperialistas a centrar más la atención en sus problemas endógenos, tal como lo demuestran las recientes elecciones en los Estados Unidos y otros del área imperialista, así como los efectos negativos que arroja el modelo de acumulación neoliberal, transnacional y supraestatal sobre la población trabajadora, por ejemplo, en los países de la Unión Europea (UE), ni que decir los propios Estados Unidos de América.

Podríamos afirmar que este escenario no tiene fuerza en el momento, pero ello no niega su posible reactivación, ante todo, si tenemos en cuenta la presencia de la cuarta flota de la marina de los Estados Unidos, su creciente injerencia en el conflicto colombiano, a través de mercenarios contratistas, de la presencia latente de bases militares de ese país en territorio colombiano, y de la no menos despreciable asesoría militar técnica y tecnológica de ese país, Israel e Inglaterra.

Escenario 2

Es un escenario en el que las partes se desgastan en los diálogos sin llegar a arreglo alguno, situación que exige la intervención de las más variadas fuerzas internacionales para buscar la recuperación de los diálogos, en medio de la continuidad de la guerra. Es un escenario de crisis, que todavía admite salidas políticas, en condiciones difíciles.

Bajo esas circunstancias, el desgaste de los diálogos es relativo y se pueden recuperar en la medida que la presión de las fuerzas internacionales, amigas de la paz en Colombia, logren un alto nivel de influencia para obligar a la permanencia en los diálogos. Esa permanencia se hará complicada en la medida que los diálogos se destraben, pero con una polarización de las fuerzas en contienda y en medio de la guerra. Para evitar llegar a ese estadio, la presión por alcanzar la tregua y el cese bilateral del fuego inmediatamente es una bandera que hay que agitar permanentemente.

La intervención de las fuerzas internacionales por la paz en Colombia debe estar compuesta por instituciones supraestatales tales como la CELAC, UNASUR, los Estados fronterizos de Colombia y las expresiones más destacadas de los movimientos sociales de América Latina. Se trata de una intervención que coloque de relieve las consecuencias de la internacionalización del conflicto colombiano para la paz en la región, más si se tiene en cuenta que Colombia es aliado estratégico de los Estados Unidos, y que en esa dirección el Estado colombiano actúa, favoreciendo más los intereses de esa potencia imperialista, que defendiendo los intereses de la región latinoamericana.

Escenario 3

Se trata de un escenario que interrumpe las posibilidades de la solución política dialogada. Se entra en una especie de cese al fuego bilateral no declarado que sirve para el autoabastecimiento y para continuar en la guerra, en unas condiciones que la tienden a urbanizar, al punto de señalar las posibilidades de una guerra civil más urbanizada.

Este escenario no se percibe en el corto plazo, pero puede presentarse en el largo plazo. Si las fuerzas políticas de la ultra derecha llegan a la conclusión de la absoluta inviabilidad de los diálogos, las condiciones políticas hacen ver la realidad desde un prisma negativo, que busca salidas, ante el desgaste, de nuevo, de la posibilidad de los diálogos y de concretar la solución política. El cese al fuego bilateral no declarado, en este escenario, no sería para profundizar las condiciones políticas, a favor de la paz, sino que estaría orientado hacia un reabastecimiento de las fuerzas en contienda, para continuar la guerra con un mayor grado de articulación de la sociedad civil al conflicto armado, aspecto que requiere acercar más la guerra a las ciudad. El escenario 3 no está en juego por el momento, pero se puede ir larvando.

Escenario 4

En este escenario partimos de la existencia de una ambigüedad por parte del Estado para asumir la solución política dialogada: juega a dialogar y al mismo tiempo a la guerra. Esto se hace bajo un criterio estratégico de tener en la Mesa diálogos con una fuerza insurgente armada altamente debilitada, que a la postre tendrá que aceptar las imposiciones del Estado.

Esta ambigüedad tiene su soporte parcial en la tesis, muy difundida, según la cual el Estado no puede derrotar la insurgencia armada, pero la insurgencia armada tampoco puede derrotar el Estado colombiano. Siendo esta la situación, ambas partes juegan a una dualidad, entre lo político y la militar, en un proceso que se agota y requiere de nuevos aires. Tal fue el caso con Andrés Pastrana Arango: cuando lo político se agota con la crisis de los diálogos del Caguán, el régimen, con su Estado, encontró nuevos aires para priorizar la guerra, lo cual hizo el presidente Álvaro Uribe Vélez durante ocho años.

En este escenario, el elemento que hace de los diálogos algo superficial es la insistencia del Estado en imponer sus criterios a una insurgencia supuestamente debilitada y sin capacidad de imponer sus exigencias, pero que mantiene los diálogos para hacer trabajo político de masas y demuestra al Estado, con acciones armadas, que no está derrotada. Es, entonces, una situación en la que la balanza de la confrontación está equilibrada, pero lo político no es asumido como un fin sino como un medio para continuar en el mismo estado.

Así las cosas, el conflicto permanece constante, no brinda posibilidades de dar un salto cualitativo, que asuma la paz con justicia social, por parte del Estado, como un compromiso propio de la política de Estado. Y por parte de la insurgencia armada, como un compromiso estratégico para mejorar las realidades y los problemas de la sociedad, acompañados de abrir espacios a lo político, como propuesta estable y duradera. En síntesis, la ambigüedad genera dificultades a la cualificación de los diálogos, los hace rutinarios y con poca posibilidad de convertirse en hechos vivos, para el cambio a favor de la paz.

Escenario 5

Este escenario parte, de elevar la capacidad movilizadora de la sociedad civil, incluye el movimiento popular y a los trabajadores, interesados en aportar al debate sobre la necesidad de ampliar la democracia y mejorar las condiciones en que se desenvuelve la economía. Esta capacidad se convierte en una fuerza de presión muy grande para las partes del conflicto, FARC-EP y Gobierno Nacional; y puede derivar en dar a la solución política dialogada, la preponderancia necesaria, para arribar a la paz con reformas que cambien realmente y en forma concreta el comportamiento del Estado y el régimen político; así como las condiciones socioeconómicas; cambios que invitan a la dejación de las armas y el tránsito de larga duración hacia la prioridad de la acción política, en un contexto altamente democrático.

Este escenario es el más optimista y es el que tiene los diálogos del momento en el centro de la actividad política de Colombia. En él, la palabra la tiene el constituyente primario, el pueblo trabajador, una sociedad civil organizada y altamente politizada.

La aceptación de las demandas de la sociedad por el Estado, es un paso importante, que se conjuga con el propósito de la insurgencia armada, de transitar a la acción política, pero con garantías reales, para su ejercicio.

Notas

1. Jacobo Arenas: *Paz, amigos y enemigos. Reportajes y documentos*, Editorial La Abeja Negra, Colombia, 1990, p. 22.
2. Jacobo Arenas: *Vicisitudes del proceso de Paz*, Editorial La Abeja Negra, Colombia, 1990, p. 69.

3. Ibídem: p. 75.

4. Carlos Lozano Guillen: *FARC: El país que proponemos construir*, Editorial Oveja Negra, 2001, pp. 19-20.

5. Ibídem: p. 23.

6. Carlos Lozano: *Crece la Audiencia*, Ediciones Resistencia FARC-EP, 2001.

7. Gonzalo Bermúdez Rossi: *El poder militar en Colombia: de la colonia a la contemporaneidad*, Ediciones Expresión, segunda edición, Santafé de Bogotá, D.C., 1992, p. 132.

8. Secretariado del Estado Mayor Central de las FARC-EP: *Declaración Política*, 22 de julio de 2012, fotocopia.

La paz en la geopolítica imperialista: extractivismo y gobernabilidad

Frank Molano Camargo

Para Herr Dühring la violencia es el mal absoluto; el primer acto de violencia es para él el pecado original. Toda su exposición es una jeremiada sobre la manera en que hasta hoy la historia se ha contaminado así por el pecado original, sobre la infame desnaturalización de todas las leyes naturales y sociales por este poder diabólico: la violencia. Pero, la violencia juega todavía en la historia otro rol: un rol revolucionario; según las palabras de Marx, ella es la partera de toda vieja sociedad que lleva en su seno otra nueva; es el instrumento con ayuda del cual el movimiento social se abre camino y hace añicos las formas políticas fosilizadas y muertas; de esto no hay una sola palabra de herr [Eugen] Dühring.

Federico Engels. Anti-Dühring

…si bien la filosofía u orientación general de la política económica del Gobierno, que el Frente no necesariamente comparte, no son objeto de este Acuerdo, ambas partes coinciden en la necesidad de ofrecer algunas orientaciones básicas que permiten generar la estabilidad social necesaria en el período de transición, consolidar la paz y avanzar hacia la reunificación de la sociedad salvadoreña.

Apartes del capítulo V de los Acuerdos de Paz
de Chapultepec en El Salvador

Presentación

En el año 2013 cerca de 30 iniciativas de diálogos, exploraciones y procesos de paz se desarrollan entre gobiernos y actores armados diversos, en países de África, Asia, América Latina y Europa, con mediación internacional y un esquema común conducente a la desmovilización y dejación de armas por parte de los grupos no estatales a cambio de reformas en la estructura social y territorial de las regiones en conflicto.

Diferentes análisis constatan que tanto las negociaciones y los procesos de paz son una tendencia creciente. Según el *Anuario Procesos de Paz*, de Vicenç Fisas, desde la década de 1980 en diferentes contextos regionales del mundo se habían desarrollado 97 conflictos (tanto entre Estados, como internos). De estos conflictos:

> [...] un 30,9% terminaron mediante un acuerdo de paz y un 8,2% con un acuerdo de paz «imperfecto», ya sea por haber sido impuesto o por tener lagunas de consideración. En todo caso, podemos señalar que algo más de un tercio de los conflictos de este período han finalizado mediante un acuerdo. Un 10,3% están en fase de resolución o no han sido resueltos de forma definitiva. Los que no han sido resueltos y permanecen vigentes representan el 41,2% del total y lo más significativo es que solo el 9,3% de estos conflictos han terminado mediante la victoria militar de una de las partes; en otras palabras, la gran mayoría de los conflictos únicamente se resuelven por medio de negociaciones, no por medio de la victoria militar, y abriendo algún tipo de proceso que lleve a la firma de un acuerdo final. En cuanto a los conflictos finalizados en los últimos treinta años (47), 38 lo han hecho mediante un acuerdo de paz (80,9%) y 9 con victoria militar (19,1%), lo que reafirma la vía de la negociación como medio de resolución de los conflictos.[1]

Se trata entonces de discutir el alcance de la afirmación «la vía de negociación como medio de resolución de conflictos» y sobre todo su carácter tendencial. Si bien se trata de conflictos armados y guerras civiles o entre estados, cada confrontación con su propia historicidad, y las fuerzas combatientes tienen lineamientos político-ideológicos de diferente matiz, surgen varias preguntas al respecto: ¿por qué es una tendencia global? ¿Qué fuerzas globales y nacionales gobiernan esta tendencia? ¿Qué relaciones existen entre la tendencia global a la vía de la negociación y las nuevas condiciones de desarrollo del capital imperialista?

El punto de vista que se ha decidido asumir para debatir la tendencia a la pacificación, se fundamenta en la siguiente hipótesis: la paz como dispositivo imperialista. Este proceso global tendiente a la pacificación de confrontaciones armadas es agenciado en gran parte por un discurso cuyos agentes generadores son organismos internacionales como la OCDE, la OTAN, el Banco Mundial, las ONG's e intelectuales asociados a tales organismos, quienes han creado una matriz de pensamiento que obliga a relacionar la pacificación con modernización capitalista y gobernabilidad.

En un orden global imperialista, que cumple más de un siglo, los conceptos y las prácticas de guerra y paz han estado asociados irremediablemente a los modelos geopolíticos, a las estrategias de intervención y a los dispositivos que estos modelos despliegan para asegurar el control de los mercados de personas, materias primas y mercancías. La reproducción global del capital busca a toda costa minimizar obstáculos y aprovechar al máximo las cambiantes condiciones políticas de estabilidad o inestabilidad.

Es en este contexto geopolítico y discursivo que las izquierdas y los movimientos populares deben disputar sus proyectos alternativos, para desplegar tácticas que en una relación-tensión con la agenda imperialista de pacificación, permitan proyectar sus iniciativas alternativas a la dominación del capitalismo imperialista en su tercera fase.

Para sustentar la hipótesis planteada se analizarán las relaciones entre las características de la actual fase imperialista, el modelo geopolítico dominante, el proyecto de paz de la globalización imperialista y la posibilidad de acción revolucionaria.

La actual fase imperialista y la nueva política

En una perspectiva geopolítica crítica[2] la tendencia a la paz o a la guerra corresponde al momento táctico del orden geopolítico mundial imperialista, en donde se ponen en juego los intereses globales de los Estados imperialistas y sus monopolios para acceder al control de regiones, construir instrumentos de acción para hacer frente a las amenazas externas e internas y justificar los efectos de la implementación de tales instrumentos.

Asumir el análisis del imperialismo como proceso con fases, exige a la vez relacionar cada momento o fase con un modelo geopolítico dominante en el que guerra y paz son herramientas de una misma lógica. Por eso ahora es vital la teoría leninista del imperialismo, particularmente de sus fases. En su obra *El Imperialismo, fase superior del capitalismo* (1917), Lenin señalaba una primera transición del capital monopolista al capital monopolista de Estado: «La "unión personal" de los bancos y la industria se completa con la "unión personal" de unas y otras sociedades con el gobierno».[3] Ese mismo año propuso con más claridad la tendencia hacia la fusión del poder del Estado con el monopolio, producto entre otros factores de la guerra imperialista: «La guerra, al acelerar en grado extraordinario la transformación del capitalismo monopolista en capitalismo monopolista de Estado, ha acercado con ello extraordinariamente a la humanidad al socialismo: tal es la dialéctica de la historia».[4]

Lenin concibió al imperialismo como un proceso de desarrollo internacional del monopolio en relación al poder del Estado, que no permanecía inmóvil sino que atravesaba por etapas. Lo que él denominó capital monopolista de Estado, es lo que teóricos burgueses y socialdemócratas denominaron Estados de Bienestar, cuyo periodo de auge se dio entre las décadas de 1930 y 1960. El capital monopolista de Estado le dio a la guerra interimperialista la tarea de reorganizar la división internacional del trabajo.

Pero de la fase imperialista del capitalismo monopolista de Estado, se pasa a una nueva fase a partir de las crisis económicas de las décadas de 1970 y 1980 y la aparición de nuevas formas de organización de la producción capitalista a escala global, lo que es denominado de varias formas por los académicos: globalización neoliberal, Imperio, sociedad posindustrial, sociedad del conocimiento. Retomando el sentido del análisis leninista se podría afirmar que esta nueva organización internacional de la producción es nada más que una tercera fase del imperialismo, en la que los monopolios, transformados en megamonopolios subordinan totalmente al Estado, pasando por momentos de privatización absoluta o de control estatal relativo de una determinada rama de la producción para salir de la crisis, pero siempre subsumiendo el Estado a la lógica de los megamonopolios.

Como lo sostiene Stefan Engel,[5] en esta nueva fase se cambia el rol tradicional del Estado burgués: deja de ser regulador central de la economía nacional y queda suspendido en el sistema de la competencia mundial entre los Estados nacionales por prestar los mejores servicios a los monopolios internacionales, para la óptima valorización de sus capitales y condiciones políticas favorables. En los países coloniales las clases dominantes pugnan entre sí, para generar rutas de incorporación a las dinámicas del capitalismo global, buscando y renovando alianzas y aplicando las orientaciones del imperialismo. La pugna que se presenta en Colombia, entre

Juan Manuel Santos y Álvaro Uribe Vélez corresponde a las diferencias entre la gran burguesía y los terratenientes, frente al tipo de modelo de acumulación y tipo de régimen político a desarrollar que sea más acorde con los lineamientos del nuevo orden geopolítico en la tercera fase del imperialismo.

La arquitectura global del imperialismo está compuesta por las organizaciones del club de los poderosos donde tiene asiento los magnates: en lo económico, la Organización Europea de Cooperación Económica (OCDE); en lo militar, la Organización del Tratado Atlántico Norte (OTAN). Desde la OCDE se orientan las tareas y políticas que debe cumplir y hacer cumplir el Banco Mundial y el Fondo Monetario Internacional, y por supuesto sus integrantes. La OTAN pone el orden y está por encima del Consejo de Seguridad de la ONU.

La característica económica fundamental de esta fase imperialista es que los megamonopolios requieren el conjunto del planeta para maximizar la ganancia, deslocalizan la producción, establecen una nueva división internacional del trabajo especializando países y regiones, buscan nuevos mercados, explotan hasta el límite los bienes de la naturaleza, y organizan la arquitectura geopolítica global generando nuevas alianzas y nuevos organismos con capacidad para viabilizar el poder de los megamonopolios.

En abril del 2000, la publicación *World Press Review* ubicaba entre las 35 entidades económicas más grandes del mundo ya no solo a países sino a megamonopolios. En la cúspide junto a poderes imperialistas como los Estados Unidos, Japón, Alemania, Francia, Canadá, Inglaterra o Italia, se encontraban megamonopolios como Microsoft, General Electric, Cisco System, Intel, ExxonMobil, Wal-Mart, AOL Time-Warner, IBM, Nippon TT, BP Amoco o Toyota.

Según varios analistas la tendencia a la concentración y centralización megamonopólica del capital se da:

[...] mediante un proceso sistemático de megafusiones. En un gran número de sectores productivos unos pocos monopolios reparten más de la mitad de la facturación mundial. En la aeronáutica, solo restan dos fabricantes de aviones de gran porte, en el sector de la consultoría y auditoría solo quedan cuatro gigantes mundiales, en el área de la multimedia nueve conglomerados controlan lo esencial del rubro, este fenómeno económico de concentración y centralización también es llamado «megasistemas mundiales» por el intelectual italiano Ricardo Petrella.[6]

Esta tercera fase del imperialismo se establece claramente a partir de la caída del bloque soviético y la expansión global de los megamonopolios capitalistas. En estos 20 años la geopolítica mundial pasó de la bipolaridad (URSS vs. EE.UU), a unipolaridad (1991-1996), a multipolaridad (desde 1996) hasta hoy, en dónde la ofensiva imperialista implicó guerras como la de los Balcanes, la de Irak y varias en África, así como un repliegue general de los movimientos revolucionarios de liberación nacional. Desde 1979, con el triunfo de las revoluciones Sandinista e Iraní, ningún movimiento de liberación nacional ha tomado el poder estatal como producto de un triunfo militar.

Desde entonces el mundo ha vivido campañas imperialistas de guerra, como las desatadas con la apuesta estadounidenses de guerra mundial contra el terrorismo, jornadas de imperialismo humanitario y procesos de paz. No obstante, a partir de la profundización de la crisis económica mundial que inicia en el 2006, el llamado a la paz y la gobernabilidad como garantes de la seguridad, se ponen a la orden del día.

El nuevo orden geopolítico: gobernabilidad imperialista, seguridad y paz

Todo orden geopolítico es resultante de la correlación de fuerzas. Y en esta dinámica todo acuerdo político entre contendientes se genera a partir de la posición y fuerza que cada contendiente tuviera en la «última batalla». Esta perspectiva de análisis sobre las relaciones de poder la proporciona el filósofo francés Michel Foucault. Por tanto, un orden geopolítico en paz, surgido de la guerra, tiene la misión de sostener la relación de fuerza a la que se llegó antes del acuerdo. La política en tiempo de paz sustituye la política en tiempo de guerra y se da continuidad a las relaciones de poder y dominación que se daban en la guerra.[7] «La inversión de la frase de Clausewitz (la guerra es la continuación de la política por otros medios) quiere decir también que, dentro de la paz civil, o sea, en un sistema político, las luchas políticas, los enfrentamientos relativos al poder, con el poder, para el poder, las modificaciones de las relaciones de fuerza (con las relativas consolidaciones y fortalecimientos de las partes) deberían ser interpretados solo con la continuación de la guerra».[8]

Quien con mayor elocuencia ha planteado esta tesis geopolítica es el número 26 de la lista *Forbes* de los más poderosos del mundo en términos económicos. En ella, Warren Buffett, un empresario estadounidense dueño de Berkshire Hathaway, propietaria del 12,6% de American Express, el 8,6% de Coca Cola, el 12,5% de Moody's, entre muchas otras empresas, sin despacho sostiene: «Hay una guerra de clases, pero es mi clase, la de los ricos, la que está haciendo la guerra, y la estamos ganando».

En la nueva arquitectura del poder global se está sustituyendo el paradigma geopolítico de la segunda fase del imperialismo, que en sentido estricto nunca existió, de soberanía e igualdad entre Estados, pregonado por Naciones Unidas. Ahora, un nuevo paradigma geopolítico se impone, el de la gobernabilidad mundial, en la cual los países más poderosos y los intereses de los megamonopolios, se imponen sobre los intereses de los pueblos del mundo.

La gobernabilidad como categoría ordenadora del poder estatal y mundial se difunde en la primera década del siglo XXI, a partir de una matriz discursiva que la relaciona con paz-seguridad-mercado, como equivalentes de la democracia. Cobra fuerza como resultante del proceso de crisis, ajuste y reestructuración del capital monopolista de Estado o modelo de Estado interventor de posguerra y pone énfasis en el funcionamiento de democracias representativas que gestionan el poder de un Estado formalmente constitucional, un Estado no obstante que ha achicado sus funciones y transfiriendo las decisiones a élites económicas y técnicas. Los ideólogos imperialistas suponen que la gobernabilidad está si los gobiernos mantienen la legitimidad, la eficiencia de su gestión, promueven el crecimiento económico, sostienen la paz interna y la seguridad, logrando así la estabilidad política, económica y social.

En la ideología dominante la relación gobernabilidad y paz ha sido argumentada por la OCDE, mientras que la relación paz-seguridad ha sido estructurada por la OTAN.

La OCDE es un organismo imperialista con múltiples propósitos que apuntan a viabilizar la agenda capitalista; por cuanto es una entidad geográfica que reúne a las 34 economías más ricas del mundo, además opera como FORO de diseño de orientaciones ideológicas sobre la economía mundial, y tiene una estructura organizativa que incluye políticos, investigadores y consultores con capacidad de influenciar las políticas económicas globales. La OCDE, además, ofrece «servicios de apoyo» a otras instituciones internacionales, en particular la Organización Mundial del Comercio (OMC) y el Grupo de los 8. Estos organismos dependen de la investigación de la OCDE y coordinan con esta gran parte del diseño de políticas económicas y sociales para los países del mundo.[9]

La OCDE ha jugado un activo papel en la legitimación del discurso de la gobernabilidad, actuando como consultora y agencia de consejerías en numerosos procesos de posconflicto. En el *Manual del Comité de Apoyo al Desarrollo de la OCDE*[10] sobre gobernabilidad y desarrollo, se establecen los lineamientos básicos que definen la idea de paz del imperialismo en su tercera fase: la creación de condiciones de seguridad al desarrollo económico capitalista y la derrota absoluta de cualquier amenaza sistémica.

A su vez la idea hegemónica de paz, como paz democrática que surge del desarme de los actores contrahegemónicos, proviene de la práctica militar de la OTAN, el brazo armado de la OCDE. Desde 1991, con la caída de la Unión Soviética, la OTAN despliega una estrategia de alianzas y pactos para subordinar a los países procedentes del exbloque soviético y dar garantías a la globalización imperialista, con el planteamiento de la seguridad colectiva. En 1994 la OTAN crea la Asociación para la Paz (APP), un instrumento pragmático y flexible para la cooperación entre la OTAN y sus países asociados, en la que la PAZ como proyecto capitalista global resulta de dos posibilidades: por Intervención Humanitaria o por Negociación y Acuerdo de Paz;[11] ambas posibilidades cuentan hoy con rigurosos protocolos a los que se someten los actores políticos involucrados.

Jean Bricmont, físico y pensador social belga ha discutido ampliamente el significado del «imperialismo humanitario»,[12] una ideología que legitima la injerencia militar contra países soberanos en nombre de la democracia y de los derechos humanos. Los procesos de paz promovidos en muchas partes del mundo, son un dispositivo del imperialismo humanitario.

Paz y extractivismo

En la tercera fase del imperialismo los países neocoloniales o sus regiones se especializan de acuerdo a las nuevas necesidades de acumulación de los megamonopolios. Unos países son importantes por sus condiciones para trasladar industrias bajo la modalidad de maquila, otros se convierten en paraísos financieros o turísticos y algunos se especializan en diversas formas de extractivismo. El énfasis en la especialización varía acorde a las necesidades del mercado global de los megamonopolios. Empero, se trata de medidas de corto plazo, que relativizan los proyectos de acumulación en cada nación subordinándola a las olas y contracciones del mercado capitalista mundial.

El extractivismo es entonces una de las modulaciones posibles que pueden tener durante un tiempo un país neocolonial, hace referencia a las actividades que remueven grandes volúmenes de bienes de la naturaleza que no son procesados (o que lo son limitadamente), destinados sobre todo para la exportación. El extractivismo no se limita a los minerales o al petróleo. Hay también extractivismo agrario, forestal e inclusive pesquero.[13] La situación de extractivismo a la que han sido obligados numerosos países de África, Asia y América Latina ha sido entre otras, producto de la guerra.

Las políticas imperialistas extractivistas globales impulsan reformas tendientes a favorecer la expansión de la minería bajo el control de los megamonopolios, lo que implica una doble operación: por una parte la pérdida de la capacidad de regulación y control de los territorios y sus recursos por los Estados nacionales frente a estos megamonopolios; por otro lado, la idea de que solo el modelo minero monopólico tiene la capacidad de ser «responsable y sustentable», colocando como blanco del capitalismo, los 100 millones de mineros artesanales que se encuentran en los países neocoloniales de América Latina, África y Asia.

Sin embargo, hoy en un contexto de multilateralidad en el que a las potencias imperialistas tradicionales se suman nuevas potencias como China, Rusia e India, los megamonopolios minero-energéticos apoyan estos procesos de «gobernabilidad», bajo distintos programas y coberturas, amparados bajo el lema de la «responsabilidad social empresarial», cuya finalidad es el control y la neutralización de las resistencias, promoviendo corrientes de opinión favorables a la megaminería (políticos, profesionales, científicos, periodistas).[14]

El neoextractivismo exige una mayor privatización de la tierra y el subsuelo, lo que se ha convertido en bandera del Banco Mundial, promotor del proceso global de mercantilización de la tierra.

> Los megamonopolios imperialistas están presionando a escala global para apropiarse de tierras, para esto muestran la supuesta inviabilidad de las economías agrarias campesinas y de los pueblos originarios. En 2010 el Banco Mundial, a partir de investigaciones a su favor, planteaba que hay en el mundo 445 millones de hectáreas de tierra «mal utilizada» con potencial agrícola que no se están utilizando y están disponibles para los inversionistas. Desde 2001, en las naciones oprimidas se han vendido o arrendado casi 250 millones de hectáreas de tierra a «inversionistas internacionales» (según Land Matrix Partnership). Esta presión sobre la tierra está haciendo que «renazca» un nuevo interés por políticas agrarias a favor de los megamonopolios internacionales, se trata de acuerdos que especializan naciones y territorios para producir para los mercados internacionales de alimentos y de biocombustibles, socavando la soberanía alimentaria de los pueblos del mundo.[15]

En el inicio de la tercera fase del imperialismo el extractivismo estuvo jalonado por las guerras, lo que significó un mayor debilitamiento de la institucionalidad de los Estados en conflicto, presencia de actores armados financiados por megamonopolios, desplazamiento y hambruna. Hoy que el capitalismo imperialista enfrenta la crisis en medio del avance de la multipolaridad capitalista, requiere un giro táctico, de la política de guerra a la política de paz, giro que tiene como finalidad la gobernabilidad, lo que de ninguna manera implica una vuelta al capital monopolista de Estado, sino la conformación de un aparato estatal más funcional, eficiente y garante de las exigencias del capital; tal es el propósito de la pacificación imperialista.

De los 26 procesos de negociaciones de paz que se desarrollan actualmente, el 90% está enfocado a resolver problemas de gobernabilidad en los países con guerras relacionadas con el extractivismo o la ubicación estratégica del territorio. Así lo podemos deducir del siguiente cuadro:

Procesos de paz en el mundo y extractivismo

América Latina		
País	Intereses geopolíticos	Estado actual
Colombia	Petróleo, Oro, Carbón, Biodiversidad	Conversaciones entre el gobierno apoyado por los Estados Unidos y la guerrilla de las FARC-EP.
Perú	Oro	El PCP continúa insistiendo en un diálogo nacional con el gobierno para poner fin a los problemas derivados de la guerra.

Europa			
Sub región	**País**	**Intereses geopolíticos**	**Estado actual**
Europa Occidental	España – País Vasco	Tecnología y Capital Humano	En 2011 ETA anunció el cese definitivo de la lucha armada e hizo un llamado a España y Francia para abrir un proceso de diálogo.
Sudeste de Europa	Chipre	Riqueza Agrícola y Forestal	Turco-chipriotas y greco-chipriotas (apoyados por la Unión Europea) piden mediación de la ONU para llegar a un acuerdo de paz.
	Kosovo	Oro, Plata, Gas Natural, Níquel, Bauxita y Zinc	En 2011 se iniciaron conversaciones entre Kosovo apoyado por los Estados Unidos y Serbia apoyada por Rusia.
	Moldavia	Ubicación Geoestratégica	Inicio de conversaciones sobre la región de Transdniestria, Rusia no quiere que se divida de Moldavia y los Estados Unidos quiere que se una a Rumanía.
	Turquía	Ubicación Geoestratégica - Petróleo	En 2010 el Partido de los Trabajadores de Kurdistán inició el cesa al fuego y el 2011 iniciaron las conversaciones con el gobierno apoyado por la Unión Europea y Rusia.
Cáucaso	Armenia-Azerbaiyán	Gas y Petróleo	Armenia apoyada por Rusia y Azerbaiyán apoyada por los Estados Unidos discuten desde 2011 si se acepta o no la creación del estado de Nagorno-Karabaj, separado de Armenia.
	Georgia	Ubicación Geoestratégica y Petróleo	Rusia apoya a Georgia para evitar la independencia de Osetia. Apoyada por los Estados Unidos, en 2011 se avanzó en algunos acuerdos.

Asia			
Sub región	**País**	**Intereses geopolíticos**	**Estado actual**
Asia Meridional	Afganistán	Litio	Conversaciones entre el gobierno apoyado por los Estados Unidos y la guerrilla talibán.
	India	Biodiversidad, Maderas	Frente Unido de Liberación de Assam (maoísta) firmó en 2011 acuerdo de paz con el gobierno indio a cambio de reforma para la autonomía de la región de Assam
	Nepal	Hidroeléctricas, ubicación geoestratégica	La guerrilla maoísta firma acuerdo de paz en 2009 y en 2012 inicia el reintegro de guerrilleros al ejército oficial. Los maoístas tienen el control del gobierno.
	India - Pakistán	Ubicación Geoestratégica	India y Pakistán retomaron las conversaciones de paz para el conflicto sobre Cachemira tras la ruptura del proceso en 2008.
	Sri Lanka	Hidroeléctricas y Bosques	En 2009 es aniquilada por un bombardeo la dirección de la guerrilla Tamil. En 2012 se iniciaron negociaciones entre el gobierno apoyado por Rusia, China e India y organizaciones de derechos humanos para un proceso de reparación y reconciliación.
Asia oriental	China (Tibet)	Ubicación Geoestratégica, Recursos Hídricos	No hay acuerdo entre China y el Dalai Lama apoyado por los Estados Unidos.
Sudeste Asiático	Birmania	Recursos Hídricos y Energéticos	El gobierno apoyado por China inició en 2011 conversaciones con el Partido del Estado Wa Unido, apoyado por los Estados Unidos.
	Filipinas	Petróleo, Carbón, Oro, Cobre, Hierro	El gobierno con el apoyo de los Estados Unidos firmó acuerdo en 2011 con la guerrilla islámica y en 2012 inició acuerdos con la guerrilla marxista Nuevo Ejército del Pueblo.
Oriente medio	Palestina	Ubicación Geoestratégica, Petróleo, Agua	En 2012 Israel entorpeció el proceso de paz y desató una ofensiva militar contra los territorios palestinos.

África			
Sub región	País	Intereses geopolíticos	Estado actual
África occidental	Senegal	Ubicación geoestratégica para el comercio mundial	Acuerdo de Paz en 2004. Continúa facción armada del Movimiento de las Fuerzas Democráticas de Casamance (MFDC).
Cuerno de África	Etiopía	Petróleo	Acuerdo de Paz en 2010 entre el Frente Nacional para la Liberación de Ogadén y el gobierno apoyado por los Estados Unidos.
	Somalia	Petróleo	Conversaciones de paz entre el Gobierno Federal de Transición (GFT) apoyado por los Estados Unidos y el grupo armado islamista al-Shabaab.
	Sudán	Petróleo	El gobierno apoyado por China y la alianza de grupos armados firmaron en 2012 un acuerdo de paz en Doha (Qatar) destinado a poner fin al conflicto armado en Darfur y garantizar la existencia de Sudán del Sur respaldado por los Estados Unidos.
Grandes Lagos	Chad	Petróleo	El Frente Popular por la Recuperación con base en la R. Centroafricana firmó un acuerdo de paz en 2012 con el gobierno chadiano apoyado por Francia (Acuerdo de Bangui).
	República Centro-africana	Diamantes, Uranio, Oro, Petróleo, Madera, Algodón, Tabaco, Café, Hidro-electricidad	El gobierno apoyado por Francia y los Estados Unidos y una facción disidente de la Convención de Patriotas por la Justicia y la Paz firmaron en 2011 un acuerdo de paz.
	República Demo-crática del Congo	Coltán	El gobierno apoyado por los Estados Unidos y las Fuerzas Republicanas Federalistas firmaron en 2011 un Acuerdo de Paz que condujeron a la integración de las guerrillas al ejército.
Magreb y Norte de África	Sahara occidental	Petróleo, Uranio, Fosfato	Conversaciones interrumpidas entre el gobierno de Marruecos apoyado por los Estados Unidos y España con el Frente Polisario.

Cada conflicto amerita un análisis particular, pero sin duda podemos encontrar elementos comunes en sus dinámicas, marcadas por el activo papel de lo que eufemísticamente se proclama la «Comunidad Internacional», quien participa activamente tanto en la guerra como en la paz. El esquema es el mismo en los acuerdos de paz: proceso para el desarme de los ejércitos irregulares y las guerrillas y a la creación de un clima de «gobernabilidad» en el posconflicto que viabilice el desarrollo capitalista y contenga la insurgencia social, debido a que las políticas de gobernabilidad resultan brutales para los pueblos y las comunidades involucradas.

África, por ejemplo, ha sido el continente en donde las potencias imperialistas han experimentado diversas formas de intervención y control geopolítico. Hoy el intervencionismo se reconoce con el nombre de «Plan África», en el que los Estados Unidos, China y la Unión Europea reorganizan la estrategia de dominación promoviendo numerosos procesos de paz.

Un documento español es taxativo en este sentido:

> El Plan África 2009-2012 se articula a través de seis líneas de trabajo que se concretan en el apoyo a procesos de paz y seguridad, la consolidación democrática e institucional, la lucha contra el hambre y la pobreza, la promoción de inversiones y relaciones comerciales, el desarrollo socio-económico sostenible, la asociación migratoria, el refuerzo de la relación multilateral España-África y con la Unión Europea, la consolidación de la presencia política e institucional y el crecimiento de nuestra diplomacia pública a través de Casa África.[16]

Lo que la retórica del imperialismo humanitario denomina «Arquitectura Africana de Paz y Seguridad», empezó a consolidarse en el 2002 con la creación de un Consejo de Paz y Seguridad y posteriormente con la Declaración sobre Política Africana Común de Defensa y Seguridad en 2005 y la creación de la «African Standby Force»

(ASF) o fuerza africana en espera, el sistema de Alerta Temprana y el Panel de Sabios. Desde tal plataforma, junto a fuerzas de la ONU se han dado intervenciones de «estabilización» en Burundi, la operación híbrida —con Naciones Unidas— en Darfur (UNAMID), misiones en Darfur (AMIS I y II, 2004-2007), y en Somalia (AMISOM).[17]

Uno de los casos de este intervencionismo humanitario es Sudán, país clave en la geopolítica del petróleo. China ha convertido a este país en la segunda fuente de sus importaciones de petróleo y los Estados Unidos lo considera un país clave en para su «seguridad nacional», debido al avance chino en esta región. Luego de varias décadas de conflicto, en 2005 se firmó el Acuerdo General de Paz entre el gobierno y algunas facciones de Movimiento de Liberación del Sudán. Tal acuerdo avanzó en 2011 en la conformación del nuevo Estado de Sudán del Sur, la neocolonia norteamericana, enfrentada a Sudan una neocolonia China. Aquí la guerra continúa contra las comunidades aledañas a los riquísimos campos de petróleo.

A manera de cierre: los revolucionarios ante los procesos de paz

Los procesos de paz en la tercera fase del imperialismo fundan el orden geopolítico dominante en el que potencias y monopolios aspiran una gobernabilidad marcada por la sumisión de los vencidos, la obediencia de los gobernados y las plenas garantías para el mercado capitalista.

Las fuerzas revolucionarias contemporáneas cuyas trayectorias históricas las llevan a la eventualidad de un proceso de paz, no pueden obviar que en este momento el campo de fuerzas está dominado por el proyecto capitalista global, lo que trae retos y tensiones a resolver. Esencialmente el dilema de continuar, en nuevas condiciones, la construcción del proyecto revolucionario o adaptarse a la gobernabilidad imperialista moderando desde el realismo político, el alcance de las apuestas.

Esta decisión y el modo de resolución del dilema planteado tienen que ver, tanto con la firmeza del programa revolucionario, como con las condiciones de fuerza con que se llega al acuerdo. Realizando una mirada comparativa a experiencias recientes de procesos de paz de diferentes fuerzas revolucionarias, se puede considerar que el campo de fuerzas geopolítico en el que se mueven las organizaciones revolucionarias, se estructura entre dos polos de un eje de fuerza en cuyos polos está la derrota y el equilibrio militar.[18] Tácticas y estrategias revolucionarias se deslizan sobre este eje de fuerza, de tal manera que podríamos situar el caso de los Tigres Tamiles en Sri Lanka y del Partido Comunista del Perú (Sendero Luminoso), en el polo de la derrota estratégica y al Partido Comunista de Nepal Maoísta en el polo del equilibrio. Los demás procesos de paz que actualmente se desarrollan en el mundo se desplazan entre los dos polos.

En Sri Lanka por más de 30 años se libró una guerra entre los Tigres de Liberación de Tamil Eelam y las clases dominantes de la isla. Los Tigres Tamiles expresaron la lucha por la independencia y autodeterminación del pueblo Tamil, una comunidad de millones de personas, originarios del sur de la India, quienes fueron llevados por el colonialismo inglés como trabajadores de las plantaciones británicas en el siglo XIX. Las clases dominantes de la India intervinieron en el conflicto de Sri Lanka en la década de 1980 por el temor a que la rebelión tamil se expandiera en el sur de India, pero debió retirarse.

Hubo diálogos y acuerdos entre las partes en las décadas de 1990 y la primera del siglo XXI, con una activa mediación internacional. Los Tamiles realizaron un alto al fuego en 2002, mientras la India y la Unión Europea promovieron el rearme militar del gobierno, que desembocó en la ofensiva militar en 2009 en la fue ejecutada la dirección guerrillera tras un devastador bombardeo aéreo contra una de las «zonas de seguridad» del norte del país establecidas en los acuerdos previos. El resultado fue lo que los vencedores llamaron una «paz sin proceso». El presidente de Sri Lanka, Mahinda Rajapaksa, respaldado por India promueve la reconstrucción autoritaria del país, entregando los bosques tamiles a monopolios chinos e indios, mientras los sectores populares, ONG's de derechos humanos y las bases sociales y políticas de los Tigres, buscan que se de paso a un proceso de reconciliación en el que se respeten los derechos humanos.

En el proceso de guerra los Tigres Tamiles crearon un Estado paralelo en el norte y este del país, administrado por la Alianza Nacional Tamil (TNA), partido simpatizante de los Tigres. Hoy se trata de una organización perseguida que lucha por su legalidad, al tiempo que una disidencia desmovilizada anteriormente conformó el Partido para la Liberación del Pueblo Tamil (TMVP) aliada al partido gubernamental y utilizada para asegurar el modelo de gobernabilidad autoritaria con la exclusión de los sectores políticos afines al proyecto de autodeterminación Tamil.

El caso peruano es sintomático de este tipo de gobernabilidad y «Paz sin Acuerdos». En 1992 el Comité Central del Partido Comunista del Perú (Sendero Luminoso) fue detenido, luego de una guerra de 12 años. Para recomponer el partido, los líderes maoístas propusieron desde la cárcel un Acuerdo de Paz al gobierno de Fujimori y llamaron a los combatientes a cerrar filas en esta decisión. Fujimori maniobró el acuerdo y se produjeron divisiones y deserciones que posibilitaron la derrota de la guerrilla maoísta, aunque sobreviven reductos armados, algunos acusados de estar bajo el mando de narcotraficantes.

No obstante, como producto de los acuerdos de paz, varios líderes recobraron su libertad y pudieron reconstruir estructuras preparadas para un periodo de lucha política sin armas, en un contexto de autoritarismo extremo y apogeo del extractivismo neoliberal. Esto ha dado origen a una nueva organización maoísta que actúa abiertamente y defiende los lineamientos políticos de Abimael Guzmán, el Movimiento por la Amnistía y Derechos Fundamentales (Movadef) que busca reconocimiento legal y participación política electoral, mientras es acusado de hacer apología al terrorismo por su posición de reclamar la liberación de Abimael Guzmán. Según el Movadef, si antes la lucha se desarrolló justamente por mecanismos de lucha cruentos, determinados por la «situación revolucionaria mundial» y por las condiciones económicas, sociales y política de la época, la nueva condición política lleva a una lucha política incruenta, en busca de los mismos objetivos estratégicos.

Tras la derrota del PCP y del Movimiento Revolucionario Túpac Amaru (MRTA), Perú ha transformado violentamente su economía hacia el extractivismo, que desarrolla un proceso de acumulación por despojo o «nueva acumulación originaria»[19] como lo plantea el Movadef, que al tiempo que expropia a las comunidades rurales de los Andes y la Amazonía y explota a los trabajadores mineros de los megamonopolios, crea condiciones de movilización e insurgencia social, en medio del cual los maoístas peruanos buscan reconstruir su proyecto estratégico.

El caso del proceso de paz en Nepal es ilustrativo para el análisis de una situación resultante de un equilibrio militar y político, en el contexto de la tercera fase del imperialismo, en donde potencias emergentes como China e India tienen mucha injerencia en la política asiática. El Partido Comunista de Nepal Maoísta inició una guerra popular contra la monarquía en 1996, confrontación que duró 10 años y concluyó con un acuerdo de paz en 2006, el cual puso fin a la guerra y a la monarquía. Este acuerdo de paz fue resultado de la condición de fuerza de los maoístas, que lograron convocar a amplios sectores de la sociedad nepalesa contra la monarquía y por la democracia.

Según los líderes maoístas la decisión de un acuerdo de paz y no continuar con una ofensiva militar para la toma del poder, obedeció a su análisis geopolítico y a la necesidad de contener el «expansionismo indio», que amenazaba con invadir Nepal si los maoístas triunfaban militarmente, contando con el apoyo de sectores de la monarquía y de otros partidos burgueses afines a la India.

Lo ganado en la guerra, el amplio apoyo popular y su capacidad política han permitido a los maoístas liderar, aunque no hegemonizar, el proceso de construcción de una República Democrática desde donde proponen profundizar la «democracia del siglo XXI» y avanzar hacia el socialismo. Sin embargo tener la hegemonía del proyecto revolucionario no ha sido fácil para los maoístas.Se han presentado divisiones y la oposición de derecha alienta protestas e inconformidades. India sigue al acecho y chantajea con invasión. Nepal se convierte en amenaza regional. Es el costo de la paz en tiempos de la tercera fase del imperialismo.

En síntesis, fuerza política y claridad estratégica son las condiciones que posibilitan a las fuerzas revolucionarias conducir sus fuerzas en tiempos de acuerdos de paz. Mantener la unidad, aportar a la reconstrucción de las fuerzas sociales del pueblo para defender los derechos arrebatados por el modelo de acumulación y sembrar la decisión en el pueblo de que puede ir más allá de la democracia burguesa gobernable, al tiempo que se confrontan las tendencias al reformismo, a la capitulación y a la renuncia a lucha por la transformación socialista de la sociedad, se convierten en las tareas fundamentales de los revolucionarios en tiempos de pacificación.

No valen subestimaciones del adversario ni subjetivismo en el balance de las propias fuerzas. Más que nunca hay que orientarse desde las tres partes del marxismo: economía política, filosofía materialista y convicción en el socialismo. De lo contrario democracia burguesa, economía de mercado y Estado gobernable.

Notas

1. Vicenç Fisas: *Anuario Procesos de Paz 2012*. Icaria Editorial, Madrid, 2012. p. 20.

2. Heriberto Cairo Carou: *Elementos para una geopolítica crítica de la guerra y la paz: la construcción social del conflicto territorial Argentino-Británico*, Tesis Doctoral, Universidad Complutense de Madrid, Madrid, 1993, disponible en Internet: (http://eprints.ucm.es/tesis/19911996/S/1/S1008301.pdf).

3. Vladimir I. Lenin: «El Imperialismo, fase superior del capitalismo», *O. E.* en 12 tomos, t. 5, Moscú, 1965, p. 410.

4. Vladimir I. Lenin: «La catástrofe que nos amenaza y como combatirla», *O. E.* en 12 tomos, t. 7, Moscú, 1965, p. 213.

5. Stefan Engel: *Crepúsculo de los dioses, sobre el «nuevo orden mundial». La nueva organización de la producción internacional*, Verlag Neuer Weg, Essen, Alemania, 2004.

6. Alfredo Toro Hardy: «El Club de los Amos del Mundo», *El Universal*, 4 de mayo, 1/4 Caracas, 2000.

7. Ignacio Abello: «El concepto de la guerra en Foucault», *Revista de Estudios Sociales*, Bogotá, no. 14, 2003, pp. 71-75.

8. Michel Foucault: *Genealogía del racismo*, Ed. La Piqueta, Madrid, 1992, p. 29.

9. Frank Molano Camargo: «La Ideología del capital humano: Del derecho a la educación a la Educación para el capital», *Viento del Sur*, no. 9, Bogotá, 2013, pp. 6-30.

10. OCDE: *Manual del CAD/OCDE sobre la Reforma del Sistema de Seguridad (RSS). Apoyo a la seguridad y a la Justicia*, OECD Publishing, 2007.

11. Según *el Anuario de Paz*: «Se entiende por negociación el proceso por el que dos o más partes enfrentadas (ya sean países o actores internos de un país) acuerdan discutir sus diferencias en un marco concertado para encontrar una solución satisfactoria a sus demandas. Esta negociación puede ser directa o mediante la facilitación de terceros. Normalmente, las negociaciones formales tienen una fase previa, o exploratoria, que permite definir el marco (formato, lugar, condiciones, garantías, etc.) de la futura negociación. Por proceso de paz se entiende la consolidación de un esquema de negociación, una vez que se ha definido la agenda temática, los procedimientos a seguir, el calendario y las facilitaciones. La negocia-

ción, por tanto, es una de las etapas de un proceso de paz». Vicenç Fisas: op. cit., p. 10.

12. Jean Bricmont: *Imperialismo Humanitario*, Ed. El Viejo Topo, Madrid, 2005.

13. Alberto Acosta: «Extractivismo y neoextractivismo: dos caras de la misma maldición», disponible en Internet: (http://www.ecoportal.net/Temas_ Especiales/Mineria/Extractivismo_y_neoextractivismo_dos_caras_de_ la_misma_maldicion).

14. Emilio Taddei y otros: *Minería Transnacional y resistencias sociales en África y América Latina*, Diálogo de los Pueblos, 2001, p. 19, disponible en Internet (http://www.dialogosdospovos.org/pdf/liv_ibase_mineracao_esp_ REV2.pdf).

15. Movimiento por la Defensa de los Derechos del Pueblo MODEP, «Necesitamos Reforma Agraria Democrática, no desarrollo rural al servicio del gran capital», *Ponencia presentada al Foro Política de Desarrollo Rural* (Enfoque territorial), Bogotá, 17 de diciembre de 2012.

16. Gobierno de España: *Plan África2009-2019*, Agencia Española de Cooperación Internacional para el Desarrollo Ministerio de Asuntos Exteriores y de Cooperación, España, 2010, p. 9, disponible en Internet: (http://www. casafrica.es/casafrica/Inicio/PlanAfrica2009-2012.pdf).

17. Ibídem: p. 22.

18. Idealmente este polo debería ser el triunfo militar. No obstante, la experiencia histórica de los últimos años no muestra una situación en la que las fuerzas revolucionarias hayan derrotado a su adversario y en ese sentido puedan poner las condiciones del campo de fuerzas.

19. En las tesis programáticas del Movadef se sostiene que el capitalismo se ha desarrollado en el Perú y se ha restringido la semifeudalidad, a partir de un modelo de Nueva Acumulación originaria del capital, a partir de mayor reforzamiento de la explotación de los recursos naturales y humanos del país y una mayor represión en contra de la población. Movadef: *Amnistía general*, Lima, 2011 p. 5.

Guerra y paz durante el gobierno de Santos

Carlos Medina Gallego

Este capítulo centra su atención en el análisis de los desarrollos que han tenido el conflicto armado y los procesos de paz en Colombia durante la administración del presidente Juan Manuel Santos. Busca en lo esencial resolver cuatro interrogantes: ¿cómo ha evolucionado la política de seguridad y defensa en la administración Santos, en relación con el gobierno anterior? ¿Cuáles han sido los resultados de esa política en la lucha contra el crimen organizado y la insurgencia? ¿Cómo se ha renovado la insurgencia frente a las nuevas estrategias de guerra desarrolladas por el Estado? Y, ¿qué avances hay en materia de construcción de escenarios de diálogos de paz?

El gobierno del presidente Uribe construyó, durante sus dos administraciones, un enfoque particular para caracterizar el conflicto colombiano y comportarse conforme a ello en materia de seguridad y defensa, mediante la ejecución de su política de *seguridad democrática*. Su concepción se centró en negar la existencia del conflicto armado y caracterizar al mismo como una amenaza terrorista, en correspondencia con el impulso de las políticas de la seguridad global de los por EE.UU. en la lucha contra el terrorismo.[1]

La estrategia de la política de seguridad democrática se centró, en términos operativos, en la modernización y moralización de la fuerza pública, en particular de las fuerzas militares, que habían sido derrotas en la guerra de tierra por la guerrilla colombiana. Dos armas nuevas fueron introducidas en las operaciones militares, en especial, contra las guerrillas de las FARC y el ELN: 1) la inteligencia militar y policial, técnica y humana; y, 2) la aviación militar. Estas le permitieron a la fuerza pública cambiar sustancialmente su estrategia de guerra y asestar duros golpes a las guerrillas. Las distintas operaciones militares realizadas mediante la coordinación de todas las fuerzas, arrojaron importantes resultados en términos de bajas, capturas, deserciones y desarticulación de estructuras, lo que obligó a las guerrillas a redefinir sus modalidades operativas para poder enfrentar la ofensiva militar. La guerrilla comenzó a mostrar vulnerabilidad en niveles de dirección, antes intocables, denominados *objetivos de alto impacto*, que se correspondían a la captura o aniquilación de los miembros del Estado Mayor Central y del Secretariado de las FARC, así como de la Dirección Nacional y el Comando Central (COCE) del ELN.

En la ejecución de la política de seguridad democrática del gobierno Uribe, y no obstante los éxitos de la misma, se produjo un serio cuestionamiento a varios aspectos que resultaron improcedentes y lesivos para la democracia y el ejercicio de los derechos fundamentales de la población. Con la idea de que la seguridad demandaba una restricción de las libertades individuales, se fue generando el creciente involucramiento de la población civil en tareas de seguridad, con las repercusiones que ello tiene en la construcción del tejido y las redes de convivencia y solidaridad social, lo cual creó un ambiente de inseguridad en el que cualquier ciudadano era potencialmente sospechoso y objeto posible de una perversa política de recompensas.

A esto se sumó el desarrollo del proceso de paz con los paramilitares, los acuerdos de desmovilización y de sometimiento a la Ley de Justicia y Paz, bajo el compromiso de la no extradición y de la responsabilidad de los comandantes desmovilizados de contribuir con los procesos de verdad, justicia y reparación a las víctimas. Ese proceso se vio truncado por el incumplimiento del gobierno, que extraditó a varios jefes paramilitares con el propósito de que fueran juzgados por tribunales estadounidenses, hecho que sentó un gravísimo precedente contra su credibilidad ante los actores ilegales de cara a futuros procesos de paz.

La desmovilización de los paramilitares pronto comenzó a derivar en dos nuevos fenómenos: 1) la reactivación del paramilitarismo, a la que algunos investigadores académicos se refieren con el término *neoparamilitarismo*, mientras el Estado habla de *bandas criminales* (bacrim) para encubrir el fracaso del proceso de desmovilización y de la Ley aprobada para su desarrollo; y, 2) un cambio en la modalidad operativa del fenómeno, enrumbado hacia la administración extorsiva y criminal del territorio, en medio de guerras entre bandas por el control del mismo.

La política integral de seguridad y defensa para la prosperidad del presidente Santos

El gobierno del presidente Santos ha ido evolucionando, de las estrategias heredadas de la administración anterior, hacia un nuevo modelo operativo que busca hacer los ajustes pertinentes a la política y a las estrategias operativas que se agotaron en el curso de la ejecución de las políticas de seguridad democrática. Esa evolución está orientada a colocarlas en concordancia con los nuevos retos de la confrontación. Santos ha sostenido, como estrategia general, el énfasis en las actividades de inteligencia operativa, humana y técnica, y en la guerra desde el aire, con resultados importantes en términos de golpes a las fuerzas insurgentes, en sus objetivos de alto impacto y en la desarticulación y aniquilamiento de destacamentos y frentes de la guerrilla. Igualmente, en los primeros meses de su gobierno, las operaciones militares se centraron en golpear a los mandos medios y en una estrategia dirigida a producir desmovilizaciones, más que capturas.

Su política ha estado dirigida al fortalecimiento económico del sector de seguridad, que superó ampliamente en los presupuestos los recursos de inversión social, estableciendo para la seguridad una inversión en los próximos tres años (2012-2015) estimada en 25 billones de pesos. Durante lo que va de la administración Santos, se ha persistido en la Modernización de la Fuerza Pública y en el crecimiento del pie de fuerza, incorporando aproximadamente 30 000 efectivos entre enero del 2010 y enero de 2013, lo que representa un incremento del 7% del pie de fuerza total, estimado en 447 391, distribuido entre la Policía Nacional, con 165 906 efectivos, y las Fuerzas Armadas con 281 485.

Avances y logros en seguridad durante la administración Santos

La administración del presidente Santos, a través de la política integral de seguridad y defensa para la prosperidad, asumió el proceso de confrontación en una etapa en la que la política de seguridad democrática se había agotado y requería de un ajuste, en razón de que habían aparecido nuevos y más complejos fenómenos de violencia heredados del ciclo de la fallida desmovilización paramilitar, que dio origen al fenómeno del neoparamilitarismo y las bandas criminales, y a unas nuevas condiciones de la guerra originadas en los procesos de ajuste táctico de los grupos insurgentes a la estrategia militar del Estado.

Las estadísticas presentadas de los estándares de eficiencia y calidad de las acciones de la fuerza pública, hasta enero del 2012, señalan que durante este periodo de la administración Santos se han producido 1 400 acciones terrorista (2.2 acciones por día) que se expresan en ataque directo a la fuerza pública, a poblaciones, a estaciones de policía y a la infraestructura de oleoductos, torres de energía, puentes y vías, así como hostigamientos, emboscadas, retenes ilegales e incursión en poblaciones, con diverso impacto sobre la fuerza y la población civil.

En el periodo de enero de 2010 a febrero de 2012, la fuerza pública anunció resultados contra los grupos insurgentes que deben ser mirados con cuidado por el redimensionamiento que tienen las cifras en relación con la realidad numérica de los dos actores armados, estimados en unos 12 000 hombres-armas. Así, si miramos ese periodo según los reportes del Ministerio de Defensa, el número de neutralizados (muertos en combate, capturados o desmovilizados) se estima en 9 334 integrantes,[2] lo que equivaldría al aniquilamiento del 78% de la capacidad de fuego de las fuerzas insurgentes, situación que tendría en extrema precariedad a los dos grupos (FARC y ELN), porque el reclutamiento y la incorporación al combate de nuevos militantes suele tomarse tiempo y, lo que están mostrando estos grupos, es un incremento de su capacidad operativa, en acciones de hostigamiento, contra la fuerza pública con significativos resultados.

En el periodo señalado, se produjeron 1 049 muertes de miembros de la fuerza pública y 4 530 bajas vivas (heridos), esto es, que han sido *neutralizados* por la insurgencia y el crimen organizado 5 579 efectivos, entre oficiales, suboficiales, soldados, policías, auxiliares. Además de las muertes producidas en combates, emboscadas, y hostigamientos, resultan de mayor problema las estrategias desarrolladas por la insurgencia con la siembra de minas antipersonales y la colocación de artefactos explosivos,[3] que en el periodo estudiado han dejado fuera del combate a 1 130 efectivos de la fuerza pública. Estas minas antipersonales y la colocación de explosivos también han afectado a la población civil, en la cual han producido un número elevado de muertes.

La situación de desplazamiento generada por las dinámicas de la violencia y la guerra no ha cesado. Los datos oficiales de Acción Social, ahora denominada Departamento para la Prosperidad

Social, reportan una población desplazada en el periodo de enero de 2010 a febrero de 2012 de unas 250 000 personas, equivalente a unas 50 mil familias, que se localizan en medio de grandes precariedades y desarraigos en los principales centros urbanos del país a la espera de atención institucional.

Sobre los cambios en la dinámica de la guerra

El desarrollo de las nuevas políticas de seguridad de los dos gobiernos, a saber, el de Uribe y el de Santos, junto con sus planes operativos, con los que obtuvieron y siguen obteniendo importantes resultados contra la insurgencia, ha obligado a estas organizaciones a hacer reingeniería en sus prácticas operativas y adecuar sus planes militares.

La fortaleza de la fuerza publica para cambiar la correlación de fuerzas en el desarrollo de la guerra (conflicto armado) consistió en el impulso de un proceso de modernización de las instituciones militares, el incremento del pie de fuerza, la recuperación de la moral de combate, la política de informantes, cooperantes y recompensas, y el cambio en la estrategia militar, centrada en la inteligencia técnica y humana para el combate y en el impulso de la guerra desde el aire, con la ejecución de planes estratégicos (Colombia, Patriota, Consolidación...) y a través de operaciones especificas (Fénix, Jaque, Camaleón...), con lo cual han obtenido significativos resultados, que colocan a la fuerza pública a la ofensiva en la confrontación.

Las organizaciones insurgentes también han desarrollado un conjunto de modificaciones en sus prácticas de combate y en el acomodamiento sobre el territorio. El proceso de reingeniería de las guerrillas atraviesa, no solo por la disposición de las fuerzas para nuevas modalidades de combate, en particular, el uso de explosivos de defensa-ataque y tiro de alta precisión, sino, además, la invisibilización de las fuerzas. Esto último comprende la desaparición del uniforme y de la parafernalia militar de ejército en las áreas de mayor crisis, el retorno a las tácticas partisanas de guerra de guerrillas, la transformación de la retaguardia selvática en retaguardia social, bajo la premisa demostrada por las operaciones militares que la selva se ha hecho insegura como espacio de protección, lo que los ha obligado a construir una nueva relación con el territorio y la población. Al repensar la guerra, las FARC establecen nuevos sistemas de reclutamiento y nuevas formas de organización, que privilegian para el combate las fuerzas especiales. Entran en una fase de reconstrucción de estructuras en las que se toman en consideración tres líneas de trabajo: la reconstrucción de frentes; la construcción de interfrentes; y, donde sea posible, la creación de nuevos modelos de frente.

El proceso de reingeniería generó un cambio en la percepción del territorio. Se produjo el paso del espacio físico selvático al espacio social organizativo, la diasporización de la fuerza en pequeñas unidades civiles, el retorno a la guerra de guerrilla y a los viejos mecanismos de comunicación, el énfasis en el escenario político y una lógica de alianzas perversas, que incluye regionalmente relaciones con los grupos criminales del narcotráfico y las nuevas bandas paramilitares. Las FARC y el ELN están en un proceso de convergencia de prácticas militares y políticas. Se sostienen en sus zonas de dominio tradicional haciendo a distintos niveles presencia militar, política y socioeconómica, bajo el entendido que la guerra es mucho más que combates y acciones militares. Las dos organizaciones han comenzado, como lo ha hecho el gobierno nacional, a repensar el conflicto en una lógica distinta a la del siglo pasado, en el contexto global y de las transformaciones de los sistemas políticos regionales.

En el desarrollo de las confrontaciones se hacen los aprendizajes y los ajustes a las formas operativas, y se reciben y asimilan los distintos golpes. Tanto la fuerza pública como la insurgencia, han hecho del desarrollo del conflicto su escuela de formación y han aprendido a modificar sus tácticas operativas y sus formas de relacionamiento con el territorio y la población, según las dinámicas de la guerra y los logros de la misma.

La política de seguridad democrática transformó la modalidad de guerra contra la insurgencia y le dio al pasado gobierno réditos suficientes para permanecer durante dos periodos en el poder. No obstante, el más elemental de los teóricos de la guerra enseña que esta no se desarrolla contra una fuerza inerte, sino contra una fuerza viva, que aprende de sus equivocaciones y transforma su manera de operar para sobrevivir y seguir combatiendo. Digamos que no solo las fuerzas armadas hicieron reingeniería; también lo hicieron las guerrillas, como ya lo hemos señalado. De manera que la política de seguridad democrática, en lo operativo, llega a su límite en el 2008, aun cuando, como se produciría después en la administración Santos, el ejército y la policía, pudieran atribuirse dos grandes objetivos de alto impacto en el desarrollo de sus operaciones: la muerte de Jorge Briceño (el *Mono Jojoy*), la muerte del máximo comandante de la organización, Alfonso Cano.

La guerra en el 2012 y la ventana de la paz

Una nueva dinámica adquirió el conflicto armado durante el 2012 en los aspectos militar y político, generando un punto de inflexión que, en medio de un optimismo moderado y un escepticismo extremo, adquiere forma en la dinámica con que se desarrolla la mesa de conversaciones de la Habana, entre el Gobierno Nacional y las FARC-EP. Un balance sobre lo ocurrido en estos meses ayuda a entender las razones por las cuales, gobierno y guerrilla, deciden *contra todo pronóstico* iniciar de manera tan temprana, en la administración Santos, acercamientos discretos y conversaciones.

Quisiera desarrollar en esta parte tres ideas centrales: 1) la ofensiva militar desarrollada por la fuerza pública, inicialmente con la política de *seguridad democrática*, y luego con los ajustes que esta tuvo en el modelo de *seguridad para la prosperidad* del presidente Santos, le proporcionaron al Estado colombiano *una victoria táctica* sobre la insurgencia de las FARC, pero no lograron, a pesar de la importancia de la misma, consolidar una *victoria estratégica* que hiciera efectivo el anunciado *fin del fin* de la confrontación por la vía militar, mediante la destrucción de la capacidad operativa y organizativa de la insurgencia; 2) las FARC vieron transformarse la modalidad táctica y operativa de la fuerza pública, y sintieron estremecer sus estructuras organizativas y de mando en una ofensiva que modificó sustancialmente la correlación de fuerzas en el campo militar y transformó, en lo esencial, las lógicas organizativas y de autoridad interna, así como su modelo de operatividad; 3) el inicio de las conversaciones representa para las FARC una victoria táctica en el campo político frente al gobierno y, para este, una apuesta a la consolidación de *la victoria militar estratégica en el escenario político.* La guerra vuelve a asumir su forma política.

Victoria táctica sin consolidación estratégica

Comencemos por formularnos unas preguntas orientadoras: ¿cuál es el estado de la guerra que «obliga» a las partes a pensarse en términos de un proceso de solución política al conflicto armado? ¿Por qué el gobierno del presidente Santos, desiste de la idea de la victoria militar sobre la insurgencia y decide establecer relaciones y conversaciones con la FARC-EP, colocando todo su capital político y su posible reelección, en ese proceso? ¿En qué estado se encuentran las FARC-EP, que resuelven atender el llamado del gobierno nacional de explorar un camino de solución política para el conflicto?

Lo que nos está mostrando la investigación y los análisis es que el conflicto se encuentra en un *punto de inflexión* importante en el cual los actores deben tomar *decisiones transcendentes,* relacionadas con sus proyectos políticos estratégicos, y los mecanismos y medios para alcanzarlos: la guerra ha llegado a un lugar en donde las partes han entendido que no se van a derrotar mutuamente, que ninguno va a alcanzar la victoria definitiva sobre su adversario y que, intentarlo, significa conducir al país a un siglo más de guerra, con un agravante: ni social, ni política, ni económica, ni militarmente Colombia aguanta un periodo más largo de confrontación, con un alto costo en vidas, desarrollo, inversión social y democracia.

La idea de la victoria definitiva sobre la insurgencia ha cedido terreno durante la administración Santos, porque este ha visto llegar a su agotamiento los logros de la política de *seguridad democrática* y de la *prosperidad*. Sus estadísticas han comenzado a mostrar un creciente reactivamiento de la capacidad operativa de la insurgencia, como resultado de los aprendizajes que han adquirido para confrontar las nuevas modalidades operativas en los campos de la inteligencia militar y técnica y, el combate aéreo.

Con el comparativo de hechos, vemos que entre enero y octubre del 2012 no hubo un solo mes en donde los actos de guerra de la insurgencia no hubiesen superado los realizados en el año anterior; comienzan a disminuir cuando se hacen públicas las conversaciones y seguramente llegaran a su punto más bajo de parangón por la decisión unilateral de las FARC-EP, de hacer un cese al fuego a partir del 20 de noviembre y hasta el 20 de enero de 2013.

Entre enero y octubre, en las estadísticas de *logros* del Ministerio de Defensa se reporta un incremento de las acciones de la insurgencia en un 53% en relación con el año anterior. Esto significa que se pasó, de 472 acciones de guerra en ese periodo en 2011, a 716 acciones en 2012. Las estadísticas oficiales igualmente muestran un incremento de las acciones de la insurgencia contra la infraestructura y, en particular, contra la industria petrolera, cuyos oleoductos fueron afectados por 142 acciones en el 2012, en relación con los 52 atentados del año anterior, lo que representa un crecimiento de 173%.[4]

Los partes de guerra de las FARC-EP informan de las acciones de hostigamiento, sabotaje, ataques a patrullas del ejército y la policía, voladura de oleoductos, detonación de minados, prácticas de francotiradores, maniobras antiaéreas, entre otras acciones de guerra, desarrolladas por las estructuras de los Bloques Sur, Alfonso Cano, Jorge Briceño, Magdalena Medio, Martin Caballero y sus correspondientes columnas móviles, en los departamentos de Arauca, Meta, Vichada, Guaviare, Putumayo, Caquetá, Nariño, Cauca, Valle del Cauca, Huila, Tolima, Cundinamarca, Antioquia, Santander, Norte de Santander, Guajira y Bolívar, con distintos grados de intensidad e incidencia. Los reportes muestran que la mayor intensidad del conflicto se localiza en el sur-occidente colombiano, en Nariño y Cauca, que se han convertido en el laboratorio de guerra de las FARC-EP.

Las estadísticas oficiales reflejan una variación significativa en los resultados de las acciones de la fuerza pública en los indicadores de la confrontación: disminuyeron las desmovilizaciones en un 28%, de 1 314 entre enero-octubre de 2011, a 943 en el mismo periodo en el 2012; las capturas y los muertos en combate apenas crecieron ligeramente durante el presente año, 18% y 11%, respectivamente; la situación de la fuerza pública en términos de bajas, si bien mejoró, no deja de ser preocupante durante el 2012, entre soldados, policías, oficiales, suboficiales, arrojó como resultado 336 muertes en cumplimiento del servicio y dejó 1 983 bajas vivas, de las cuales 211 son producto de minas antipersonales y explosivos abandonados, que afectaron igualmente a 151 civiles. En general, el incremento de bajas vivas fue del 9% en comparación con el año anterior.

La fuerza pública también ha tenido que enfrentar una creciente presión jurídica como consecuencia de las formas «anómalas» de las operaciones militares, que afectan profundamente la situación de derechos humanos y el derecho internacional humanitario, lesionando gravemente los derechos de la población civil; los *falsos positivos*, son solo una de las muchas formas *anómalas* que han colocado a oficiales, suboficiales, soldados y policías frente a los tribunales y en reclusión en cárceles militares y administrativas. Se dice, por parte de los organismos de derechos humanos, que se adelantan más de 1 850 procesos contra miembros de la fuerza pública, que involucran a más de 4 000 militares. Es, tal vez, de esta situación crítica que surge la idea de la ampliación del fuero militar.

En síntesis, lo que se nota es que hay un claro reactivamiento de la capacidad operativa de la insurgencia, que hace evidente los aprendizajes en la confrontación militar y la puesta en práctica de nuevos laboratorios de guerra en el suroccidente, centro y oriente del país.

Sin embargo, la mayor preocupación que existe en el desarrollo de la confrontación por parte del gobierno, no radica solo en los resultados que comienzan a precarizar la relación costo-beneficio, sino en los límites de crecimiento y modernización que enfrenta el sector de la defensa en materia presupuestal para el manejo de la economía de la seguridad. De continuarse la guerra, esta aumentará, sin mayores resultados definitivos, los costos y el mantenimiento del conflicto a un sacrificio cada vez mayor del presupuesto destinado a inversión social.

Existe una nueva percepción de los altos mandos de la fuerza pública en relación con el conflicto armado; sectores importantes de la institución militar han contemplado la idea de la necesidad de encontrar una salida negociada. Hay una tácita aceptación de la imposibilidad de la victoria militar estratégica. Esto no significa que su discurso y práctica de guerra contra la insurgencia no mantenga el vigor que adquirió en los últimos años. La actitud asumida por la fuerza pública en relación con el proceso en curso del gobierno con las FARC-EP resulta saludable para el país, no obstante a que el ministro de Defensa, Juan Carlos Pinzón Bueno, mantenga su *radicalidad verbal* frente a los medios cada vez que la fuerza pública recibe un golpe.

Ningún analista se atrevería a decir hoy que los esfuerzos realizados por el gobierno nacional y la fuerza pública contra la insurgencia no han sido exitosos y que no cambiaron significativamente la correlación de fuerzas en la confrontación armada; pero, son muy pocos los que se arriesgan a decir que se puede alcanzar la victoria militar definitiva contra las FARC-EP y persisten, obstinadamente, en llevar el país a una nueva guerra, augurándole un estruendoso fracaso al proceso de La Habana. El gobierno nacional parece haber entendido que el desarrollo superior de la guerra está en el escenario político y es allí donde se alcanza la victoria estratégica de una paz duradera y estable, y le ha apostado a ello.

Las FARC-EP:
de mandos verticales a direcciones colectivas

Uno de los mayores avances que tiene un ejército en el desarrollo de la guerra es saber exactamente cuál es su situación en relación con la dinámica de la misma, y tomar las decisiones pertinentes para superar las adversidades y garantizar el logro de sus propósitos en la justa proporción que le posibilita la confrontación.

Las FARC-EP han reconocido la capacidad de su adversario, han aceptado la dureza de los golpes recibidos, han ajustado sus estructuras de mando y organización a las nuevas modalidades de combate que están enfrentando, y han hecho los aprendizajes de guerra a un costo altísimo en vidas y experiencias de conducción.

Diez años de confrontación, con grandes pérdidas en hombres en una modalidad de guerra en donde la mayor parte de los muertos nunca entra en combate, y donde dirigentes históricos desaparecieron bajo el accionar de la fuerza pública, obligan a la organización a desarrollar una reingeniería organizativa, militar, política y social, para poder sobrevivir a la ofensiva y colocarse en un lugar de no aniquilamiento y re-oxigenación. Ese aprendizaje, las FARC-EP, lo hace en un ambiente de deslegitimación nacional e internacional agenciado por el gobierno anterior y el actual, con ayuda de los medios de comunicación y, en parte, por su propio comportamiento erróneo.

Pero la ofensiva institucional no solo obliga a la organización a hacer las transformaciones y ajustes organizativos y tácticos para enfrentarla, sino que origina un nuevo orden de legitimidades en la conducción de la misma, que se comienza a notar durante la comandancia de *Alfonso Cano* y se evidencia en la actual comandancia de *Timoleón Jiménez*. El régimen de autoridad se transforma: la estructura de mando vertical que prevaleció durante la hegemonía de Manuel Marulanda y que habrían podido sostener enfoques tradicionales como los de *Reyes* y *Briceño*, llega a su fin con la desaparición de estos. La nueva generación de mando se coloca frente a la organización con un orden de legitimidades más horizontal, donde si bien se respeta la estructura de mando jerárquico, la dirección de las FARC-EP se hace más colectiva, porque las cabezas visibles se hacen equivalentes y no resulta sencillo dar órdenes a un similar sin correr el riesgo de que se fracture la relación mando-obediencia y se produzca una federalización de la organización. Para decirlo de manera directa, todas las cabezas visibles del *Secretariado* se encuentran en la misma línea de legitimidad y se consideran en una relación de iguales. En esta guerrilla se ha producido el paso de mandos verticales a mandos colectivos por el fenómeno de horizontalización de legitimidades.

Esta situación de *dirección colectiva* genera una nueva dinámica en la organización en la cual empiezan a expresarse matices, diferencias de enfoque e incluso contradicciones, sin que por ello se produzcan rupturas, pues en su conjunto la dirigencia entiende la fortaleza de la organización en su cohesión interna, pero debe ensayar nuevos modelos de relacionamiento democrático, de acuerdos y consensos. En estas condiciones, un valor agregado del proceso es que la dinámica política se viene imponiendo sobre la militar, lo que no quiere decir que no haya sectores que, subordinándose al Estado Mayor, tengan sus propios puntos de vista sobre el proceso.

Las FARC-EP se están transformando realmente; a su interior se están produciendo innovaciones organizativas, convergencias unitarias, nuevos imaginarios políticos, direccionamiento y disciplinamiento social y político de sus bases, unidos a una *relativa* ortodoxia política y a un profundo pragmatismo político y operativo en el marco de un nuevo enfoque táctico que sitúa al centro la acción política.

En los últimos meses del 2011 y durante el primer semestre del 2012, la organización logra ubicarse en *un lugar lo suficientemente seguro* como para tomar la decisión de involucrarse en un proceso de paz, que guardando todas las reservas que se quiera, le puede permitir argumentar que el conflicto se encuentra en un *empate positivo*, en el cual las partes se pueden dar cita para conversar sobre un *Acuerdo General para la terminación del conflicto y la construcción de una paz estable y duradera.*

El Acuerdo General: un reflejo de la correlación de fuerzas en la guerra

La etapa de acercamiento discreto, la elaboración de un Acuerdo General y el inicio de un proceso de conversaciones resulta para ambas partes *una victoria política* y la expresión de ese *empate positivo,* el que hay que entender, no como la equivalencia en la correlación de fuerzas en el campo militar, sino como la confluencia de circunstancias, propósitos e iniciativas en el escenario político en torno a un interés común: la PAZ.

Entre el 23 de febrero y el 26 de agosto de 2012, comisiones del Gobierno Nacional y de las FARC-EP, se reúnen en la Habana con la participación de los gobiernos de la República de Cuba y Noruega como garantes y, el apoyo del Gobierno de la República Bolivariana de Venezuela, como facilitador de logística y acompañante. De esa *fase exploratoria* sale el *Acuerdo General para la terminación del conflicto y la construcción de una paz estable y duradera* que dota al proceso de un manifiesto de voluntades, agenda de conversaciones y reglas de funcionamiento básicas, que el gobierno y FARC-EP, dan a conocer ampliamente al país.

El 18 de octubre del 2012 se da la instalación formal de la *Mesa de Conversaciones* en Oslo, Noruega, con la intervención del representante de la delegación del Gobierno de Colombia, Humberto de la Calle Lombana y, el jefe de la delegación de las FARC-EP, Iván Márquez. Los discursos plantean lo que tenían que decir y van dirigidos a distintos auditorios para llenar de confianza el proceso y de seguridad a la nación. No obstante, las posturas extremas de inmovilidad absoluta de los modelos y de cambios absolutos de las estructuras, los discursos y las ruedas de prensa lo que reflejan son las razones del conflicto y las urgencias de su superación.

En el caso de las FARC-EP, el discurso de Iván Márquez se dirige a la comunidad internacional para posesionar el carácter político y revolucionario de la organización, al país para señalar las razones y los retos del conflicto, y a sus propias militancias para disipar inquietudes y fortalecer la cohesión organizativa interna. La intervención del gobierno, no es por diplomática menos radical, en particular, su defensa irrestricta de los modelos económico y de seguridad. Pero más allá de esos discursos, que fueron lo que tenían que ser, está la *agenda de conversaciones* que constituye un acuerdo político sin precedente, con un alto grado de racionalidad y pragmatismo político, que refleja en profundidad la correlación de fuerzas de la confrontación militar.

Siete meses de conversaciones preliminares en más de medio centenar de reuniones van depurando el Acuerdo General, no solo en su contenido y alcances, sino en el sentido de cada uno de sus términos, de tal forma que el mismo adquiere la justa dimensión de los intereses de las partes como reflejo de las posibilidades reales de lo que el estado del conflicto les permite. El acuerdo es el término medio necesario en el cual gobierno y FARC-EP ceden hasta quedar tranquilos, sin haber quedado satisfechos, pero con la certeza de no haber renunciado a los principios esenciales y haber puesto por encima el interés supremo de la paz.

El Acuerdo General recoge las experiencias y aprendizajes de los procesos anteriores dados entre *agendas abiertas* y *cerradas* y conversaciones en medio del conflicto. Tiene un punto de *agenda abierta* que busca englobar la solución de los problemas estructurales del conflicto articulado al desarrollo agrario, y cinco puntos de agenda cerrada relacionada con la terminación del conflicto y la normalización institucional y política del mismo.

El acuerdo contiene la totalidad de la agenda social y reivindicativa de las FARC-EP, desde el programa agrario del 1964, acompañado por una propuesta de ampliación y profundización de la democracia política, unido al plan desarrollo del gobierno Santos y la responsabilidad del Estado de atender los derechos de las víctimas. Es un acuerdo pragmático, que surge en marco de una realidad nacional e internacional que favorecen la finalización del conflicto armado.

La sociedad colombiana tiene que hacerse a la idea de las posibilidades reales de este proceso y no llenarse de expectativas que posteriormente conduzcan a desilusiones colectivas. La mesa de conversaciones de La Habana no es una mesa de negociaciones. Allí de lo que se trata es de establecer *acuerdos políticos* lo suficientemente claros y asumidos como compromisos para que tengan curso en la definición de una política pública reformista, adquieran la forma de leyes y decretos, planes y programas de desarrollo y, proyectos productivos y de bienestar: un acuerdo que contribuya a la profundización de la democracia y a la convivencia política y social, sin las incertidumbres y zozobras que actualmente vive la población.

Todos los procesos se mueven entre la esperanza y el escepticismo; la primera tiene que sobreponerse al segundo; los amigos de la paz a sus enemigos, el interés público general al particular.

La fortaleza del gobierno se mide en su convicción para sacar adelante el proceso, sin sentir que está renunciando a nada y sin atender la retórica opositora que sindica al gobierno de estar entregando lo logrado y claudicando ante la subversión; la de las FARC-EP, en entender el momento histórico y adoptar las decisiones correctas para mantener en alto sus banderas sin renunciar a su conquista en el camino de las revoluciones democráticas.

Un proceso de paz exitoso es aquel que se da en el marco de un cortejo de seducción política, en el cual las partes terminan enamorados del propósito común de la paz trabajando juntos: es un acuerdo para la reconciliación y la convivencia pacífica en un universo de transformaciones democráticas.

Las conversaciones en La Habana sobre el Acuerdo General: avances y retos

El desarrollo de las conversaciones en la mesa de La Habana avanza de manera significativa, en varios aspectos que tienen que ver con los ajustes metodológicos y el abordaje directo de las problemáticas correspondientes al primer punto de la agenda, sobre la política de desarrollo agrario integral.

Santos, las FARC y el problema de la tierra

El tema de los territorios rurales, la propiedad y tenencia de la tierra, y el papel que esta juega en el desarrollo de las estructuras sociales, políticas y económicas agrarias, ha sido la razón de ser de los últimos setenta años de guerra. En general, todos los analistas están de acuerdo en señalar que el problema de la tierra está ligado al problema de la violencia y el conflicto armado, y que, por lo tanto, el problema de la paz pasa necesariamente por dar solución al problema de la propiedad, tenencia y uso de tierras.

Hoy el problema del desarrollo rural es mucho más complejo que el simple acceso a la propiedad de la tierra, que tiene que ver con acabar con la pobreza, fortalecer la convivencia y el bienestar regional, y generar prosperidad en las zonas rurales y un desarrollo sustentable en la producción de alimentos y en la agricultura comercial. El prerrequisito, sin embargo, sigue siendo resolver de manera estructural el problema de la propiedad de la tierra y diseñar un modelo de desarrollo agrario, incluyente, en el que se establezca una unidad de producción agraria campesina que sea autónoma, complementaria y suplementaria del desarrollo empresarial agrario, que debe ser pensado en términos ambientales, de generación de empleo, ampliación de la democracia económica y en perspectiva del mejoramiento de la convivencia política.

La sociedad y el Estado colombianos tienen que entender que no es posible avanzar en la solución del conflicto sin modificar la estructura de propiedad, tenencia de la tierra y resolver los conflictos del uso del suelo, y que para ello se requiere: una reforma rural unida de manera estrecha a una ley integral de tierras; una reforma agraria integral, democrática, ambiental, con una adecuada política de desarrollo agrario y rural en el marco de un bien pensado y soberano plan de ordenamiento territorial; un agresivo programa de producción alimentaría que le garantice al país su soberanía en esta materia; y una agricultura comercial en capacidad de generar una oferta significativa de empleos rurales y vincularse a las lógicas del mercado global.

El acuerdo común para definir la participación de la sociedad civil a través de distintos mecanismos, entre ellos, la realización de foros amplios, ha sido un acierto significativo de las partes que posibilitó la realización del Foro de Política Agraria Integral con Enfoque Territorial a cargo de Naciones Unidas y el Centro de

Pensamiento para la Paz de la Universidad Nacional de Colombia. Este foro, sin la menor duda, ha sido, en materia de convocatoria y oferta de propuestas, guardadas las proporciones, el más importante evento desarrollado en el país después de la Asamblea nacional constituyente de 1990. En un ambiente de respeto y democracia, los más variados sectores de la sociedad rural y empresarial se reunieron para colocar a disposición de la mesa de conversaciones sus puntos de vista y propuestas para el desarrollo agrario integral.

Los temas de acceso y uso de la tierra, tierras improductivas, formalización de la propiedad, frontera agrícola y protección de zonas de reserva; el concepto y la dimensión de los programas de desarrollo con enfoque territorial, así como, los temas de Infraestructura y adecuación de tierras y, desarrollo social (salud, educación, vivienda, erradicación de la pobreza…), estímulo a la producción agropecuaria y a la economía solidaria y cooperativa, asistencia técnica, subsidios, crédito, generación de ingresos, mercadeo, formalización laboral y el sistema de seguridad alimentaria, fueron abordados en el desarrollo del foro de manera amplia y rigurosa y los resultados de las reflexiones sobre estos temas fueron puestos al servicio de las conversaciones de La Habana.

Sobre los resultados del foro, las FARC elaboró 10 propuestas para dinamizar las discusiones, las cuales comenzó a hacer públicas el 14 de enero de 2013, al reiniciarse los diálogos. En esas propuestas se nota un cambio significativo en el discurso agrario, hay una marcada modernización del mismo y una flexibilización que posibilita alianzas estratégicas con sectores empresariales que igualmente han modificado su percepción de la vida rural y se plantean la posibilidad de hacer coincidir un modelo de desarrollo multisistémico y multimodal, que sea más incluyente y que apunte en lo esencial a combatir el gran latifundio improductivo en manos del sector ganadero.

Los paquetes de propuestas de las FARC
sobre el desarrollo agrario integral

Independientemente del desarrollo de las discusiones y los acuerdos políticos a los que se pueda llegar en la mesa de conversaciones, es necesario reconocer el significativo esfuerzo realizado por las FARC para dirigir las reflexiones en torno a puntos capitales del primer punto de la agenda sin salirse del acuerdo general.

Entre las propuestas más significativas están la de una reforma rural y agraria integral, socioambiental, democrática y participativa, con enfoque territorial; la erradicación del hambre, la desigualdad y la pobreza de los pobladores rurales, y compromiso con el mejoramiento de sus condiciones de vida y de trabajo, mediante el acceso y disfrute efectivo de sus derechos políticos, económicos, sociales y culturales; la construcción de una nueva ruralidad basada en la democratización de las relaciones urbano-rurales, y en el principio de la justicia territorial, que supere visiones extractivistas y utilitaristas del mundo rural y reconozca en él sus potencialidades políticas y culturales para el desarrollo del país y el buen vivir de su población; el reordenamiento social y ambiental, democrático y participativo del territorio, del derecho al agua y de los usos de la tierra, que propicie relacionamientos sostenibles con la naturaleza y equitativos con la ciudad, priorizando la protección de ecosistemas frágiles y el acceso y disfrute estratégico del agua por parte de la población; la garantía de acceso real y efectivo y disfrute del derecho a los bienes comunes de la tierra y el territorio, considerando de manera especial el derecho de las mujeres, y una perspectiva pluriétnica y multicultural; la creación de un Fondo de Tierras, conformado por tierras provenientes de latifundios improductivos, ociosos o inadecuamente explotados, tierras baldías, tierras apropiadas mediante el uso de la violencia y el despojo, y tierras incautadas al narcotráfico; el reconocimiento de los territorios colectivos y las territorialidades de los pueblos indígenas, de

las comunidades afro-descendientes, raizales y palenqueras, lo cual
implica la titulación colectiva de sus tierras y territorios, el respeto
real y efectivo de la autonomía y la organización política, económica, social y cultural de esas comunidades, con fundamento en
jurisdicciones propias, y la responsabilidad del Estado para su protección y financiamiento; el reconocimiento y definición de los territorios y las territorialidades campesinas, incluidos los derechos de
las comunidades campesinas y la dignificación y el reconocimiento
político del campesinado; el compromiso con la soberanía alimentaria mediante la promoción y el estímulo a las diversas formas de
producción de alimentos destinadas al cubrimiento de las necesidades nutricionales y de alimentación del pueblo colombiano; el
estímulo a la investigación y al desarrollo científico y tecnológicos,
a la protección y promoción del conocimiento ancestral y propio,
a las semillas nativas, con miras a garantizar la conformación de
una base técnico-material que sirva de sustento para el abasteci-
miento alimentario y el desarrollo industrial; la denuncia o revisión de los acuerdos y tratados y de toda regulación supranacional
de comercio, inversiones o propiedad intelectual, que menoscaben
la soberanía alimentaria y las condiciones de nutrición y alimentación de la población, propicien la extranjerización de la tierra y
el territorio, promuevan su acaparamiento en manos de consorcios
transnacionales o estimulen la especulación financiera, propicien la
producción transgénica o la imposición de paquetes tecnológicos
por transnacionales de los agronegocios o de la alimentación; entre
otros desarrollos específicos de las propuesta iníciales.[5]

Sectores importantes de la sociedad colombiana, del campesinado, la población indígena y afrodescendiente, la academia y del
sector empresarial, miran positivamente los planteamientos de las
FARC, y más allá de todas las objeciones y respaldos que pudieran
hacer unos y otros, estos constituyen por sí mismos una oferta de
propuestas importantes y centradas para transformar de manera

significativa las relaciones rurales y agrarias y generar nuevos ambientes de desarrollo, bienestar y convivencia.

¿Constituyente o referendo?

Por lo general, la finalización de un conflicto armado por la vía política se institucionaliza a través de una nueva carta constitucional, resultante de un proceso constituyente en el que las partes se garantizan una adecuada representación resultante de un acuerdo político preliminar y de la unificación de unos puntos mínimos de acuerdo que deben ser expuestos, defendidos y refrendados en las discusiones por las dos partes en común, y que deben quedar en el nuevo texto constitucional de tal manera que se salvaguarde el pacto político de finalización del conflicto y las partes queden seguras de su cumplimiento.

Pero ese proceso constituyente tiene esas características. No solo es parte de los acuerdos, sino, que adicionalmente, construye los procedimientos y mecanismos institucionales y constitucionales que garantizan la debida participación de las partes. De otra forma, significaría dejar al azar, a las maquinarias electorales y a otros intereses, el cierre del proceso lo que conduciría, sin la menor duda, en una sociedad como la nuestra, a que fuerzas opositoras al cambio utilizaran el espacio en su propio beneficio.

Las FARC han venido insistiendo en la necesidad que el cumplimiento de los acuerdos no quede a la deriva de la voluntad política de otro gobierno, y consideran que el camino de la constituyente es la manera de legitimar y legalizar lo acordado. El gobierno, por su parte, ha contemplado la vía de un referendo, recurso que colocaría la totalidad de los acuerdos en la voluntad política de una población de electores que podría, frente a una bien orquestada campaña publicitaria en contra, echar por la borda todos lo alcanzado en materia de acuerdos políticos en la mesa de conversaciones.

Las experiencias anteriores en materia de cumplimiento de acuerdos tienen un lastre de incumplimientos que llena de incredulidad a las partes y, aun más a las FARC. Desde la década de 1950, los gobiernos han generado una estela de desconfianza sobre el cumplimiento de acuerdos, que se ha repetido de manera insistente en distintos procesos, no solo con la insurgencia como en los casos del proceso de La Uribe con las FARC, que originó el genocidio de la Unión Patriótica (UP), o del M-19 con la muerte de Carlos Pizarro León Gómez, sino también en los acuerdos con el narcotráfico y los paramilitares. Por esa razón este es un tema de relevancia a la hora de ir cerrando las conversaciones, que debe irse tratando con cautela y ponderando en su justa proporción el camino a seguir en esta materia.

La constituyente como espacio de legalización-legitimación de los acuerdos de las conversaciones ha de reflejar, no solo el interés nacional de la paz, sino que, adicionalmente, debe estar precedida de un proceso largo de ambientación pedagógica, que construya entre la población la disposición positiva para participar en el proceso del lado de los acuerdos alcanzados los que de antemano deben socializarse ampliamente.

Conversaciones en medio del conflicto y de cara a un proceso electoral

La decisión de negociar en medio del conflicto y el discurso reiterativo del presidente Santos de que la paz se consigue por *las buenas o por las malas*, no resulta estimulante para el proceso, ni envía un buen mensaje a la población colombiana.

El cese unilateral al fuego desarrollado por las FARC favoreció una mejor ambientación de las conversaciones y posibilitó la distención de los primeros intercambios de La Habana. El retorno a la guerra, desde luego, genera una percepción «equivocada» de falta de voluntad política de la guerrilla en cuanto los medios.

El gobierno y la institución militar utilizan cada hecho de guerra como un atentado contra la voluntad de paz del gobierno por parte de las FARC, pero lo mismo podría aducir la FARC cada vez que le capturan o matan un guerrillero o le bombardean un territorio. Se decidió dialogar en medio del conflicto, bajo circunstancias entendibles de las presiones críticas al gobierno Santos por parte de la extrema derecha uribista y de sectores de las elites económicas unidas al campo, que ven en el proceso un serio cuestionamiento a sus intereses económicos y un retroceso de los alcances de la seguridad democrática. Conversar en medio de la guerra resulta difícil, más si esta adquiere un mayor escalonamiento y las vicisitudes de la misma se trasladan a la mesa de conversaciones. Sin embargo, no es fácil para el gobierno dar curso a las posibilidades de un cese al fuego bilateral en un país con un conflicto tan complejo como el nuestro por la variedad de actores armados. Eso no excluye las posibilidades de pensar un modelo de desescalonamiento del conflicto, que ayude a ambientar las conversaciones y a enfrentar en mejores condiciones a ofensiva política que se avecina en el próximo periodo electoral.

Si la voluntad de las partes es definitiva en términos de llevar el proceso de conversaciones a buen término y garantizar la construcción de una paz estable y duradera, entonces hay *una primera alianza de partes* que debe acordarse y es la defensa mutua del proceso contra los intereses de terceros que esperan un estruendoso fracaso. Pero esa primera alianza debe dar lugar a otras mucho más decisorias en el marco de lo que ha dispuesto el Acuerdo General para el desarrollo del proceso, el que como se sabe tiene tres fases, de las cuales se evacuó la primera (exploratoria) y la segunda (conversaciones y acuerdos) va en curso, pero, donde la definitiva está por darse, pues constituye la materialización práctica e histórica de lo acordado políticamente.

La carencia de una política de paz de Estado obliga a que los gobiernos asuman con la mayor responsabilidad cada proceso y a que busquen, de manera institucional, garantizar el cumplimiento de los acuerdos, no dejándolos a la deriva de la voluntad de nuevos gobiernos. Este proceso se va a tomar mucho más tiempo que un periodo electoral y no existe ninguna garantía para que un nuevo gobierno en cabeza de otro presidente se encargue de terminarlo. Tampoco se ve en el corto plazo la posibilidad real de que, siguiendo el camino de otros países de América Latina, un gobierno democrático de izquierda pueda llegar al poder. Por ahora, lo que se percibe es el avance de procesos de acumulación de fuerzas de la izquierda democrática en una franca reconstitución de imaginarios y procedimientos. Seguramente, si se define una estrategia electoral centrada en los mapas de poder del país, la izquierda puede llegar a construir importantes y significativos poderes regionales.

Una izquierda que se piensa en términos de avanzar en sus acumulados es capaz de entender cada momento y asumir desde la realpolitik la construcción de los espacios políticos de acumulación en alianzas electorales que le posibilitan posesionarse y crecer. La izquierda internacional ha dado muestras de cómo se construye la política en alianzas en las que se priorizan los enemigos; a los comunistas de la antigua URSS, no les costó mucho trabajo unirse con el capitalismo de los países aliados para derrotar al fascismo y poner fin a la Segunda Guerra Mundial, lo cual dio origen a un nuevo ordenamiento político del planeta.

Si la prioridad es la paz y el proceso se va tomar mucho más tiempo que un periodo presidencial, es bueno ir pensando que no se puede dejarlo a la deriva cuando se están produciendo realinderamientos de la extrema derecha autoritaria. Una alianza tácita de la izquierda democrática con los sectores políticos de derecha que fortalezca sus poderes regionales en proceso de acumulación creciente y, sobre todo, que garantice la continuidad del proceso de conversaciones en la fase de implementación de acuerdos, es el reto mayor que tiene las partes en el futuro inmediato. Para decirlo sin la menor vergüenza y con toda claridad el proceso de La Habana requiere de la reelección de Santos.

¿Y del ELN qué…?

Los acercamientos del gobierno del presidente Juan Manuel Santos con las FARC-EP, en el camino de iniciar un proceso de solución política negociada al conflicto armado, han sido recibidos por la comunidad nacional e internacional de la mejor manera, con grandes expectativas y motivaciones y, no por ello sin objeciones, escepticismos y pronosticados fracasos, por parte de algunos sectores radicales unidos ideológica y políticamente a la administración del expresidente Uribe.

La posibilidad de ampliar este proceso para que el ELN ingrese a él o que se posesione, de manera simultánea y paralela, un proceso independiente que se fije propósitos similares, debe colocarse al frente de las preocupaciones, no solo del Gobierno Nacional, sino, igualmente de la dirigencia del ELN representada por la Dirección Nacional y el Comando Central (COCE) de la organización.

Se especula, más con deseo que con veracidad alguna, que se están produciendo acercamientos entre las partes, y eso sería de la mayor importancia, si estos acercamientos se hacen con discreción y si sus resultados expresan la voluntad de las partes de avanzar las permanentes manifestaciones de disposición para marchar en un proceso de solución negociada, hacia la concreción de acciones e iniciativas conjuntas.

El ELN transitó una largo proceso de acercamientos y diálogos durante la administración Uribe en *siete rondas* de conversaciones en La Habana, Cuba, en el periodo que se extendió entre el 16 de diciembre del 2005 y el 18 de julio del 2007, en los que se avanzó de manera importante en la elaboración de un *Acuerdo Base*, que hoy habría que revisar, pero que contienen un acumulado de conversaciones que son susceptibles de ser repasadas, transformadas y mejoradas. La mayor herencia de ese proceso fue la creación de una metodología de diálogo y negociación que constituyen sin duda patrimonios intelectuales y políticos para viabilizar un proceso con la insurgencia cuando se ha tomado de manera irreversible la decisión de ir hacia la paz y, la lucha social y política.

Ninguna organización armada en el país se ha peleado tanto un proceso de paz como el ELN, y ninguna organización ha sido tan irrespetada, al reducir sus iniciativas a un procedimiento *residual* de procesos mayores. Las rondas de negociación con el ELN dejaron en claro dos aspectos que resultan primordiales a tomar en consideración hoy en los diálogos con la insurgencia, y que son razón de la preocupación de los sectores que miran el proceso con escepticismo e incertidumbre: el primero, la necesidad de ir construyendo en el proceso mismo un *ambiente para la paz*, que tendría como temáticas de reflexión, discusión y acuerdo, el cese al fuego y las hostilidades; y, el segundo, ponderar en su justa dimensión los espacios de *participación de la sociedad*, en escenarios operativos de construcción de programas de desarrollo y paz, consejos nacionales, regionales, departamentales y municipales de paz, y espacios ciudadanos y comunitarios para hacer seguimiento a los acuerdos, establecer las veedurías y garantizar el cumplimiento de los mismos.

Tal vez el mayor acierto que se puede lograr en un espacio de negociación es *una agenda operativa* de finalización del conflicto armado, unida a la apertura de *una agenda amplia de reivindicaciones*, *reformas y transformaciones sociales* liderada, ya no por la insurgencia, si no por las organizaciones sociales y políticas, protegidas, respetadas y escuchadas por toda la institucionalidad del Estado que apunte a resolver los grandes problemas del país.

El ELN, conjuntamente con el gobierno del presidente Juan Manuel Santos, tiene la responsabilidad de pensar, decidir y poner en marcha un proceso de paz que en el tiempo coincida con el iniciado por las FARC-EP, pero que tome en consideración las especificidades de esta organización, que igual ha hecho presencia en el país a lo largo de medio siglo. Seguramente distintos sectores de la sociedad civil, política y la academia estarían dispuestos a prestar sus buenos servicios para que se produjeran estos acercamientos, si no existieran todavía. Que bueno seria que las partes echaran mano de la Comisión Facilitadora Civil que contribuyó en los acercamientos de las Rondas de la Habana, que seguramente estaría dispuesta a contribuir en crear los escenarios de una agenda y metodología para el diálogo gobierno-ELN y, como en ocasiones anteriores, buscara en la comunidad internacional un grupo de países amigos que contribuyan a llenar de confiabilidad el camino de los acercamientos y a dinamizar el proceso de conversaciones.

Sin embargo, sin importar por donde se produzcan los acercamientos, lo que resulta urgente es que Nicolás Rodríguez Bautista, Antonio García, Pablo Beltrán, Ramiro Vargas y el otro miembro del COCE, conjuntamente con la Dirección Nacional, entiendan el momento histórico y tomen la decisión de marchar de manera definitiva e irreversible tras una agenda de paz, realista y alcanzable en los actuales momentos del conflicto y que el gobierno del presidente Juan Manuel Santos entienda la importancia que tiene para el país un proceso de solución política negociada con el ELN.

No quisiera dejar de señalar la responsabilidad que tienen la sociedad civil y ciudadana, los movimientos sociales, las organizaciones políticas, la prensa democrática, la academia y la institucionalidad, en general, de contribuir con optimismo a la salida política del conflicto armado, sin entorpecer los procesos, recuperando el protagonismo que se debe tener en la ampliación y profundización de la democracia en el país a partir de sus propias agendas reivindicativas: lo peor que le podría pasar a un proceso de estos es que todos los sectores de la sociedad le colgaran unos sus agendas reivindicativas especificas y, los otros, su carga de escepticismos y sus augurios de fracaso.

La agenda del ELN

Las distintas alusiones hechas por el presidente Santos, en el sentido que un proceso de paz sin esta organización quedaría cojo, conjuntamente con los pronunciamientos hechos por la dirección de la organización y por su comandante Nicolás Rodríguez Bautista, de ir a una mesa de diálogo en busca de *un acuerdo serio y respetuoso*, como el comunicado conjunto de FARC-EP/ELN, sumado a los pronunciamientos del comandante del frente Domingo Laín y a la decidida orientación de las comandancias de las dos organizaciones, no solo de parar la guerra entre ellas, sino de avanzar conjuntamente en el terreno del fortalecimiento de la lucha política, es un buen indicador.

Seguramente, la fase exploratoria con el ELN tomará en consideración, como ya lo hizo con las FARC, una agenda posible de conversaciones. A las FARC y el ELN les gustaría estar, sin protagonismos ni exclusiones, en *una única mesa de solución política con la insurgencia*, pero, igualmente podrían asumir *mesas separas* con *agendas diferenciadas*, sin que por ello dejen de tocar temas en común, como *garantías políticas, seguridad, finalización del conflicto, dejación de armas, narcotráfico y victimas*.

Pero, así como el *problema agrario* es tema obligado en la agenda FARC-gobierno, en la agenda ELN-gobierno, a esta organización le gustaría posesionar al menos tres temas específicos, sobre los que seguramente conversarían en la *fase exploratoria*, conforme a la metodología concertada en la experiencia que va en marcha:

El primero tendría que ver con la política *minero-energética*, un tema central del plan del *gobierno de la prosperidad* y una de *las loco-*

motoras más vigorosas del modelo de la economía neoextractivista. Este es un tema vertebral del conflicto, que compromete regiones, comunidades y diversos intereses, y que si no se trabaja de manera cuidadosa será el sector de la discordia y de agudización de las guerras presentes y futuras. El ELN ha desarrollado tres décadas de lucha alrededor de este tema en particular; adelantó una larguísima guerra en la década de 1980 contra la privatización del sistema eléctrico nacional, a través de la voladura de torres de energía y, con mayor intensidad, ha mantenido la lucha por una política soberana en materia de petróleo y recursos energéticos, que se puede medir en voladuras de oleoductos.

El tema del petróleo está unido a la historia de la *refundación de la organización a* comienzos de la década de 1980. En diciembre de 1986, la organización lanza al país la campaña «Despierta Colombia... nos están robando el petróleo». A partir de ella, el ELN comienza a estructurar una propuesta en materia de política petrolera, que irá desarrollando en los años siguientes. En su II congreso, la organización afina los elementos de la *política petrolera* en torno al discurso de la *nacionalización, una nueva legislación petrolera y la explotación racional del recurso,* que posibilitó la realización del Foro Energético Nacional de 1987 y el Foro Petrolero realizado por la USO y ECOPETROL a finales de 1989.

Los fundamentos de esa propuesta giran en torno a la defensa de los recursos naturales y energéticos, en una concepción de lucha política que coloca al centro la *soberanía nacional* en el manejo y explotación racional de los mismos. En el inicio de la campaña la organización *confronta la política de concesiones y de asociación,* y dirige sus reclamos hacia la creación de un régimen de explotación de los recursos naturales y energéticos en el que prime el interés nacional sobre el particular y el extranjero. Une a esta solicitud aspectos que aún mantiene como banderas de su lucha por los recursos como: la reducción de los precios de los combustibles, la plena utilización del gas y, sobre todo, *la apropiación y control popular de las regalías,* cuyos recursos debían ser colocados al servicio de la solución de los problemas estructurales de la pobreza, en las regiones.

Hoy el ELN ha sumado a la defensa los recursos petroleros la lucha por *los recursos auríferos* y, en particular, la defensa de la pequeña y mediana *minería artesanal,* unida a un enfoque de protección del medio ambiente y *minería ecológica.* Para el ELN la minería artesanal cumple un papel esencial en la generación de condiciones de vida de cientos de miles de familias y es factor fundamental en el desarrollo de los sistemas económicos locales. La organización desarrolla actualmente una cerrada confrontación contra la gran minería transnacional y contra la minería ilegal desarrollada por el neoparamilitarismo y las bandas criminales, unidas a las economías del narcotráfico.

Por la tradición de lucha del ELN en torno a estas temáticas, sin la menor duda este sería *un tema de agenda* que en mi concepto podría ser trabajado y desarrollado, si el gobierno y el ELN le apuestan a soluciones viables y concertadas con los territorios y las comunidades afectadas.

El segundo punto de la agenda tendría que ver con las dinámicas de participación de la sociedad civil en el proceso. El ELN seguramente querrá que *las agendas sociales de las comunidades* estén presentes en la mesa de negociación y las mismas comunidades estén representadas allí. No tengo la menor idea cómo sería esa participación, al no ser que reviva la idea de la Convención Nacional o propongan, como se viene sugiriendo en algunos de sus documentos, *las asambleas constituyentes locales y regionales* que generen desde el *territorio* los *mandatos populares* desde los que se reivindican las mismas comunidades en términos de sus derechos y proyectos de desarrollo.

El tercer punto central de una posible agenda tendría que ver con la idea de que *la paz debe pasar por el territorio* y que *una paz estable y duradera, seria y respetuosa,* tomaría en consideración la solución de los problemas en los territorios que han sido más duramente golpeados por el conflicto, lo que uniría este punto con la implementación real de las constituyentes y mandatos locales y regionales. La idea territorio y soberanía son muy fuertes en el ELN y tienen que adquirir alguna expresión concreta en un proceso de acercamiento exploratorio para la configuración de una acuerdo general de finalización del conflicto.

Seguramente habrá otros puntos como Derechos Humanos y Derecho Internacional Humanitario, pero los tres componentes fuertes de las conversaciones, podrían girar sobre la política *minero-energética, la participación de la sociedad civil y la paz en el territorio.* Cualquiera que sean los puntos, de lo que se trata es de que se haga explicita la voluntad política de las partes de marchar en la finalización del conflicto, y que se construyan la certezas y confianzas suficientes para que, en la fase de exploración, la agenda resultante tenga altísimas posibilidades de resolverse exitosamente.

Notas

1. La Ley 599 de 2000 define el terrorismo como la acción de provocar o mantener en estado de zozobra o terror a la población o a un sector de ella, mediante actos que pongan en peligro la vida, la integridad física o la libertad de las personas o las edificaciones o medios de comunicación, transporte, procesamiento o conducción de fluidos o fuerzas motrices, valiéndose de medios capaces de causar estragos.

2. Fuente: Comando General FF.MM. - Observatorio del Delito de la DIJIN Policía Nacional.

3. Fuente: Programa Presidencial para la Acción Integral contra las Minas Antipersona.

4. Véase: *Logros del Sector Defensa,* Ministerio de Defensa, Bogotá.

5. Ver las 10 Propuestas de las FARC para el desarrollo agrario integral, las 8 Propuestas Mínimas para un reordenamiento y uso territorial, y las 10 Propuestas Mínimas para el reconocimiento político y de todos los derechos del campesinado y definición de sus territorios.

CAPÍTULO 2

Fundamentos políticos para la paz

Raíces sociales de la paz y la democracia: el paso decisivo

Jaime Caycedo Turriago

El actual proceso de diálogo entre la guerrilla de las Fuerzas Armadas Revolucionarias de Colombia-Ejército del Pueblo (FARC-EP) y el gobierno colombiano vuelve a colocar sobre la mesa la reflexión sobre la historia política de Colombia. Esta reflexión se omite y desecha, por lo general, como *charlatanería ideológica* a cuenta de pensar con base en las realidades «actuales», los cambios en el mundo, la desaparición del «socialismo real», el «extraordinario» cambio en el país atribuible a su desenvolvimiento económico, obra del modelo social y económico de la liberalización, en fin. Esta represión al pensamiento y a la necesidad de comprender las realidades complejas intenta ocultar el significado del examen en torno a esa historia, al análisis de sus grandes rasgos, a la mirada sobre sus comportamientos, al sentido de sus diferencias con desarrollos coetáneos de los países de la región, a su incidencia sobre la realidad presente. En síntesis, se quiere desalentar el debate estratégico alternativo en tanto opción de cambio y opción de poder de las clases subalternas.

Subsiste sin embargo el problema real. Colombia descuella por su singularidad en medio de los cambios en Latinoamérica, se muestra más evidentemente diferenciada del contexto, a veces en contravía del contexto.

El objeto de este trabajo es formular algunas ideas gruesas que ayuden a ubicar las particularidades que explicarían el comportamiento singular del Estado y la sociedad en Colombia, no tanto como «desviaciones» atípicas de una «regularidad» general, sino como el efecto quizás difícilmente evitable de poderosos factores a los que el pensamiento oficial dominante ha esquivado para no traerlos a la memoria, no pensarlos ni problematizarlos, aplicarles simplemente el procedimiento de la represión y la violencia o el silenciamiento de los «cien años de soledad».

Los comportamientos aparentemente caprichosos de la dirigencia colombiana responden a las diferencias y contradicciones entre sus facciones internas como al relacionamiento complejo con las lealtades hacia Washington. La tendencia conciliadora en la burguesía cambia en relación con los factores de la globalización: en el nuevo contexto, conciliación puede aproximarse a anexionismo, a nuevas variantes de neocolonialismo. En la guerra interior, la gran burguesía busca vencer militar y políticamente a la vez que sentar una hegemonía duradera y estable en la vida interior y en sus relaciones con la región. Para eso requiere pensar estratégicamente el presente, el futuro y los límites del establecimiento gobernable.

Ese pensamiento y los proyectos concretos que lo materializan en lo político-militar y lo económico-social se inserta en la lógica del pensamiento liberal. El neo-institucionalismo se esmera en camuflar en todo lo posible su función de asegurar el *buen gobierno* (*governance*) para la gobernabilidad.[1] Se trata de mostrar a todo trance que se actúa desde la legitimidad, que el modelo económico, social y, en particular, político-judicial, admite la inclusión de quienes se han puesto al margen de la ley y que esta establece el lugar que puede corresponder a quienes se acojan a su rigor.

El Marco Jurídico para la paz intenta limitar y ajustar las prerrogativas clásicas de la amnistía y el indulto, en el caso de los insurgentes, para reducirlas a formas de la *justicia transicional* mucho más condicionales y al arbitrio del poder presidencial. En tanto que la ampliación del Fuero Militar, que ha implicado reformar la propia Constitución, asegura mayor impunidad como lo ha hecho notar la alta Comisionada de las Naciones Unidas para los Derechos Humanos en su Informe Oficial sobre Colombia. Advierte la Alta Comisionada que esta situación implica violación de compromisos internacionales del país. Las contradicciones internas ponen de hecho al Estado colombiano una vez más en contravía de la legalidad internacional de la que es partícipe.[2]

La forma del diálogo

La forma de los diálogos de paz que se desenvuelven hoy en día en La Habana tiene esa figura fronteriza entre el juego y la realidad socio política. Juego del régimen colombiano en el sentido de mostrar la búsqueda de un acuerdo con la insurgencia como una concesión amable y de última oportunidad, en el mismo momento que reafirma la continuidad, hasta el final, de la guerra contrainsurgente y la persistencia del apoyo militar del Comando Sur a las operaciones de guerra en medio del diálogo, a modo de presión constante, argumento para forzar situaciones y para validar su posición sobre los resultados de eventuales acuerdos.

Este juego táctico intenta hacer olvidar el fracaso de la larga contrainsurgencia aplicada bajo todos los modelos, de la «seguridad democrática» como proyecto de regreso al pasado, del Plan Colombia como intervención estadounidense anti insurgente bajo disfraz antinarcóticos; olvidar, en consecuencia, que la insurgencia en Colombia ha recibido golpes pero conserva una estructura de mandos, tropas de proyección nacional y capacidad de acción guerrillera, que tiene un proyecto de transformaciones para la sociedad y el Estado, imposible de confundir o reducir a las reivindicaciones mercantiles, de rutas o de favores políticos, atribuibles a los grupos vinculados al narcocapitalismo, como lo pretende la propaganda del establecimiento para justificar la guerra.

Pero, lo que es esencial, tiene una base política que no pudo ser destruida, dispersada o desaparecida por las diversas tácticas de la guerra interna convertida en política permanente del Estado: ni la acción cívico-militar; ni el paramilitarismo; ni la ejecución de inocentes para hacerlos pasar por logros del servicio; ni las sofisticadas operaciones quirúrgicas, bombardeos de campamentos y presión sobre la población civil característicos de los planes Consolidación y Espada de Honor, actualmente en ejecución. Esta situación, vivida y madurada a lo largo de los últimos tres decenios (de 1980 a la actualidad) ha puesto en evidencia el creciente choque de la guerra como política permanente del Estado con capas sociales populares de muy diversa composición etnosocial y regional. Choque que no puede explicarse en términos de daños colaterales en la guerra antiterrorista, cuyo rostro real resulta a diario más difícil trastocar en algo distinto de una guerra civil singular.

Marcha Patriótica expresa esta nueva realidad incontrovertible. Congreso de los Pueblos y el conjunto de nuevos movimientos sociales y reagrupamientos en torno de la Ruta Social Común por la Paz, dan prueba de que algo realmente significativo despunta desde las actuales formas de actuar en política que reclaman las fuerzas sociales populares emergentes.

Las razones que explican la actitud de un sector importante de la burguesía de dialogar en busca de acuerdos reflejan complejidades que no pueden ser ocultadas, sesgadas o ignoradas.

Algunos antecedentes históricos

Una posible motivación puede estar en el anclaje histórico de las guerras civiles en el largo siglo XX. Antecedentes de las derrotas de los movimientos de cambio político con proyección social han existido en la historia colombiana.

La Guerra Civil llamada de los Mil Días, que representó esbozos de contenido social, pudo ser sofocada y las fuerzas insurgentes sometidas por el largo desgaste, la persistencia guerrerista del gobierno de Bogotá y, en últimas, por la intervención naval de los Estados Unidos en el departamento de Panamá. Desde noviembre de 1902 y el año siguiente con la división del país, se inicia un complejo y prolongado trasiego de las conflictividades sociales y el despuntar de experiencias modernas de la lucha de clase, que desembocarán en los gobiernos reformistas de los años treinta y cuarenta. La rebelión secular derrotada toma nuevas formas, se hace urbana sin abandonar sus orígenes rurales y empieza a conectarse con las influencias de la revolución mundial en trance de emerger tras el éxito del experimento bolchevique.

El pensamiento oficial ha interpretado la historia de la primera mitad del siglo XX como la idea de que aquello que buscaban los revolucionarios del novecientos se plasmó pacíficamente con la apertura y las reformas de la república liberal (1930-1946). El saldo pedagógico que se pretende por los impulsores de esta interpretación es demostrar la paradoja de que, habiendo sido derrotados los reformadores habrían vencido después de muertos. Derrota inevitable e inutilidad de la lucha armada en las condiciones de entonces son dos ideas que se postulan como inapelables y se han hecho recurrentes en los debates sobre la paz.

Un lapso de apertura demo liberal de 16 años se muestra así como un paréntesis entre dos momentos de violencia. En 1948, el «bogotazo» es el punto de quiebre de un acumulado de inconformidad social que comenzaba a romper los moldes impuestos por la cultura política de la polarización partidarista y semi religiosa de liberales y conservadores. El asesinato de Jorge Eliécer Gaitán desata la ira espontánea de las gentes y desencadena la defensiva alarmada de las clases en el poder, específicamente del gobierno conservador de Mariano Ospina Pérez (1946-1950), con la prolongada fase de represión, de amenazas, desapariciones y crímenes contra opositores y dirigentes populares que cubre, casi sin interrupciones el período de la dictadura militar de Gustavo Rojas Pinilla (1953-1957) hasta los inicios de denominado Frente Nacional.

Un punto de quiebre

Las resistencias campesinas a la represión generalizada de la difícil década de 1950 se desmovilizan solo en parte ante los programas llamados de rehabilitación. Muchos antiguos guerrilleros son asesinados. Lo que surge desde los años sesenta, además de la reactivación de las luchas sociales y el restablecimiento de hecho de la legalidad del Partido Comunista, es el reagrupamiento en formas de autodefensa del campesinado en resistencia. Se incuba así el resurgimiento del movimiento guerrillero ante los operativos de guerra preventiva y el nuevo momento de despliegue contrainsurgente de las fuerzas militares inspirado en los planes estadounidenses de contención anticomunista.

Los años ochenta muestran otro repunte del empuje popular bajo la forma de los diálogos y procesos de paz entre el gobierno colombiano y los movimientos insurgentes. La tregua con las FARC, el surgimiento de la Unión Patriótica, las grandes movilizaciones cívicas contra la persecución, los crímenes y violaciones de los derechos humanos confrontan las represalias violentas de las fuerzas del Estado y del paramilitarismo.

La forma de «yakartazo» en que devino el plan de exterminio anticomunista con la Unión Patriótica, cerró una vía de transición a la democracia y desató el monstruo agazapado del terrorismo de Estado. La elección de una Asamblea constituyente, el 9 de diciembre de 1990, en el mismo momento en que se lanzaba una ofensiva militar sobre Casa Verde,[3] dibujó con mayor nitidez el rostro de la guerra en trance de convertirse en una política permanente del Estado, como efectivamente ocurre en el gobierno de Cesar Gaviria (1990-1994). Andrés Pastrana (1998-2002) abre el capítulo de El Caguán en 1998 y lo clausura en febrero de 2002. Entre tanto, los *think tanks* occidentales, desde el Banco Mundial hasta la Internacional Socialista, se ocupan ocasionalmente de Colombia en los contextos de guerras sociales por solucionar de acuerdo con las preocupaciones e intereses del gran capital transnacional. Un Frente Común por la Paz y contra la Violencia, que excluye al Partido Comunista, se intenta formar entre 1999 y 2001, resumiendo los consejos de la Internacional Socialista de impulsar una *democracia autoritaria* para enfrentar los problemas de la paz o la guerra.

El proyecto de la burguesía y su postura frente a la guerra

Es justo reconocer que la gran burguesía colombiana ha tenido que pensar y repensar su visión estratégica en los últimos veinticinco años. A lo largo del siglo XX es evidente que sectores de la burguesía se esforzaron por construir una sociedad capitalista moderna, sin demasiados alardes de autonomía frente a la dominación imperialista, en este caso los Estados Unidos.

En relación con el concepto bolivariano de anfictionía, es decir, punto de privilegiado de unión entre los continentes norteamericano, mesoamericano y suramericano, que implicaba un claro sentido de eje articulador del proyecto Grancolombiano, la burguesía colombiana optó por caminos intermedios de connivencia y lealtad con el imperio. El episodio trágico de la escisión panameña, lejos de estimular un nacionalismo capaz de valorar las ventajas y opciones de su posicionamiento planetario geo-histórico, demarcó líneas de sumisión mucho más permanentes y rasgos de mayor dependencia frente a lo bueno o lo peor que tuviese como escenario la sede del imperio yanqui. Es feliz la coincidencia de la apertura democrática relativa de la *revolución en marcha* de mediados de los años treinta e inicio de los cuarenta, con las políticas estadounidenses de la poscrisis del veintinueve, el *New Deal* y el alindeamiento de los Estados Unidos en la guerra mundial contra el Eje. Hemos sugerido en otro trabajo, el esbozo de una *revolución pasiva*, aguijoneada por las condiciones externas (crisis capitalista mundial, Segunda Guerra Mundial) pero limitada e ciertamente inconclusa entre las brasas de la guerra fría.[4]

Pero el idilio no dura mucho. El viraje provocado por el *Punto IV* de la doctrina de la seguridad nacional del presidente Harry Truman, en 1947, cruzó como rayo premonitorio el continente latinoamericano, empujó la tormenta de los cortes en los procesos democráticos, precipitó las dictaduras y los crímenes de Estado justificados en la *contención anticomunista*. Este cambio estimula gestos de manipulación, coqueteos, oportunismos y mayor sumisión en las fracciones de clase más cercanas al poder político, en manos del Partido Conservador y luego de la dictadura militar. Alberto Lleras Camargo es la figura del Partido Liberal más característica del avenimiento del conjunto de la burguesía detrás del proyecto hegemónico que patrocina el imperialismo de la *guerra fría*.

Algo sobre la ideología

Mucho se habla de la regresión conservadurista en los niveles de la consciencia social, que sería una característica esencial de la sociedad colombiana y una explicación del denominado *embrujo autoritario* agenciado y manipulado por Álvaro Uribe.

En relación con esto es importante retornar sobre el concepto de ideología, sobre su forma y su eficacia. No es únicamente ignorancia, ausencia de información, mistificación o engaño. La armazón de conjunto que asegura la opresión —desde las coacciones normativas que apuntalan el funcionamiento económico (las relaciones sociales de producción), el modo en que el poder económico se articula como gobierno permanente con el poder político, el significativo predominio de la dictadura del capital financiero en el control de los medios de comunicación fundamentales—, constituye un operador que traduce sus términos de referencia en obediencia, adaptación y consenso. Más aún, el contenido de sentido de este significante puede aludir, directa o simbólicamente a formas de coacción, de represión o de terror creíble asociadas a la polarización inducida por la política de la guerra. En el marco de la guerra contrainsurgente, el Estado no es neutral ni inocente. Es una fuerza partidarista, representa el *partido de la guerra* y rara vez, por no decir nunca, ha asumido el papel de *partido de la paz justa y democrática*.

El Estado terrorista o el terrorismo de Estado, así transcurra de modo subrepticio o disimulado en el marco de un aparente pluralismo político, es un poderoso agente ideológico, como lo mostraron históricamente las dictaduras fascistas. El contexto socio-político impone los referentes de la información y de las conductas. De alguna manera, como lo recuerda Zizek: «el rasgo característico del análisis de Marx es [...] que *las cosas (mercancías) creen en lugar de ellos*, en vez de los sujetos: es como si todas las creencias, supersticiones y mistificaciones metafísicas, supuestamente superadas por la personalidad racional y utilitaria, se encarnaran en las «relaciones sociales entre las cosas». Ellos ya no creen, *pero las cosas creen por ellos*».[5]

Ideología más allá de los meros relatos. Ideología en el orden imperativo de las cosas estatuidas como la verdad inamovible e inmodificable.

Romper el entramado ideológicamente dominante implica sumar, a la batalla incesante y creciente de las ideas, el cambio de las condiciones políticas y materiales que hacen posible y sustentan ese predominio. Significa que no existe un nexo necesario o fatal que eternice formas de la consciencia social en las creencias, al margen de las relaciones sociales que prevalecen y mucho menos que estas no puedan cambiar en el curso de la lucha social y política.

La transformación política y social del poder está llamada, como una tarea esencial, a echar abajo la muralla que cerca las consciencias y abrir el espacio al florecimiento de nuevas ideas y expresiones de la cultura democrática, revolucionaria y socialista, asordinadas bajo el pretexto de la contrainsurgencia.

Repensando la paz desde la burguesía

La convocatoria de una Asamblea nacional constituyente congregó opinión, incluida la participación de sectores desmovilizados de la insurgencia en la elección del 9 de diciembre de 1990, el mismo día que se desata la ofensiva militar en las zonas donde había tenido lugar el diálogo de paz.

Entre enero y mayo de 1991 firmaron acuerdos de desmoviliza-ción el Partido Revolucionario de los Trabajadores (PRT), una parte del Ejército Popular de Liberación (EPL) y el Movimiento armado Manuel Quintín Lame. El M19 lo había hecho desde marzo 9 de 1990.[6] Las organizaciones que continuaron en armas —FARC-EP, Ejército de Liberación Nacional (ELN) y parte del EPL— reinicia-ron diálogo con el gobierno en Caracas, entre abril y junio de 1991, y en Tlaxcala, de marzo a octubre de 1992. En esta última ciudad, el gobierno de Cesar Gaviria optó en definitiva por levantarse de la mesa, aceptar un nuevo capítulo de asesoría estadounidense y poner en obra una Estrategia Nacional contra la violencia.

El problema consiste, en adelante, en concebir una forma de solución que conjugue el predominio militar y político del estableci-miento en equilibrio con la apariencia de una apertura inclusiva que permita asegurar la gobernabilidad permanente y duradera. Esa solución exige considerar la definición de clase sobre los dos planos donde se desenvuelve la contradicción, el político y el militar.

La política de la guerra, desde el punto de vista de clase, apunta mucho más a la prevalencia de la solución militar, sobre cuyos cimientos puede erigirse una dominación gobernable. Las políti-cas del tipo Estrategia Nacional contra la Violencia, de la última década del siglo XX, resultaban insuficientes por la ineficiencia de la acción militar. Los dos experimentos de los años noventa: el reforzamiento del narcoparamilitarismo y la reingeniería de las fuerzas armadas no lograban el objetivo de cambiar las condiciones básicas de la correlación de fuerzas.

El paso decisivo empieza a ser preparado desde el gobierno de Andrés Pastrana bajo la abierta iniciativa de Washington. Para los Estados Unidos era necesario darle legitimidad a nuevas modalidades de intervención directa. El Plan Colombia es, ante todo, una ley del congreso estadounidense. Su motivación, la acción antinarcóticos en combinación con la contrainsurgencia. Su efecto, silenciado en Colombia, la imposición de una legislación supranacional con graves consecuencias que se prolongan a lo largo de casi tres lustros, desde finales de 1999.

En el contexto de la guerra, el Plan Colombia no es solo inyección de recursos económicos. Es un redireccionamiento de la misma, es la reingeniería de los Comandos Conjuntos de las fuerzas militares y de policía, es el asesoramiento directo del Comando Sur de los planes operativos con base en el control y dosificación de la información satelital en tiempo presente. El nuevo papel de la inteligencia, de la aviación, de los bombardeos y la acción helitransportada representa un auténtico escalamiento y agudización de la guerra con respuestas desde la insurgencia no menos crueles y complejas.

Aparte el aspecto militar, conviene dar una mirada sobre la faceta política del proyecto de solución. Como señala un analista, el pensamiento oficial «estima que existe una posible resolución del conflicto si se aboga por una sostenibilidad a largo plazo, social, política y financiera, del proyecto de seguridad democrática».[7] El punto consiste entonces en garantizar la *sostenibilidad* de un proyecto contrainsurgente que no se exprese directamente como una declaración de guerra civil, sino como una operación continuada de seguridad, con el matiz de *seguridad democrática* que introducen

los dos gobiernos de Álvaro Uribe Vélez (2002-2006-2010). Bajo el
lema de la seguridad se perfilan dos aspectos nuevos en la definición del conflicto interno: a) la guerra de Estado se asume de hecho
como una guerra civil con todo su andamiaje político y publicitario
aunque busque ofrecer una faceta de legitimidad; b) toda idea de
diálogo o solución política pasa al segundo plano.

Esta opción ya había sido pensada y planteada como una hipótesis de manejo político de la guerra. El ejercicio denominado Destino Colombia, un proyecto de planeación estratégica, costeado por
transnacionales, entre las cuales la Shell y grupos empresariales
colombianos elaboraron, en varias sesiones, durante el año 1997,
una propuesta de cuatro escenarios. Nombrados con modos de
decir coloquiales, el primero, «amanecerá y veremos» descartaba
continuar el modo improvisado que supuestamente reflejaba el
momento entonces presente. «Más vale pájaro en mano que ciento
volando» descartaba, a su vez un proceso de solución política
negociada que hiciese concesiones políticas a la guerrilla como precio para la paz. Los dos restantes, «todos a marchar» y «la unión
hace la fuerza» parecían, el uno demasiado militarista y el otro aparentemente mecanicista y utópico.[8]

Es evidente que Álvaro Uribe se apropió del escenario «todos a
marchar» como una de las opciones posibles, con el acento puesto
en la lógica de la *seguridad democrática*. En 2005, previendo la perspectiva de conmemoración del segundo centenario de la independencia, su gobierno presentó su proyecto *Colombia Visión 2019*,
que contemplaba la consolidación del modelo autoritario con base
en los principios de *tolerancia* y *fraternidad* que, como lo anota un
crítico, son muy distintos de aquellos consagrados en el artículo 1
de la Constitución, a saber, *pluralismo* y *solidaridad*.[9] En el fondo,
Visión 2019 es una apuesta por la reprimarización de la economía,
la subestimación del mercado interno y la apología de la competiti-
vidad con base en la limitación salarial, modelo que no se diferen-

cia mucho del que recoge el Plan Nacional de Desarrollo del actual gobierno de Juan Manuel Santos (2010-2014).[10]

La mirada prospectiva de largo plazo no previó, sin embargo, obstáculos del orden estructural. De una parte la crisis económica capitalista mundial que impacta de una manera cruda la crisis estructural colombiana. De otra parte, el fracaso de la seguridad democrática como política de guerra permanente del Estado y su creciente choque con la población civil, sus necesidades y aspiraciones legítimas.

Y la consecuencia inevitable de todo lo anterior: la crisis de la guerra misma que pone en escena las respuestas ciudadanas desde la cotidianidad, en correspondencia con los espacios de despliegue de la fuerza militar del Estado y los territorios en disputa con la voracidad transnacionalizada del capital minero-energético y agroforestal en búsqueda de riquezas naturales y brazos jóvenes que explotar.

La *confianza inversionista*, formulada por Álvaro Uribe, es la divisa de la apertura económica que pone a la disposición de los poderes financieros globales la variada riqueza natural del país. Si la reprimarización económica es, en realidad, un efecto de la propia crisis capitalista mundial, donde los capitales necesitan encontrar mundos de baja regularización ambiental donde acceder a tasas de ganancia extraordinarias, la Colombia de la guerra contrainsurgente, permanente y prolongada resulta un paraíso para la depredación y el desarraigo campesino, indígena y afro.[11]

¿Que todo cambie para que todo siga igual?

El escenario *La unión hace la fuerza* parece haber sido la apuesta de Juan Manuel Santos.[12] La herencia que recibe refleja las complejidades ya anotadas. Pero, a la vez, incluye los efectos de los cambios en el componente político-militar aportado por el Plan Colombia y, desde luego, los fuertes golpes propinados a las FARC-EP a partir del bombardeo en Sucumbíos (Ecuador) el 1 de marzo de 2008.[13] Guardadas todas las proporciones del orden político estamos ante un desarrollo de la confrontación en el que las bajas ocasionadas al mando superior de la insurgencia, constituyen indicadores que el régimen interpreta no solo como signos de ventaja estratégica sino como el umbral de la victoria.

El escalamiento estratégico asistido por el Comando Sur y leído en términos predominantemente militares nubla la percepción acerca de los acumulados que el contendor cosecha en el nuevo contexto de cambios en América Latina. El tema de la paz en Colombia ha dejado de ser un asunto interno y se ha vuelto un problema continental. El nuevo siglo trajo consigo nuevos aires, nuevos gobiernos y nuevos procesos que ya no se sintieron indiferentes ante el drama colombiano y comenzaron a pensarlo como propio.

Hechos como el aislacionismo en política exterior, acentuado por segundo gobierno de Uribe, en particular su enfrentamiento con Ecuador y, especialmente, con Venezuela, mostraron el agotamiento de los recursos previstos en el escenario *todos a marchar* que agravaban los términos de intercambio con estas economías, pero principalmente subestimaban el nuevo peso que estos países exhiben en el panorama internacional, con el fortalecimiento de UNASUR y el ulterior surgimiento de la Comunidad de Estados Latinoamericanos y Caribeños (CELAC).

Por las mismas razones que rompe Uribe con el gobierno de Chávez, o sea, por su actitud favorable a una solución política, la facilitación del diálogo y las relaciones con los distintos sectores insurgentes colombianos, Juan Manuel Santos da el paso crucial de restablecer las relaciones con Venezuela. Es el hecho de más profunda incidencia para la proyección de una perspectiva de diálogo con la insurgencia y una motivación fuerte en su diferenciación con la actitud de negación a toda opción de acuerdo y de salida política.

Estos gestos no borran las líneas en común que el proyecto de clase ha erigido en la burguesía colombiana más allá de sus diferencias de enfoque *táctico*. Pero sería una ceguera peligrosa ignorar el significado de ese matiz en la perspectiva de los cambios necesarios en la sociedad colombiana.

Crisis de la modernización regresiva

Las raíces sociales de la guerra, de la antidemocracia y el autoritarismo han ido de la mano. El régimen político colombiano niega la estrecha relación entre los procesos de desposesión de las tierras de sus poseedores o propietarios rurales originarios y la crisis de legitimidad de las relaciones agrarias establecidas. Pretende que la insurgencia se ha apropiado de tierras del Estado y que los colonos campesinos que las han incorporado a la actividad laboral, a la frontera agrícola y al mercado son simples «testaferros del terrorismo». Al invertir la lógica del proceso social real, históricamente comprobado y comprobable, se estatuye un operador ideológico que invierte a su vez todos los parámetros de la situación. Se invisibiliza la política de clase terrateniente, sus nexos cada vez más claros con el gran capital transnacional, con el paramilitarismo y con las autoridades estatales. La verdad del mundo rural contemporáneo se condensa en las necesidades del desarrollo capitalista del campo en el marco de la globalización, claramente descritas y normatizadas en el Plan Nacional de Desarrollo (PND) 2010-2014, donde las capas y clases subordinadas no existen ni son reconocidas como sujetos de derechos.

Bajo la forma de una «democracia gobernable» el régimen político ha ido modernizando las formas de enajenación y desconocimiento de los derechos laborales de la población trabajadora. De una manera simultánea, bajo la sombra de los fenómenos de guerra civil con investidura de acción antiterrorista se fueron transformando las diversas modalidades de resistencia social, incluso aquellas incluidas en la Constitución del país en otras tantas manifestaciones del terrorismo. Fueron siendo ilegalizados los métodos de lucha y relacionados específicamente con otras diversas expresiones de terrorismo. El fenómeno fue reptando hasta convertir en labor cuasi imposible la organización sindical al trocar las formas de contratación de los trabajadores en formas del contrato civil entre particulares. La relación patrón-trabajador se ha desdibujado generando la ficción del final de la relación asalariada.

El espacio virtual de una sociedad plana, sin sindicatos, sin guerrillas, sin protesta social, sin inconformidades expresadas a través de derechos consagrados legalmente, crea un entramado falso pero brutalmente real que incuba la ideología de la impotencia, que encierra y asfixia al trabajador contra las cuerdas de un cuadrilátero de boxeo sin reglas y sin juez.

Esa sociedad burguesa utópica nada tiene que ver con las aspiraciones que se han venido expresando en los foros, audiencias, discusiones propiciados al calor de los diálogos en La Habana. Un logro muy importante del Foro Agrario propiciado por la Mesa de Diálogo a mediados de diciembre en la ciudad de Bogotá y que congregó, con los centenares de propuestas que atienden a la necesidad de un reenfoque en el valor de uso de las tierras rurales, la urgencia de una reforma agraria que fortalezca la soberanía alimentaria, la redistribución de las tierras expropiadas por medios violentos o monopolizadas con base en el desarraigo y la desposesión campesina, indígena y afro. Todo lo cual brinda elementos para la reconfiguración de un proyecto democrático avanzado con participación activa de las organizaciones agrarias populares y la ampliación de nuevas modalidades de zonas de reserva campesinas.

La vía de la paz necesaria

Si el debate produce esas opciones, la lucha social produce también nuevos insumos. El paro nacional de caficultores que paralizó al país es la respuesta más contundente a los impactos de la crisis mundial y a la política oficial que se conforma con salir en auxilio de los grandes productores y exportadores. De facto, la crisis cafetera complementa sin proponérselo con sus reclamaciones justas y sus métodos de lucha radicales, la necesidad de los cambios en el modelo económico que arruina a los pequeños productores y lanza al desempleo a un mayor número de trabajadores.

Debate y lucha, movilización de masas, protesta organizada, exigencia de cambios en el modelo económico y en toda la política social, reforma agraria integral y democrática, cuestionamiento a los tratados de libre comercio (con EE.UU, con Unión Europea, con Corea, y otros países).

Pero también, movilización organizada y unitaria para rodear el proceso de diálogo y negociación. La paz necesaria requiere consensos muy amplios, pero sobre todo unidad de las fuerzas populares, de los movimientos sociales, de todas las vertientes democráticas y, desde luego, de todas las corrientes que se reclaman de izquierda. No hay cambios profundos en la economía y la democratización del país sin paz y sin unidad de las fuerzas constructoras del cambio.

Hemos llamado a la paz necesaria, una paz democrática, ligada a la transformación del país y no a simples acomodos para que todo siga igual. Pero, además, paz democrática es construcción colectiva, intervención del constituyente primario, es decir, del pueblo en su conjunto en la edificación de cada tramo de solución a los problemas que condicionan la profunda desigualdad que caracteriza la injusta estructura social colombiana. Una Asamblea nacional constituyente de amplia representatividad popular ayudará a encaminar el proceso.

La Organización de los Estados para la Cooperación y el Desarrollo (OECD)[14] entidad ante la que el gobierno colombiano ha pedido ingreso muestra en su informe sobre Colombia de enero de 2013 cifras que corroboran los enormes desequilibrios sociales, cuellos de botella en la infraestructura vial, retraso en el *objetivos del milenio* y cifras preocupantes en materia de seguridad que alejan al país de ese club de socios exclusivos. Solo una democratización de la sociedad y del Estado y una profundización de la democracia en todos los aspectos, vinculadas a la paz, podrán traer una verdadera justicia social y nuevas opciones de vida para las mayorías colombianas.

De alguna manera, con el hecho de reconocer a la insurgencia, de dialogar con las FARC-EP, con reconocer que hay otras fuerzas como el ELN y el EPL que quieren también la vía del diálogo hacia la paz, la burguesía colombiana empieza a entender que *ya no puede seguir gobernando como antes*. También los movimientos guerrilleros han reconocido y reflexionado en función de la paz con justicia social. Ha costado mucha sangre y luchas, fuertes arremetidas de la crisis mundial, presiones poderosas de los vecinos y hasta cálculos estratégicos del amo imperial para aclimatar este nuevo momento de la realidad colombiana.

Pero sabemos que esto no basta. No basta que los de arriba no puedan seguir haciendo y deshaciendo como antes. *Se necesita que los de abajo se decidan a no seguir viviendo como antes*, a no seguir sumidos en la dominación existente como antes, integren y construyan en unidad las vías de su propia emancipación.

Notas

1.   Dice Beatriz Stolowicz: «[...] cuando hablamos de neoinstitucionalismo, es de la mayor importancia la función estatal instituyente, mediante el uso intensivo del derecho positivo para convertir en Estado de derecho la estrategia de acumulación por desposesión». Beatriz Stolowicz: *A Contracorriente de la hegemonía conservadora*, Espacio Crítico Editores, Bogotá, 2012.

2.   Dice el Informe: «80. La reforma de la jurisdicción de los tribunales militares refleja la falta de confianza y respeto entre las distintas instituciones del Estado, lo que socava el estado de derecho y la legitimidad del

propio Estado. Uno de los argumentos esgrimidos por los sectores que promueven la reforma es la necesidad de proteger a los miembros de las fuerzas armadas frente a un procesamiento injusto. Este argumento lleva implícita la idea errónea de que los soldados y oficiales son acusados o encarcelados por matar legítimamente a combatientes o por cumplir con su deber constitucional. La solicitud de información presentada al Ministerio de Defensa sobre los casos en que se ha condenado a militares por cumplir con su deber constitucional no ha sido respondida». Consejo de Derechos Humanos, Vigésimo Segundo Período de Sesión, Informe de la Alta Comisionada para los Derecho Humanos sobre la situación de los Derechos Humanos en Colombia, (http://www.hchr.org.co/documentoseinformes/informes/altocomisionado/informe2012.pdf) consultado el 2 de marzo de 2013.

3. Casa Verde fue la designación del punto de encuentro y de conversaciones del llamado Acuerdo de La Uribe, ubicada en región selvática del municipio de Uribe, departamento del Meta.

4. Jaime Caycedo: *Paz democrática y emancipación. Colombia en la hora latinoamericana*, Ediciones Izquierda Viva, Bogotá, 2007, pp. 124-125.

5. Slavoj Zizek: *El sublime objeto de la ideología*, Siglo XXI Editores, México D.F., cuarta reimpresión, 2010, p. 62.

6. Presidencia de la República, *Informe de Gestión, 1990-1994*, Bogotá, 1994.

7. Eduardo Pizarro L.: «¿Colombia una guerra de perdedores?», *Revista de Estudios Sociales*, no. 16, octubre de 2003, Universidad de los Andes, Colombia, pp. 85-93.

8. Angelika Rettberg: *Destino Colombia: crónica y evaluación de un ejercicio de participación de líderes de la sociedad civil en los diseños de escenarios futuros*, PNUD, Banco Mundial, Universidad de los Andes, CESO, 2006.

9. Gabriel Misas: «El problema: la inequitativa distribución del ingreso más que el mercado interno», *Apuntes Críticos Visión Colombia 2019*, Politécnico Grancolombiano, DNP, Corporación Escenarios, Bogotá, 2006.

10. Juan Manuel Santos: *Prosperidad para todos 2010-2014* (https://www.dnp. gov.co/PND/PND20102014.aspx).

11. En febrero de 2012, el gobierno colombiano definió 313 zonas mineras prioritarias que suman 2,9 millones de hectáreas en 15 departamentos que representan el 60% de la superficie ya concesionada de alrededor de 5 millones de hectáreas. Ver: (http://wsp.presidencia.gov.co/ Prensa/2012/Febrero/Paginas/20120223_02.aspx).

12. Andrea Forero, Hugo García: «Un ejercicio por concluir», en *El Espectador*, 25 de febrero de 2012, (http://www.elespectador.com/impreso/ politica/articulo-328708-un-ejercicio-concluir) consultado el 3 de marzo de 2013.

13. Varios son los golpes que tocaron el mando central de las FARC-EP: Raúl Reyes (2008), Iván Ríos (2008), Jorge Briceño (*Mono Jojoy*, 2010) y Alfonso Cano (2011).

14. OECD (2013): *OECD Economic Surveys: Colombia 2013: Economic Assessment*, OECD Publishing (http://dx.doi.org/10.1787/eco_surveys-col-2013-en).

Reformas políticas para arraigar la paz en Colombia

Sergio de Zubiría Samper

El proceso de las conversaciones en La Habana para acordar el fin del conflicto es el tema central de la realidad política colombiana. En medio de grandes dificultades y esperanzas, continúa la mesa de negociación entre la insurgencia y el gobierno. La serenidad e inteligencia tendrán que imponerse a los odios y genocidios de los enemigos de la paz. Es previsible que los desarrollos de estas negociaciones se conviertan en parte de la agenda consensual del continente latinoamericano y el acompañamiento internacional sea un importante apoyo para su adecuada culminación. Pero nadie puede anticipar, en una realidad tan compleja y en un conflicto tan duradero como el colombiano, los tiempos y destinos de esta esperanza colectiva tantas veces frustrada.

En el «Acuerdo general para la terminación del conflicto y la construcción de una paz estable y duradera», firmado el 26 de agosto de 2012, entre el Gobierno de la República de Colombia y las Fuerzas Armadas Revolucionarias de Colombia-Ejército del Pueblo, se asume como parte de la Agenda la necesidad de conversar directamente sobre «participación política». Su inclusión como punto dos en la Agenda, implica la aceptación por las partes de la conveniencia, para la finalización del conflicto, de realizar algunos cambios o reformas en el ámbito de la política y la participación. Paralelo a la discusión sobre desarrollo agrario integral, drogas ilícitas, víctimas, fin del conflicto y mecanismos de implementación, el campo de la política es fundamental para la solución del conflicto.

El presente escrito subraya la premisa de una voluntad compartida de explorar caminos para profundizar y cualificar las experiencias de participación política en Colombia. También expresa la conciencia de límites, vacíos y tensiones en las dimensiones política y participativa. Pretendemos aportar en la clarificación teórica y práctica para aquellas reformas políticas que puedan tanto cerrar el ciclo del conflicto social-armado como cultivar bases sólidas para una paz estable y duradera.

Dividimos este trabajo en tres momentos. En el primero, algunas reflexiones teóricas necesarias sobre política y participación para enriquecer conceptualmente las decisiones prácticas. Segundo, un análisis detallado de lo pactado en el «Acuerdo general» sobre participación política. En tercer lugar, sugerir ciertas reformas políticas que pueden complementar la importante tarea contemporánea de arraigar la paz con justicia social.

Dilemas y desafíos conceptuales

En los procesos políticos contemporáneos experimentamos una profunda paradoja, destacada por distintos investigadores latinoamericanos. Por un lado, la práctica política cotidiana se encuentra sub-teorizada, al limitarse por momentos al activismo, el inmediatismo y la exclusiva consecución de resultados. Por el otro, existen manifestaciones de una teoría política ciega a las prácticas sociales emergentes, más preocupada por los modelos y formas, que por la investigación de las prácticas concretas de los movimientos sociales y las prácticas emergentes de subjetivación política. Necesitamos discutir y reflexionar los problemas políticos actuales en una dimensión más amplia que enfrente esta paradoja.

En el campo de la política, los diagnósticos señalan la contracción (García Linera), el debilitamiento (Flores), el malestar (Lanz), la desideologización (Vallespín) o la crisis (Mires), de la política y la participación. Algunas de las manifestaciones reiteradas en los estudios sobre el tema son: a) crisis de los mapas ideológicos y reestructuración de los mapas cognitivos, especialmente las coordenadas mentales y los códigos de interpretación de la política; b) debilitamiento de la política en sus funciones de articulación y organización del sentido de lo colectivo; c) crisis de representatividad y desidentificación ciudadana con las instituciones partidistas; d) aparición de otros actores políticos (movimientos sociales, redes, plataformas, medios alternativos y otros), que relativizan la capacidad de acción/representación de los parlamentos, instituciones y políticos profesionales; e) debilitamiento de las estructuras comunicativas y las trayectorias de memoria; f) declive paralelo de lo público y lo privado en la condición humana; g) excesos de institucionalización y estatización del campo de la política; y, h) pérdida progresiva de la participación directa en la construcción de los proyectos políticos y su limitación a «estrategias electorales», con consecuencias negativas para la democracia directa.

Para el investigador social boliviano, Álvaro García Linera, los movimientos sociales contemporáneos en Latinoamérica, manifiestan una resistencia a la «contracción» de la política, la crisis de la democracia representativa y el debilitamiento de lo público.

> Los actuales movimientos sociales —afirma García Linera— no son solo actividades de protesta y reivindicación, sino por sobre todo constituyen estructuras de acción política. Son políticos porque los sujetos de interpelación de la demanda que desencadenan las movilizaciones son en primer término el Estado (abolición de la ley de aguas, anulación de contratos de privatización, suspensión de la erradicación forzada, territorialidad indígena, asamblea constituyente), y el sistema de instituciones supra-estatales de definición de políticas públicas (FMI, BM, inversión extranjera). Incluso, la propia afirmación de una polí-

tica de la identidad indígena (de tierras altas y de tierras bajas) le hace frente al sistema institucional estatal que en toda la vida republicana ha racializado la dominación y la exclusión de los indígenas.[1]

El director del Centro de Teoría Política de la Universidad Autónoma de Madrid, Fernando Vallespín, partiendo de la metáfora, «algo huele a rancio en el reino de la política»,[2] formula un diagnóstico del campo político a partir de dos pilares. El primero, la concreción de una «crisis del Estado» en su capacidad de dirección y de integración normativa y simbólica. El segundo, la manifestación de un cansancio y desorientación de la política democrática misma. Los síntomas de esta doble crisis, estatal y democrática, son múltiples. Algunos de estos son: excesiva «estatalización e institucionalización» de los partidos políticos y la política; la tecnocratización de los procesos de decisión política; la creencia generalizada de que el mundo no lo mueven las decisiones de los ciudadanos; la apatía política y el seudo-retorno a lo privado; la obsesión de la política moderna por la seguridad y el control; el predominio del pragmatismo sobre la utopía emancipatoria; «seguimos manteniendo las mismas instituciones y *conceptos* políticos que ya funcionaban al menos desde el periodo de la posguerra mundial».[3]

Consideramos que en tres campos la polémica teórica es profunda y tiene importantes consecuencias para las concepciones de la participación política. Estos son: concepción y ámbitos de la política; tipos de democracia; y, participación y representación. Intentaremos exponer de manera sucinta cada uno de estos dilemas conceptuales, pero cada uno exige un trabajo crítico más cuidadoso.

Naturaleza y ámbitos de la política

El interrogante por la naturaleza y las dimensiones que abarca la política, se remonta en Occidente, a sus orígenes greco-romanos y preocupa a Platón, Aristóteles, Cicerón, Tucídides, dentro de la visión compartida de la política como la búsqueda de una buena y justa convivencia en la «*polis*». Desde el inicio de la *Política*, Aristóteles nos da dos indicaciones capitales sobre el ser humano. La primera, el ser humano necesita de la *polis* para cumplir el destino de su propia naturaleza. La segunda, la evolución natural incluye necesariamente un elemento cultural y ético, porque vivir humanamente es siempre compartir con los otros en la *polis*.

Con la época moderna, la política toma distancia de la concepción clásica en tres aspectos fundamentales. El primero, la política debe ser un saber autónomo de la ética y la teología. El segundo, la constitución interior del individuo no coincide necesariamente con la vida de la ciudad o la polis, por tal motivo, hay que establecer límites a la actividad del Estado, para que existan fronteras entre la esfera privada, la esfera pública y la intimidad. Tercero, el ejercicio de la política necesita diferenciar analíticamente los medios y los fines (Maquiavelo), que descifren la naturaleza de las relaciones de poder.

Las definiciones modernas de política son diversas e inagotables, pero comparten estas tres actitudes diferenciadas frente a la perspectiva clásica. Encontramos nociones de política en las que la política trata solamente del gobierno y sus instituciones, en ellas la pregunta principal pasa por descifrar las características del gobernar. Por ejemplo, Maurice Duverger,[4] plantea que el gobierno significa el poder organizado, las instituciones de mando y de control. Otras perspectivas destacan la relación de la política con la fuerza, como en la tradición de M. Weber; consideran estas que la fuerza «legítima» es el medio de acción específicamente político. También constatamos visiones de la política que subrayan su condición de elección colectiva y espacio de confrontación del exclusivo interés particular, como en A. Weale.[5] Hay otras definiciones de la política, como la expresada por H. Arendt: «la política trata del estar juntos y los unos con los otros de los diversos».[6] También algunas concepciones, con ciertos visos de perplejidad, como la propuesta por Foucault partiendo de la inversión del postulado de Clausewitz: «la política es la guerra continuada por otros medios».[7]

A menudo se hace referencia a la política suponiendo un significado consensual y no podemos partir de una noción unívoca o fundacional de lo político. Tan solo es posible detectar ciertos focos de tensión en el debate contemporáneo. De todos modos es conveniente subrayar cómo los modos de pensar la política condicionan los modos de hacer la política. Algunas de estas tensiones actuales son contundentes y analizadas por la teoría política actual, que en términos del pensador chileno Norbert Lechner,[8] se caracteriza por una lucha abierta sobre los límites entre lo político y lo no-político. En tres dimensiones el desplazamiento de fronteras es notorio: el «ámbito institucional»; la distinción entre lo «social» y lo «político»; y, el escenario de lo «electoral».

Durante largos años la política había tenido un «ámbito institucional» privilegiado, como aquellas prácticas que se referían al gobierno, a los partidos, al parlamento y a las instituciones estatales. Actualmente asistimos al cuestionamiento de ese exclusivo ámbito, hacia lo que podemos denominar de forma general la «politización de la vida cotidiana». Una desestructuración promovida desde abajo, que exige la ampliación del sentido de «hacer política» y considera que los actores estatales o institucionales no representan la totalidad del escenario político real.

> Al explorar lo político en los movimientos sociales, es necesario considerar que la política, además de incluir una serie de actividades específicas (votar, hacer campaña, cabildear), que tienen lugar en espacios institucionales claramente delimitados, como parlamentos o partidos, abarca luchas de poder puestas en marcha en un amplio rango de espacios definidos culturalmente como pri-

vados, sociales, económicos, culturales, etc. El poder, a su vez, no debería entenderse como bloques de estructuras institucionales con tareas preestablecidas y fijas (dominar, manipular), ni como mecanismos para imponer el orden desde arriba, sino más bien como una relación social difundida en todos los espacios.[9]

En la «politización de la vida cotidiana» se producen desplazamientos, tales como, la política es una construcción social y cultural, otras subjetividades no-institucionales pueden ser sus agentes determinantes y es posible desafiar o desestabilizar las culturales políticas dominantes. El desencanto con las formas dominantes de la política remite a la distancia que siente el individuo frente a la excesiva formalización de la «escena política»; debido a que una característica de la «formalización» es prescindir de los atributos personales de los participantes, de sus valores materiales y pérdida de la espontaneidad creativa.

Repensar la política en nuestro continente, también implica superar la tradicional separación teórica y práctica entre lo social y lo político. Esta ruptura entre lo social y lo político se ha dado por varias vías, que en general terminan empobreciendo la dimensión política y perpetuando la dominación. La primera manifestación de esta escisión, es limitar la política a lo Estatal, produciendo una «hiperpolitización» de lo estatal y una «despolitización» de la vida cotidiana. La segunda, es declarar diferencias «no políticas», la clase, el trabajo, la sexualidad y la cultura, para perpetuar la distancia entre lo privado y lo público, dejando el «interés privado» por fuera del campo de la política. La tercera, necesitamos pensar a fondo las interfases del pasaje de «lo social a lo político» y viceversa. Las nociones de biopolítica y biopoder apuntan a comprender con mayor profundidad estos tránsitos; contienen el reconocimiento que en la totalidad social se están disputando las relaciones de poder y no exclusivamente en el gobierno y el Estado.

La cultura es política porque los significados son elementos constitutivos de procesos que, implícita o explícitamente, buscan dar nuevas definiciones del poder social. Es decir, cuando los movimientos despliegan conceptos alternativos de mujer, naturaleza, raza, economía, democracia o ciudadanía, los cuales desestabilizan significados culturales dominantes, ponen en marcha una política cultural.[10]

La caracterización y papel del «escenario electoral» constituye también otra lucha abierta para delimitar las fronteras entre lo político y no-político. Existen perspectivas que adjudican a las elecciones el núcleo central de la política y la democracia, especialmente la elección de los gobernantes y legisladores. El acto de votar individual es considerado el de mayor jerarquía en la participación política. Otras visiones critican la prioridad de la «democracia electoral», a través de distintos argumentos. Entre algunas razones de la desconfianza están: la política no puede limitarse a la acción electoral; la «centralidad» de las pugnas electorales termina limitando la vida democrática; los participantes nunca están en condiciones de igualdad; las reglas electorales condicionan la participación; se fomenta un ciudadano pasivo que solo actúa en los periodos electorales; la participación electoral no se puede caracterizar como una participación «fuerte»; el acto de votar no se realiza en plena libertad; etc. De todas maneras, es bastante problemático limitar la participación política a la exclusiva acción electoral.

Tipos de democracia

Tienen que existir distintas concepciones y prácticas de la democracia. Es deseable para el enriquecimiento de la democracia la confrontación constante de diversas perspectivas sobre el sentido profundo de la democracia. El predominio de una idea exclusiva de democracia, culmina siempre en perspectivas totalitarias. Así como en nombre de la libertad se han cometido los peores crímenes contra la humanidad, el término «democracia» puede estar al servicio de proyectos de barbarie. Una aproximación simplemente literal sería la yuxtaposición de dos vocablos griegos: pueblo <*demos*> y poder <*cratos*>. «Una de las dificultades a las que debemos enfrentarnos al principio es que no existe una teoría democrática, solo hay teorías democráticas».[11]

La larga discusión en Occidente sobre la democracia elabora unas distinciones que podemos denominar clásicas. Entre estas perennes están: lo normativo y lo empírico; sistema político y modo de vida; democracia directa y democracia representativa; gobierno del pueblo y gobierno de los políticos. Una distinción imprescindible es aquella que diferencia dos dimensiones del concepto de democracia: la normativa y la empírica. También conocida como democracia en sentido prescriptivo y en sentido descriptivo. Recomienda diferenciar entre la democracia como ideal al cual se aspira como un «deber ser», y, la democracia tal como existe de hecho, con sus reglas, instituciones y prácticas. Otra tensión histórica es la existente entre una visión que concibe la democracia como un sistema de reglas que rigen las decisiones en el campo de las formas de gobierno, pero no son posibles para otros ámbitos de la vida social. Para esta perspectiva la democracia es un ejercicio aplicable solo en las decisiones en la esfera de lo público, pero no se puede extender a otras dimensiones sociales. Desde otra mirada, la democracia es un modo de vida cotidiano y permanente, que abarca todas las actividades humanas, sin restringirse al campo de lo público. Esta alternativa plantea la necesidad de democratizar todas las esferas de la vida humana y no deja ningún espacio social sin exigencias de profundización democrática.

En la época moderna también aparecen las denominaciones de democracia <representativa> y <democracia directa>, para designar la posibilidad de delegar ciertos ciudadanos para representar al pueblo; una forma de <democracia indirecta>. Aunque bastante

restringida en su número, la democracia ateniense siempre planteó
la necesaria participación directa del ciudadano en sus asuntos; con
la política moderna aparece la posibilidad de un pueblo eligiendo
representantes para que les hagan sus leyes. A partir de esa distinción moderna la polémica no ha terminado y para algunos investigadores tiene que ver con la crisis de la democracia moderna.

> Parto de una constatación sobre la que todos podemos estar de
> acuerdo: la petición de mayor democracia, tan insistente en los
> últimos años, se manifiesta en la demanda de que la democra-
> cia representativa sea acompañada e incluso sustituida por la
> democracia directa.[12]

Desde su fundamentación moderna existen malestares con la democracia representativa. La desconfianza de Rousseau con la «verdadera democracia» se nutre de las difíciles condiciones exigidas para
su realización: la necesidad de Estados pequeños; una gran «senci-
llez de costumbres»; mucha igualdad en los «rangos y fortunas»;
la eliminación práctica del vínculo entre gobernantes y gobernados.

> Rousseau condenó la representación en los términos absolu-
> tos que siguen siendo famosos. Presenta al gobierno inglés del
> siglo XVIII como una forma de esclavitud con momentos pun-
> tuales de libertad. Rousseau veía un inmenso abismo entre un
> pueblo libre haciendo sus propias leyes y un pueblo eligiendo
> representantes para que le hagan las leyes.[13]

Heredera de la anterior tensión moderna encontramos otra tensión
entre la democracia como gobierno del pueblo o gobierno de la clase
política. Encontramos desde la década del cuarenta del siglo XX,
posiciones que adelgazan la noción de democracia, como la soste-
nida por Joseph Schumpeter, al hablar de una democracia como
procedimiento de convalidación de decisiones e iniciativas adop-

tadas por la clase política. La democracia es ante todo un método a través del cual el pueblo, se pronuncia electoralmente, sobre los partidos que compiten por alcanzar el poder. Una especie de <gobierno de la clase política> o <democracia electoral>. Frente a posturas, como la de Thomas Marshall, quien afirma que los requisitos para la democracia son: la activa y constante implicación del pueblo en la vida política; la realización práctica de inmensas dosis de justicia social; y, la creación de condiciones materiales que incrementen la igualdad. Es decir, introduce las nociones de democracia política, social y económica. La democracia como «un gobierno del pueblo» que garantice dos condiciones. En primer lugar, los derechos civiles y políticos de que gozan los ciudadanos tienen que ser ejercidos en «igualdad de condiciones». En segundo lugar, los privilegios derivados de la asimétrica distribución de ingresos y riqueza no puede traducirse en ventajas políticas.

La teoría política contemporánea sobre la democracia, al lado de reconocer los dilemas clásicos, también introduce nuevos elementos y polémicas. Algunos de los problemas más reiterados son: democracia, igualdad y diversidad; democracia y capitalismo; democracia y tipos de desarrollo; democracia, poder y participación. En América Latina y el Caribe, la profundización democrática, tiene estrecha relación con igualdad, diversidades, modelos de desarrollo y poder participativo.

En la concepción y el acento en la igualdad están contenidas tres claves para la profundización democrática en la región. La primera, el reconocimiento de nuestro continente como el más desigual y con mayor iniquidad entre todos; constituyendo esta situación un gran desafío de la situación contemporánea, en el sentido de evaluar la posibilidad de la construcción de democracia en tan severas condiciones de desigualdad. La segunda, comprender que en la visión de la igualdad se entrelazan las difusas fronteras entre liberalismo y socialismo, hasta tal punto que ambas tradiciones políticas se consideran el baluarte de la reivindicación de la igualdad. La tercera, las implícitas discusiones que contiene el papel del mercado en los asuntos relativos a la constitución y garantías de la igualdad. En palabras del pensador latinoamericano de la democracia, José Nun:

> El resultado de todas estas circunstancias es que, a diferencia de otras épocas, la pobreza material que afecta en este comienzo de siglo a una masa cada vez más grande de latinoamericanos viene acompañada por un empobrecimiento también creciente de la discusión pública acerca de la organización de nuestras sociedades y de los modos más justos y equitativos de gobernarlas.[14]

Para intentar dar respuesta a esta compleja problemática han surgido distintas interpretaciones o tipos de la democracia. Se disputan el debate ideológico actual, por lo menos, seis visiones distintas de democracia: gobernable; institucionalista; elitista; deliberativa; participativa; directa. La «democracia gobernable», de cuño neoliberal, reduce la palabra «democracia» a la combinación de cuatro nociones: un asunto de eficiencia, buen gobierno, estabilidad fiscal y legitimidad procedimental. Un enfoque formalista y tecnocrático de la democracia. La concepción «institucionalista» reivindica la capacidad del régimen constitucional para expandir los derechos civiles, estabilizar el sistema político y mejorar el nivel de vida de la población. La perspectiva «elitista» concibe la democracia como un mecanismo de selección de los gobernantes para administrar el sistema político con criterios de mercado y mediante una ciudadanía pasiva. La denominada democracia «deliberativa» levanta la bandera del diálogo y la calidad comunicativa como camino para armonizar los intereses de todos los actores de la sociedad, omitiendo la desigualdad de fuerzas que rodea esa situación concreta de interacción comunicativa. La mirada «participativa», postula un ordenamiento social y político que debe fomentar la disposición de los ciudadanos a participar, en algunas actividades delimitadas, para el logro de sus objetivos personales y colectivos. Es una mezcla de democracia representativa y directa, cuyos límites se expresan en la visión concreta de la participación, que analizaremos posteriormente en este escrito.

La democracia «directa»,[15] en la bibliografía clásica, ha sido definida de formas diversas. Por ejemplo, «la asamblea de los ciudadanos deliberantes sin intermediarios y el referéndum»[16] o «es *también* inmediatez de interacciones, es una relación directa, cara a cara (o casi) entre verdaderos participantes»[17] o «la participación directa y continua de los ciudadanos en la regulación de la sociedad y el Estado».[18] Pero también conocemos nociones utilizadas como «la participación de todos los ciudadanos en las decisiones que le atañen» o «democracia sin representantes y sin representación». Existen por lo menos tres perspectivas diferentes frente a la democracia directa. Una noción que podemos denominar «minimalista» que la concibe como la simple utilización del referendo como la consulta a los ciudadanos para aprobar o vetar leyes. Una visión «intermedia» que aprueba la implementación de todos los mecanismos institucionales de participación popular que impliquen el voto. Una alternativa «maximalista» que exige la participación directa en las decisiones centrales de una sociedad, sin limitarse a los dispositivos institucionales, como decidir el modelo económico, las políticas públicas, el presupuesto de la nación y todos los mecanismos de control de la política.

Participación y representación

Como en las exploraciones conceptuales anteriores, también las categorías de participación y representación, tienen una tradición polisémica. Con la emergencia, en la década del sesenta del siglo XX, de la llamada «democracia participativa», se construyeron teorías refinadas de la noción de «participación». En tres campos la disputa actual es intensa. El primero, la noción o definición de participación.

El segundo, los ámbitos y límites que tiene la participación política. Tercero, las relaciones entre participación y representación.

Para el politólogo italiano, Giovanni Sartori, un crítico serio del participacionismo extremo, lo más cercano a un concepto riguroso, sería:

> [...] participación es *tomar parte* personalmente, un tomar parte *activo* que verdaderamente sea *mío*, decidido y buscado libremente por mí. Así, no es un «formar parte» inerte ni un «estar obligado» a formar parte. Participación es ponerse en movimiento por sí mismo, no ser puesto en movimiento por otros.[19]

Los núcleos de la participación son: tomar parte personalmente; un papel activo y autónomo; y, ponerse en movimiento por sí mismo. Para evitar la deformación de la participación, este autor, considera necesario superar ciertos equívocos en nombre de la participación. El primero, ir más allá de la reglita, que participando se aprende a participar, porque no hay ninguna garantía de que la «intensidad» participativa forme hacia un desarrollo correcto de la acción. Segundo, aclarar la naturaleza y tipos de participaciones que profundizan la democracia. Tercero, decidir en qué lugares es pertinente y más relevante la participación; así como en qué lugar no es necesario ni conveniente participar.

Existen diversas definiciones de la participación, pero en general, se destacan dos posiciones diferentes, en el contexto latinoamericano. Aquellas que conciben la participación como sinónimo de información, sensibilización, que culmina en una consulta acerca de decisiones tomadas previamente por otros actores. En esta visión se invita a la población a colaborar y brindar su apoyo en la ejecución de un plan. Definiciones como, «participar significa en su sentido más amplio sensibilizar a la población y de ese modo aumentar la receptividad y capacidad de la población para reaccionar ante los programas de desarrollo, así como alentar las iniciativas locales».[20]

Otras perspectivas, comprenden la participación como procesos de intervención popular centrados en la toma de decisiones. Participar implica tomar parte en la formulación, planificación, seguimiento y evaluación de políticas públicas que incidan en la totalidad de la sociedad; la participación es calificada como una forma inherente a las relaciones de poder e implica un incremento en su adquisición. Para estas concepciones tres núcleos son importantes: la importancia de la descentralización como medio de acercar las decisiones sobre las relaciones de poder al plano local; la implantación de mecanismos que permitan conocer las necesidades y aspiraciones concretas de las poblaciones; y, la distancia de una participación que se limite a la consulta.

> Estos autores explican la participación como un proceso activo, que entraña una distribución de poder en la sociedad. Privilegian la expresión microsocial, en el marco de un grupo concreto y relacionado con la tarea en curso. La toma de decisiones es su punto máximo a la cual se llega a través de la reflexión, discusión y creatividad, sin que exista un modelo predeterminado. Son imprescindibles estructuras grupales que la concreten y permitan el acceso al poder, visto este como la posibilidad de distribuir recursos y controlar la población su propio destino, con el objetivo de mejorar sus condiciones de vida.[21]

En Colombia, los trabajos colectivos coordinados por Fabio Velásquez, postulan la siguiente noción de participación:

> […] proceso social que resulta de la acción intencionada de individuos y grupos en busca de metas específicas, en función de intereses diversos y en el contexto de tramas concretas de relaciones sociales y de poder. Es, en suma, un proceso en el que distintas fuerzas sociales, en función de sus respectivos intereses (de clase, de género, de generación), intervienen directamente o

por medio de sus representantes en la marcha de la vida colectiva con el fin de mantener, reformar o trans-formar los sistemas vigentes de organización social y política.[22]

Las tensiones entre representación y participación son históricas. La desconfianza de Rousseau frente a la democracia representativa es la expresión de este dilema de la filosofía política moderna hacia tipos de representación que envilecen la participación. Sus afirmaciones son contundentes: «la voluntad general no se representa» y «toda ley que el pueblo no ratifica en persona es nula». Actualmente en ciertas tradiciones liberales y social-demócratas, se intenta divulgar la tesis de que «no hay poder político sin representación»; mientras posiciones más radicales sostienen cómo «la representación es ausencia de participación» (Negri). Insistimos que en el campo de la política existen claros síntomas de una profunda crisis de la representación. La consigna mundial de los Indignados, «democracia real ya», es manifestación de está profunda crisis.

En su texto clásico sobre la democracia, el filósofo italiano, Norberto Bobbio, explica que el problema de la representación tiene diferentes destinos de acuerdo con la respuesta a dos interrogantes: ¿cómo lo representa? y ¿qué cosa representa? Las soluciones a estas preguntas, en palabras del pensador europeo:

> […] a la primera: A puede representar a B como delegado o como fiduciario. Si A es un delegado, es simple y sencillamente un portavoz, un nuncio, un legado, un medio, de sus representados, y por tanto su mandato es extremadamente limitado y revocable *at nutum*. Si en cambio A es un fiduciario, tiene el poder de actuar con cierta libertad en nombre y por cuenta de los representados, en cuanto goza de su confianza, y puede interpretar a discreción los intereses de ellos. En este segundo caso se dice que A representa a B sin obligación de mandato; en el lenguaje constitucional ya consolidado se dice que entre A y B no existe un mandato

imperativo. Para la segunda pregunta («qué cosa») también se pueden dar dos respuestas: A representa a B con respecto a sus intereses generales como ciudadano, o bien respecto a sus intereses particulares, por ejemplo, como obrero, como comerciante, como profesional, etc. Debe hacerse notar que la diferencia sobre el <qué cosa> repercute también en la diferencia sobre el <quién>.[23]

Es decir, un asunto es tener que representar los intereses particulares como gremio u oficio, que Bobbio designa «representación orgánica», y otra los intereses generales de la sociedad. En las democracias representativas existentes, tenemos dos dificultades relativas a estas inquietudes. La primera, su tendencia a una representación como fiduciario, porque una vez elegido como representante ya no es responsable frente a los electores y en consecuencia no es revocable. La segunda, la tendencia a considerar la representación como «orgánica», porque el representante no tutela los intereses generales de la sociedad, sino los intereses particulares de esta o aquella profesión o sector social.

Para Bobbio, las posibles conclusiones generales son tres. La primera, la respuesta a los interrogantes planteados es definitiva para reconocer algunos límites de ciertas democracias representativas, especialmente, el representante fiduciario y la representación orgánica. La segunda, no existe una sola democracia representativa posible y tampoco una sola democracia directa posible. «Únicamente se puede exponer el problema del paso de una a otra por medio de un *continuum* en el que es difícil decir dónde termina la primera y dónde comienza la segunda».[24] La tercera, el proceso de profundización de la democracia en las sociedades contemporáneas, exige el paso de una democracia política limitada a formas muchos más extensas de democracia social; una democracia que incida en los más diversos ámbitos de la vida social (fábricas; escuelas; territorios; iglesias; ciudades; culturas; etc.).

La lucha social y los movimientos sociales en América Latina constituyen un laboratorio viviente de re-fundación de la política, la democracia y las formas de participación. Uno de sus ejes transversales es la problematización de los tipos de participación y la creación de referentes emancipatorios alternativos. Conlleva la atención de nuestra mirada a esas señales emergentes que indican transformaciones en la política misma. No solo ha cambiado el contexto histórico, también tiene lugar una transformación de la propia política. Aunque bastante indeterminado, es lo «nuevo que no acaba de nacer» (Gramsci). Su condición emergente implica incertidumbres, incomprensiones, mudez, paradojas y grandes desafíos. Reitera que nos encontramos los latinoamericanos en un escenario complejo, definido por múltiples crisis y con permanentes intentos de recomposición neoliberal.

Constatamos, en primer lugar, la crisis del modelo de representación y los abusos de la llamada «democracia participativa». Los síntomas de este malestar se expresan en búsquedas incipientes de otras formas de democracia y participación. El primero, una crítica severa a una participación que no incide en la toma de decisiones y se limita a lo consultivo. El segundo, la necesidad de formas «atenuadas» de representación y delegación, que permitan en cualquier momento la revocatoria de los representantes y sin tantos requisitos procedimentales. El tercero, la exigencia de una democracia directa de tipo «maximalista», que pueda ampliar los campos de la participación directa como las decisiones sobre el modelo económico, la justicia, las políticas públicas y los controles de la política. En el caso colombiano, adquieren pertinencia la exigencias de modificar los sistemas de designación del poder electoral, de la justicia, de los organismos de control, autoridades económicas y de planeación, rectores, etc., hacia sistemas de democracia directa.

La profundización de la democracia directa solo será posible con la innovación de estrictos mecanismos de control social que incidan en la definición de las prioridades públicas y que no se limiten a épocas electorales. Dispositivos que vayan más allá de modalidades «extraordinarias» como el plebiscito, el referéndum y la iniciativa popular. Innovaciones como los comités participativos en la administración pública, los observatorios civiles, las comisiones de vigilancia, las veedurías, la rendición de cuentas, sistemas de protección del derecho a la información, estatutos de oposición, etc., deben ser fortalecidos con gran imaginación. Debe cultivarse también la idea de participación como forma del control permanente de lo público. Una apertura hacia otras prácticas de la democracia que no la limiten a sus mecanismos «exclusivos» (representación por autorización; pesos y contrapesos institucionales; competencia de carácter electoral), hacia un verdadera democratización como participación, movilización colectiva, que abandone cualquier forma de «criminalización» de la protesta social y desencadene la conflictividad, la presión social, la auto-determinación y la soberanía popular.

Transformaciones políticas sugeridas en el Acuerdo

En el preámbulo, parte integrante del «Acuerdo general para la terminación del conflicto y la construcción de una paz estable y duradera», se hace mención explícita a ciertas consideraciones políticas para orientar las conversaciones. Dos alusiones son directas: la construcción de la paz es asunto de la sociedad en su conjunto que «requiere de la participación de todos, sin distinción», y, es importante «ampliar la democracia» como condición para lograr las bases sólidas de la paz. La paz no es una inquietud exclusiva de las dos partes, gobierno e insurgencia, sino toda la sociedad de forma participativa debe implicarse en la búsqueda de esta esperanza colectiva. Una participación activa y comprometida, es la garantía para sembrar unas bases sólidas y duraderas. El tipo e intensidad de la

participación social ha sido un tema constante en la mesa de negociaciones, desde sus inicios.

La «ampliación de la democracia» constituye una condición
imperativa para arraigar la paz en Colombia por dos motivos profundos. El primero, los déficit de democracia son también una de
las causas del agravamiento conflicto colombiano. El segundo, solo
ampliando la democracia podemos cultivar las bases de una paz
estable y perdurable. El significado de esta «ampliación» es lo que
tenemos que construir reflexionado, deliberando y acordando.

Desde nuestra perspectiva, la «ampliación» y profundización
de la democracia implica acciones en ámbitos centrales de escenario político colombiano. En primer lugar, una mayor atención a los
procesos de democracia directa y cualificación de la participación.
Que los mecanismos de democracia directa no sean una excepción,
sino un modo de vida permanente. Segundo, la creación de formas
atenuadas de representación y procesos más expeditos de revocatoria del mandato en todos los poderes públicos. Tercero, la construcción de una verdadera democracia social («desde la escuela
hasta la fábrica» –Bobbio) que incluya ámbitos centrales como las
políticas públicas en descentralización, presupuesto, regalías, erradicación de la pobreza, vivienda, salud, educación, cultura, ecología, género, órganos de control, etc. Cuarto, una mayor y más
equitativa distribución del poder económico, político, social, comunicacional y cultural.

Desde diversas orillas ideológicas y políticas se convoca a superar las limitaciones de los mecanismos de democracia directa. Por
ejemplo, el coordinador del equipo gubernamental por parte de
Colombia en la mesa de La Habana, Humberto de la Calle, sostiene:

[…] pese a sus resultados limitados, los instrumentos de democracia directa son una realidad insoslayable. Lo importante
ahora es precisar el cómo y el cuándo. Es decir, buscar fórmulas

adicionales consensuadas sobre la naturaleza de las preguntas y de los demás esquemas de participación, las reglas específicas de juego —lo cual incluye de manera preponderante un acuerdo sobre el papel del gobierno—, la transparencia en la financiación, el uso de los medios de comunicación, las materias excluidas, la solvencia de los organismos e instituciones relacionadas con el sufragio, incluido en este punto el problema de la precisión del censo o padrón de votantes y la aplicación de controles. Un elemento negativo es la debilidad institucional del Consejo Nacional Electoral. Su propia configuración, originada en listas que presentan los partidos políticos, le resta credibilidad y neutralidad a la hora de tomar decisiones.[25]

También sostiene en sus reflexiones sobre el caso colombiano, que los mecanismos de democracia directa pueden servir para revitalizar la acción partidista.

El punto dos de la Agenda está dedicado a «participación política» y es desglosado en tres numerales para priorizar algunos campos de la vida política colombiana. Cada numeral contiene también sub-temas y temas específicos. En una enumeración provisional son los siguientes: 1. Ejercicio de la oposición política; 2. Emergencia de nuevos movimientos políticos y sociales; 3. Acceso a los medios de comunicación; 4. Participación ciudadana; 5. Participación directa; 6. Participación en la política nacional, regional y local; 7. Población vulnerable; 8. Igualdad de condiciones; 9. Garantías de seguridad.

Los obstáculos al ejercicio de la oposición política y sostenibilidad de nuevos movimientos en Colombia, son de muy distinta índole. Van desde el exacerbado «presidencialismo», pasando por la ausencia de una legislación adecuada, el predominio de un bi-partidismo histórico, hasta las prácticas de su exterminio físico. Además del derecho jurídico a la oposición política se necesitan garantías efectivas para su ejercicio. Desde la promulgación de la Constitución Política de 1991, se consagró en su artículo 112, la necesidad de

una «ley estatutaria» para reglamentar esta función crítica y luego
de más de dos décadas no existe ese Estatuto; todos los intentos
para su aprobación han sido cercenados por la maquinaria oficial
de las mayorías legislativas. Es sinceramente un síntoma desolador
de las precarias condiciones de la política en nuestro país. El aplaza-
miento histórico y la gravedad de la situación obligan a profundizar
las garantías. En un listado inicial e incompleto, tienen que arrai-
garse garantías en: el acceso a la información y a la documentación
oficiales; uso de los medios de comunicación social del Estado; posibilidad de réplica en los medios de comunicación del Estado frente
a tergiversaciones graves y evidentes o ataques públicos proferidos
por altos funcionarios oficiales; participación en los organismos
electorales; los partidos y movimientos minoritarios tendrán derecho a participar en las mesas directivas de los cuerpos colegiados;
mecanismos de financiación estatal para el ejercicio de la política;
transformación del origen y composición del Consejo Nacional
Electoral; participación en la Comisión Nacional de Televisión; etc.

Frente a la tendencia a la monopolización de los medios de
comunicación y las profundas dificultades financieras para su
acceso, en una sociedad donde la televisión y la radio son grandes
productores de la llamada «opinión pública», el ejercicio de la política se ve seriamente limitado para las voces alternativas y críticas.
El protagonismo de los medios de comunicación y las nuevas tecnologías de la información tiene rostros bastante paradójicos en el
empobrecimiento teórico de la política. La democracia social exige
una distribución menos desigual del poder simbólico y comu-
nicativo. La pérdida de la libertad de expresión no es un asunto
exclusivamente individual, se agrava de forma exponencial con el
monopolio de los medios masivos de comunicación.

La participación política contemplada en el Acuerdo tiene algunos requisitos y en esto el texto es bastante incisivo. Esos requisitos
o condiciones que la hacen una verdadera y profunda participación

son siete. En primer lugar, deber ser una «participación directa» de todos los sectores en los diferentes niveles y temas. En el sentido de la noción de democracia directa que hemos sugerido en este escrito. En segundo lugar, no se limita a lo que tradicionalmente se concibe como la «política» (partidos, instituciones estatales, parlamento), sino tiene que ver con diversos campos de la vida social. Tercero, incita a construir una nueva experiencia de la ciudadanía, mucho más activa y comprometida todos los días con los asuntos del bien común. Cuarto, se deben promover medidas para incentivar mayor participación en la política nacional, regional y local. Le preocupa las dimensiones micro, meso y macro de las políticas públicas. Cinco, debe crear las condiciones para que las poblaciones más vulnerables también se impliquen decididamente en la participación política. Seis, este tipo de participación no se limita a una «igualdad de oportunidades», sino una «igualdad de condiciones». Siete, frente a los enemigos de la paz, es necesaria la existencia de garantías efectiva del derecho a la vida.

Ámbitos de las reformas políticas

La búsqueda de las reformas y transformaciones apropiadas para la realidad colombiana, exige partir de un conjunto de premisas, que pueden abrir horizontes para la reconciliación y el arraigo de la paz. Todas ellas deben ser temas de discusión del conjunto de la sociedad y motivos centrales de la participación política.

La primera premisa es la distinción entre el Acuerdo para el fin del conflicto y la construcción de las bases sólidas de la paz. La terminación del conflicto no equivale de forma mecánica a una sociedad en paz; es un paso necesario e ineludible en un largo proceso. Por tanto, las reformas políticas para finiquitar el conflicto, son de una temporalidad y profundidad distinguible, con las reformas políticas para una paz duradera.

La segunda premisa es evitar la carga peyorativa o evasiva que puede adquirir la experiencia del conflicto. No se trata de abolir o suprimir todo tipo de conflictos, que equivale a una especie de «*pax romana*» o «paz de los sepulcros», sino mitigar el destino de la guerra y la violencia en su resolución. Solo las sociedades preparadas para encauzar pedagógicamente sus conflictos están sembrando las bases de la paz.

El tercer postulado es el reconocimiento que en el origen y persistencia del conflicto colombiano la exclusión política y las deficiencias democráticas, han desempeñado un papel importante. Pueden existir diversas explicaciones y múltiples controversias, pero es conveniente investigar las posibles causas políticas del largo conflicto en Colombia.

> En la creación de grupos armados ilegales en Colombia confluyeron varios factores, entre los cuales la exclusión política desempeñó un papel importante. Recuérdese que, a diferencia de muchos países del continente, Colombia no padeció una dictadura militar prolongada: el último régimen autoritario como tal fue la dictadura de Rojas Pinilla, que terminó en 1957. Le siguió el Frente Nacional (FN), un régimen de tipo consociacional, que, durante sus dieciséis años de vigencia, tuvo un carácter relativamente cerrado. Varios analistas atribuyen al FN una cuota de responsabilidad por la violencia política subsiguiente, en el sentido de que los distintos grupos rebeldes colombianos se formaron durante su vigencia.[26]

La cuarta premisa es asumir que las negociaciones con la insurgencia son transacciones que conllevan dar algo a los interlocutores. No se trata de una capitulación o derrota militar, sino de una negociación que lleve a acuerdos posibles, para la dejación del uso de las armas como instrumento político.

Pretendemos en este trabajo, sugerir algunos ámbitos donde podrían concentrarse las reformas políticas para la terminación del conflicto. Tan solo insinuar los campos, pero no podemos remitir al nivel de detalle que esta reflexión podría exigir. Cualquiera puede objetar que van más allá de la culminación del conflicto y se adentran en el problema de la construcción de la paz, pero, definitivamente, estas fronteras serán siempre difusas. Por motivos didácticos, las vamos a agrupar en cuatro ámbitos: reformas en el ámbito estatal; reformas para la participación política; reformas para la profundización democrática; reformas en el campo electoral. Todas están conectadas entre sí, pero mantienen una cierta especificidad. También son clamores históricos de la sociedad colombiana, que han quedado aplazados en los avatares de nuestra vida republicana.

Para fortalecer y reformar el Estado, desde una perspectiva democrática, hay que mejorar su presencia territorial y su efectividad en la realización de todos los derechos humanos. En Colombia existen zonas abandonadas y la ausencia del reconocimiento del papel determinante de la vida regional para un país en paz.

> Hay que darle prelación a aquellos municipios que han sido severamente afectados por la violencia y donde históricamente ha habido una fuerte presencia de los grupos armados irregulares. Allí se debe incrementar y a la vez transformar la presencia institucional del Estado. A esas localidades deben llevarse las instituciones civiles del Estado, en especial aquellas encargadas de brindar justicia y desarrollo de las comunidades.[27]

Pero también, hay que tomar medidas concretas para evitar el crónico «presidencialismo» que domina la vida institucional, por ejemplo, mayores limitaciones del poder ejecutivo en la elección de los organismos del control (contraloría; procuraduría; defensoría; etc.), tanto a nivel nacional como local. Al mismo tiempo las reformas al Estado pasan por una planificación participativa, en la que todos los planes estatales estén mediados y orientados por una participación decisiva de las poblaciones.

La refundación del Estado presupone un constitucionalismo de nuevo tipo. Es una modalidad muy distinta del constitucionalismo moderno, que ha sido concebido por las elites políticas con el objetivo de constituir un Estado y una nación con las siguientes características: espacio geopolítico homogéneo donde las diferencias étnicas, culturales, religiosas o regionales no cuentan o son suprimidas; bien delimitado por fronteras que lo diferencian del exterior y lo homogeneízan (*sic*) internamente; organizado por un conjunto integrado de instituciones centrales que cubren todo el territorio; con capacidad para contar e identificar a todos los habitantes; regulado por un solo sistema de leyes y poseedor de una fuerza coercitiva sin rival que le garantiza la soberanía interna y externa. Contrariamente, la voluntad constituyente de las clases populares en las últimas décadas en el subcontinente se manifiesta en una vasta movilización social y política que configura un constitucionalismo desde abajo, protagonizado por los excluidos y sus aliados, con el objetivo de expandir el campo de lo político más allá del horizonte liberal, mediante una institucionalidad nueva (plurinacionalidad), una territorialidad nueva (autonomías asimétricas), una legalidad nueva (pluralismo jurídico), un régimen político nuevo (democracia intercultural), y nuevas subjetividades individuales y colectivas (individuos, comunidades, naciones, pueblos, nacionalidades).[28]

Las reformas para la participación política implican un conjunto de medidas y acuerdos en puntos nodales de la vida política colombiana. En primer lugar, la vigencia plena del ejercicio de la oposición política y la construcción de un Estatuto de la Oposición con criterio garantista y mecanismos efectivos para su realización práctica. La senadora Gloria Inés Ramírez ha presentado un proyecto que orienta en este camino. En segundo lugar, la consolidación de garantías para nuevos partidos y movimientos políticos que surjan de la terminación del conflicto, que no limiten sus personerías jurídicas y permitan su perdurabilidad. Tercero, la promoción de grupos sociales y ciudadanos que puedan participar en los escenarios políticos. Cuarto, profundizar la descentralización con la participación de las organizaciones políticas y sociales en las decisiones regionales y locales sobre las políticas públicas. Quinto, establecer veedurías de iniciativa popular y ciudadana para acompañar los procesos de participación política. Sexto, crear una «circunscripción especial para la paz», de naturaleza temporal, para garantizar la participación política de la insurgencia en todas las instancias de participación política. Séptimo, establecimiento del financiamiento estatal de las campañas políticas y garantizar el acceso a los medios de comunicación masiva para todos los partidos y movimientos políticos. Octavo, crear espacios temporales de deliberación (cabildos, constituyentes y otros) para enfrentar colectivamente los grandes temas políticos y sociales de la construcción de país.

La «ampliación» y profundización de la democracia implica acciones en ámbitos centrales del escenario político colombiano. En primer lugar, una mayor atención a los procesos de democracia directa y democracia participativa. Que los mecanismos de democracia directa no sean una excepción, sino un modo de vida permanente. Segundo, la creación de formas atenuadas de representación y procesos más expeditos de revocatoria del mandato en todos los poderes públicos (ejecutivo; legislativo; judicial; electoral; órganos de control; y otros). Tercero, la construcción de una verdadera democracia social («desde la escuela hasta la fábrica», Bobbio) que incluya ámbitos centrales como las políticas públicas en descentralización, presupuesto, regalías, erradicación de la pobreza, vivienda, salud, educación, cultura, ecología, género, órganos de control, etc. Cuarto, una gran atención a los procesos democráticos a nivel regional y local, para combatir vicios históricos como el clientelismo, el populismo y el asistencialismo. Quinto, una mayor y más equitativa distribución del poder económico, político, social, regional, comunicacional y cultural.

Las reformas electorales deben orientarse en vías de cualificar su legitimidad, representatividad y transparencia, de manera que abarque todos los escenarios de participación política y social. Se ha iniciado un debate nacional sobre las limitaciones del sistema electoral colombiano y propuestas como la del senador John Sudarsky, hacia una representación mixta y de defensa de las minorías políticas, son bastante importantes. Hay que reconocer que mecanismos electorales deficitarios afectan sensiblemente el ejercicio de la política democrática. La polémica hasta ahora se inicia y encontramos posiciones que llaman la atención sobre la eliminación de la reelección presidencial por sus efectos en el equilibrio de poderes, hasta la necesidad de centralizar la autoridad electoral en un solo organismo como Registraduría Nacional del Estado Civil, suprimiendo el Consejo Nacional Electoral. También se subrayan las dificultades en los costos de las campañas y los profundos problemas de financiamiento en las actuales condiciones. Todos son debates abiertos por la representatividad y legitimidad democrática de la política en Colombia.

Necesitamos continuar profundizando el debate teórico y las propuestas alternativas para una sociedad en paz. La hora actual exige la reflexión crítica, el compromiso con la paz y la sensibilidad con el sufrimiento de todas las víctimas. Porque finalmente es el sufrimiento de las víctimas el que nos insta a la reflexión. En palabras de filósofo español Reyes Mate:

> La humanidad ha empleado demasiado energías en frivolizar el sufrimiento como para aceptar fácilmente que ahora se le coloque en el centro de la escena [...] Al exponer públicamente su dolor obligan a la política a definirse como duelo. Las víctimas

hacen público su duelo al decirnos que los daños que causa el terror son injustos.[29]

Notas

1. Álvaro García Linera: *Sociología de los movimientos sociales en Bolivia. Estructuras de movilización, repertorios culturales y acción política,* Editorial Plural, La Paz, Bolivia, 2008, p. 16.

2. Fernando Vallespín: *El futuro de la política,* Ediciones Taurus, Madrid, 2000, p. 9.

3. Ibídem: p. 10.

4. Maurice Duverger: *The Idea of politics: the uses of power in Society,* Methuen & Co., Londres, 1966.

5. Albert Weale: «La política como elección colectiva», Adrian Leftwich (coordinador), *¿Qué es la política? La actividad y su estudio,* México, Fondo de Cultura Económica, México D.F., 1986. pp. 93-121.

6. Hannah Arendt: *La promesa de la política,* Ediciones Paidós, Madrid, 2008, p. 131.

7. Michel Foucault: *Genealogía del racismo,* Madrid, Ediciones La Piqueta, 1992, p. 29.

8. Norbert Lechner: *Las sombras del mañana. La dimensión subjetiva de la política,* LOM Editores, Santiago de Chile, 2002.

9. Arturo Escobar, Sonia Álvarez y Evelina Dagnino: *Política Cultural & Cultura Política. Una nueva mirada sobre los movimientos sociales latinoamericanos,* Ediciones Taurus, Bogotá, 2001, p. 31.

10. Ibídem: p. 26.

11. Robert Dahl: *Un prefacio a la teoría democrática,* Editorial CEREC, Bogotá, 1988, p. 9.

12. Norberto Bobbio: *El futuro de la democracia,* Fondo de Cultura Económica, Bogotá, 1994, p. 32.

13. Bernard Manin: *Los principios del gobierno representativo,* Alianza Editorial, Madrid, 1999, p. 11.

14. José Nun: *Democracia ¿Gobierno del pueblo o gobierno de los políticos?,* Siglo XXI Editores, Madrid, 2002, p. 5.

15. Algunos autores identifican la democracia directa y la democracia participativa, pero en este ensayo consideramos que existen matices y diferencias.

16. Norberto Bobbio: *El futuro de la democracia,* Fondo de Cultura Económica, Bogotá, 1992, p. 41.

17. Giovanni Sartori: *¿Qué es la democracia?,* Ediciones Altamir, Bogotá, 1994, p. 78.

18. David Held: *Modelos de democracia,* Alianza Editorial, Madrid, 1991, p. 310.

19. Giovanni Sartori: op. cit., p. 75.

20. Peter Oakley: *Consideraciones en torno a la participación en el desarrollo rural,* Organización Internacional del Trabajo, Ginebra, 1985, p. 24.

21. Cecilia Linares, Sonia Correa y Pedro Moras: *La participación: ¿Solución o problema?,* Ediciones Juan Marinello, La Habana, 1996, p. 13.

22. Fabio Velásquez y Esperanza González: *¿Qué ha pasado con la participación ciudadana en Colombia?,* Fundación Corona; Bogotá, 2003, p. 20.

23. Norberto Bobbio: op. cit., p. 36.

24. Ibídem: p. 40.

25. Humberto de la Calle: «Instrumentos de la democracia directa. El caso de Colombia», Alicia Lissidini, Yanina Welp y Daniel Zovatto (coordinadores). *Democracia directa en América Latina,* Prometeo Libros, Buenos Aires, 2008, pp. 131-143.

26. Carlo Nasi: «Instituciones políticas para el postconflicto», Angelica Rettberg (compiladora), *Construcción de paz en Colombia,* Universidad de los Andes, Bogotá, 2012, pp. 51-82.

27. Ibídem: p. 75.

28. Boaventura de Sousa Santos: *Refundación del Estado en América Latina. Perspectivas desde una epistemología del Sur,* Siglo del Hombre Editores, Bogotá, 2010, p. 85.

29. Reyes Mate: *A contraluz de las ideas políticamente correctas,* Anthropos Editorial, Barcelona, 2005, p. 63.

La paz como construcción social. Papel de la participación social y popular

Sandra Carolina Bautista

El establecimiento de una mesa de diálogos entre la insurgencia de las Fuerzas Armadas Revolucionarias de Colombia (FARC-EP) y el gobierno de Juan Manuel Santos, desde octubre de 2012, se ha convertido en el punto central de la discusión política en Colombia. Las respuestas y reacciones a este proceso a nivel nacional e internacional van desde el ataque permanente y la subestimación absoluta —tal y como lo ha hecho el presidente el gremio ganadero José Félix Lafourie y la extrema derecha, encabezada por el expresidente Álvaro Uribe— hasta la congratulación y el apoyo, por la apertura de una venta para la consecución de la paz —expresada por sectores demócratas y de izquierda, así como por el conjunto del movimiento social y popular del país.

Entre tan diversas posturas, surge con fuerza la pregunta por cuáles son las diferencias sustanciales entre este y otros intentos en la búsqueda dialogada de la paz. Hasta el momento, las respuestas han oscilado en torno a la capacidad militar de las organizaciones en contienda en la confrontación armada, el carácter y viabilidad de la institucionalidad que ha venido creando el gobierno de Santos de cara a los diálogos, o la valoración sobre el momento económico en el país.

Un elemento fundamental no ha sido incorporado suficientemente en la discusión, a pesar de ser cardinal para ubicar particularidades de este nuevo momento de diálogos de paz, a saber, la dinámica de lucha social y popular, que da un cariz distinto a las conversaciones de paz a desarrollarse en La Habana y en Oslo. No es este un aspecto de mero contexto, sino que por el contrario puede jugar un papel determinante en el desarrollo de los diálogos, tal y como ha ocurrido con varias experiencias en Nuestra América Latina.

Bajo tales consideraciones, el objetivo de esta reflexión es presentar algunos elementos sobre el papel de la participación social y popular en la solución política al conflicto social y armado que vive el país. Con este fin, se consideran aspectos teóricos y analíticos sobre el significado de la participación social y popular en el proceso político en los albores del siglo XXI, acompañados de algunos rasgos de la actual dinámica de movilización social y popular en Colombia, para plantear algunos aportes en el debate sobre el logro de la paz como un proceso de construcción social, esencia misma de lo que comprendería la solución política al conflicto.

¿Cómo entender la participación hoy?

Nuevamente a los debates sobre la relación entre lo social y lo político

Desde la perspectiva política e ideológica, la reproducción de un régimen de acumulación como el vigente, sustentado en la continua mercantilización de los derechos sociales y de todas las esferas de la vida humana y natural, la reconfiguración en el papel del Estado —que se substrae de la producción y provisión directa de bienes y servicios—, la especialización de la economía en sectores extractivistas y en la construcción de infraestructura para la más rápida y efectiva circulación de mercancías, así como la entronización de los mercados externos, el capital trasnacional y financiero como vías esenciales para el crecimiento económico, requiere de una visión de mundo coherente, centrada en el culto extremo al individualismo, el descreimiento de todo lo colectivo y la adopción del dogma relativo a que el conjunto de la vida personal y social se reduce a lógica empresarial del «máximo beneficio con el menor costo».

El neoliberalismo, en tanto que proyecto que ha buscado la reestructuración capitalista y la restauración del poder de clase en riesgo tras la crisis de acumulación vivida durante los años setenta y ochenta, se ha edificado como un discurso que moviliza reformas y relaciones socioeconómicas y políticas, apalancado en una particular visión del significado de la libertad individual, según la cual, esta solo es posible si se ejecuta a través del mercado.

Acorde con lo anterior, la implementación del neoliberalismo ha traído como consecuencia en el terreno ideológico, la separación de los campos social y político, tanto conceptualmente como en la práctica política real. Como bien lo presenta el profesor Sergio de Zubiría,[1] la concepción de la política ha sufrido un proceso de debilitamiento en tanto que articulador y organizador de campos como lo público, lo colectivo y lo social, que se ha traducido en desideologización, preeminencia de los intereses individuales, de caudillos o clanes familiar-empresariales, presentación del mensaje político como mensaje comercial a ser consumido en pocos segundos y la determinación de que el ejercicio político es solo aquel que se hace desde la lógica institucional y estatal.

El concepto de participación política no es ajeno a tales fenómenos, en al menos dos de las diferentes perspectivas desde las cuales ha sido asumida su discusión: en tanto que forma de democracia (democracia participativa), y como eje esencial para el desarrollo de la sociedad.[2] Se concuerda con el profesor De Zubiría en la necesidad de ampliar la reflexión sobre la participación como proceso de construcción y adquisición de poder, considerando además la relación entre lo social y lo político en la conceptualización de la participación política.

Desde teorías cercanas a corrientes posmodernas se busca separar y restringir los campos social y político, a la manera de compartimentos estancos. A modo de ilustración puede citarse el concepto de «sociedad civil», cuyo resurgimiento ha sido reflexionado ampliamente por Jean Cohen y Andrew Arato.[3] Estos autores afirman que una de las definiciones más trascedentes para las organizaciones de la sociedad civil es la de «autolimitación», según la cual, el campo de lo civil se encuentra plenamente diferenciado de las llamadas «sociedad política» y «sociedad económica», y si bien la sociedad civil puede influir en las otras dos, no puede pretender ir más allá de su campo propio, que sería el de la reivindicación específica y particular, a riesgo de caer en proyectos «fundamentalistas», que conducen a la pérdida de la «conducción societal» y la pluralidad social que caracteriza a la sociedad civil. Como consecuencia de la autolimitación, la sociedad civil está llamada a diferenciarse permanentemente de la política, a su vez, restringida a quienes se encuentran en el gobierno y controlan las instituciones estatales. Asistimos por esta vía, a la despolitización de lo social y al confinamiento de la política a lo institucional formal.

La práctica política tradicional en el país ha apelado también al distanciamiento de lo político —reducido a lo electoral— con lo social, visto únicamente al amparo de la conformación de organizaciones gremiales, en una perspectiva que se aplica particularmente a los procesos de los sectores subalternos. Buscando además, no permitir la participación política desde orillas ideológicas diferentes a las del Establecimiento.

Así por ejemplo, la manipulación del ordenamiento electoral por parte del bloque hegemónico en el poder no permite a las organizaciones políticas tener personería jurídica si no se está en el marco permanente del juego electoral. De acuerdo con el artículo 108 de la Constitución, reformado en el año 2009, la personería jurídica de partidos y movimientos políticos depende de que la organización mantenga una votación no inferior al tres por ciento de los votos válidos a nivel nacional para las elecciones de Cámara o Senado inmediatamente anteriores. Tal umbral electoral fue uno de los debates centrales en la última reforma política en el país, reglamentándose un incremento del dos al tres por ciento; transcurridos cuatro años, hoy varios los partidos de izquierda, centro e incluso algunos de derecha, pertenecientes a la Unidad Nacional, coalición de gobierno en el parlamento, se muestran seriamente preocupados por la imposibilidad de lograr la votación exigida por la norma en las elecciones de 2014.[4] Se hace evidente así, la estrechez y la exclusión como características estructurales del régimen político colombiano.

Incluso en países como Chile, en el que persisten instituciones y lógicas políticas heredadas de la dictadura de Pinochet, las condiciones para el reconocimiento formal de los partidos dan mayores posibilidades para la participación política. Así, es factible formar una organización política mediante la firma de escritura pública, la afiliación de por lo menos el 0,5% de los votantes en la última elección de diputados y por la presencia en no menos de 8 de las 12 regiones que componen ese país.[5]

Este contraste simple permite ver como la legislación colombiana —que se precia de democrática— ha sido construida para que pocas organizaciones sean reconocidas formalmente como políticas, mediando la definición únicamente por el elemento electoral y desconociendo que existen múltiples formas de participación política que son ejercidas por las y los colombianos, y sus organizaciones. A su vez, el complejo panorama de reformas electorales de la última década ha colocado a múltiples organizaciones políticas de izquierda, en el afán permanente de cumplir con los requerimientos electorales, priorizando este ejercicio en el marco de un repertorio de acciones que sirven para construir la política y promover la participación social y popular.

La situación es más compleja en tanto los sectores dominantes han cerrado el paso para la participación electoral y política en general, de los movimientos sociales y ciudadanos, utilizando como recurso preferente la violencia, en por lo menos dos vías. Por un lado, se encuentran diversos mecanismos de presión, fraude y manipulación, como los utilizados para lograr el triunfo de listas uribistas en las elecciones de Senado y Cámara de 2006 y la del propio Uribe. Tal y como ha sido investigado y denunciado en medios académicos y periodísticos, escenarios como el conocido «Pacto de Chivolo», firmado en el año 2000, fueron la ratificación y formalización de los acuerdos entre políticos y estructuras paramilitares a nivel regional, con el fin de impulsar candidatos y listas particulares, acudiendo a la amenaza, el amedrentamiento y la muerte para lograr las curules regionales y nacionales. Otros pactos de similar calibre fueron el de Pivijay, firmado el 20 de septiembre de 2001 y el del Magdalena firmado en 2002. El propio jefe paramilitar Mancuso,[6] reafirmó el apoyo económico y político dado a la reelección de Álvaro Uribe en el año 2006.

La segunda forma de uso de la violencia como recurso para excluir a los sectores del campo democrático y popular, complementaría a la anterior, ha sido el continuo exterminio de procesos y líderes de oposición, el desplazamiento, exilio, persecución y el encarcelamiento para quién disiente frente a las políticas de Estado. Es así como Colombia ostenta la lamentable cifra de al menos 30 000 personas víctimas de desaparición forzada a manos de grupos paramilitares, según los datos de la Unidad de Justicia y Paz de la Fiscalía General de la Nación, en mayo de 2011.[7] De igual manera, organizaciones defensoras de derechos humanos[8] calculan que en el país existen 9 500 prisioneros y prisioneras políticas, no reconocidos por el gobierno nacional. De estos, 90% son civiles, mientras que el 10% restante haría parte de organizaciones insurgentes como las FARC y el Ejército de Liberación Nacional (ELN).

Pese a definirse como una democracia bajo Estado de derecho, las cifras de represión y violencia política en Colombia muestran lo cerca que se encuentra a la situación vivida bajo las dictaduras del Cono Sur, sobrepasando varios de los guarismos reconocidos para países como Argentina y Chile. En este último, se reconocen 3 065 personas muertas o desaparecidas entre 1973 y 1990, en tanto que en la Argentina, para el periodo de la dictadura de Videla (1976-1983) la cifra de desaparecidos se ha calculado en por lo menos 9 000 personas.

Alternativas para comprender la participación política como poder social

Las nuevas realidades políticas que hoy se viven en América Latina y Colombia plantean serios desafíos a las propuestas teóricas y prácticas políticas que intentan restringir lo político a lo institucional estatal y a la lógica electoral, y propone la necesidad de plantear conceptualizaciones diferentes de los campos de la política y lo social.

En términos analíticos, vale la pena recordar lo planteado por Atilio Borón a propósito de los debates sobre el poder y la centralidad o no del mismo. Para este autor, el problema de la relación entre lo social y lo político puede abordarse desde el concepto y la práctica del «poder social», según la cual:

> […] el poder no es una cosa, o un instrumento que puede empuñarse con la mano derecha o con la izquierda, sino una construcción social que, en ciertas ocasiones, se cristaliza en lo que Gramsci llamaba «las superestructuras complejas» de la sociedad capitalista. Una de tales cristalizaciones institucionales es el estado y su gobierno, pero la cristalización remite, como la punta de un iceberg, a una construcción subyacente que la sostiene y le otorga un sentido. Es esta quien, en una coyuntura determinada, establece una nueva correlación de fuerzas que luego se expresa en el plano del estado.[9]

Bajo esta concepción, el poder se construye desde los procesos organizativos de base, convergiendo para expresarse en las instituciones de gobierno y Estado; el poder no existe solo en la formalidad institucional; no es un instrumente ubicado en un único lugar, sino que se edifica desde lo social. En ese sentido, la política no se restringe a lo institucional estatal y lo social es fuente y ejercicio de poder y por tanto de lo político, a la vez que la acción política presentan múltiples formas, entre las cuales lo electoral sería una de ellas.

A partir de una relación de mutua determinación entre lo político y lo social, la participación política social y popular habrá de ser en sí misma construcción de poder social, de poder popular, comprendida y ejercida desde la perspectiva colectiva y de construcción social y en desarrollo de una «democracia directa de tipo maximalista», capaz de llevar los campos de decisión a la definición del modelo económico, el sistema de justicia y el control de la política, tal y como lo propone el profesor De Zubiría.[10]

¿Qué diferenciaría la dinámica de participación política en tanto que construcción de poder social de la democracia participativa tan publicitada bajo la dinámica del neoliberalismo? Tal y como se puede inferir de la concepción propuesta por Atilio Borón, la participación política que le es propia implica la construcción de escenarios y mecanismos de decisión desde las propias comunidades y procesos sociales y populares que emprenden un ejercicio de tal naturaleza. Las reglas de juego y las formas de participación y decisión serían la primera gran construcción colectiva de esta forma de poder, conjugada con la definición de agendas, temas, niveles de relevancia de los mismos y tiempos.

Por contraste, la denominada democracia participativa, sello particular del régimen político con el que se ha ejecutado el proyecto neoliberal, se caracteriza no por ser construcción colectiva, sino más bien escenario ya establecido al que van a interactuar los procesos populares, sociales y ciudadanos. Los asuntos a tratar y la dinámica de participación están establecidos de antemano, haciendo énfasis en el carácter consultivo de tal participación. De ahí, que según la Constitución Política en su artículo 107, los mecanismos de participación del pueblo se restrinjan al voto, el plebiscito, el referendo, la consulta popular, el cabildo abierto, la iniciativa legislativa y la revocatoria del mandato, todos reglamentados por la ley.

La experiencia de las comunidades y sectores movilizados a lo largo de las últimas dos décadas ha evidenciado que la lucha por reivindicaciones concretas no ha de limitarse a firma de acuerdos incumplidos hasta la saciedad por los distintos gobiernos, principalmente nacionales y departamentales. Surge entonces la necesidad de comprender que la realización plena de la reivindicaciones es esencialmente un problema político; que es importante avanzar en negociaciones concretas, pero que el cumplimiento efectivo de acuerdos se dará cuando exista una forma diferente de construir y desarrollar la política en el país, con un Estado realmente preocupado por los intereses de los eternamente excluidos del ejercicio del poder, de los hombres y mujeres del común.

Solución política: ¿qué papel juega la participación social y popular?

Para hablar de paz hay que hablar de conflicto

El significado de la solución política al conflicto social y armado pasa por el análisis de las diferentes concepciones de paz y conflicto, que se han configurado recientemente en el país. A manera de propuesta para la discusión, es posible ubicar al menos tres formas de comprender la dinámica del conflicto y sus perspectivas de solución, sintetizadas en el cuadro 1.

Cuadro 1

Concepción de conflicto	Concepción de paz
Inexistente. Guerra terrorista.	Derrota militar.
Estado puede y debe canalizar conflictos y contradicciones. Vías armada y de hecho son anomalías.	Suficiencia militar del Estado. Debilitamiento del contendor. Reformas sociales, concesiones de gobierno. Desarme y rehabilitación de combatientes. Negociación gobierno-insurgencia.
Conflictos sociales, económicos, políticos, ambientales y culturales se extienden hacia los armados. Estos últimos no son anomalías.	No se decreta, se construye con transformaciones sociales. Participación de todos los sectores, clases y grupos sociales, religiosos y culturales.

En la primera concepción se encuentra el desconocimiento completo frente a la existencia de un conflicto, tan siquiera en su componente armado, asumiendo en el discurso que la dinámica de violencia es en una única dirección, desde las organizaciones que vulneran el monopolio en el ejercicio de la violencia hacia el Estado. Acorde con la reducción en la conceptualización y comprensión de los conflictos armados al simplismo de la amenaza terrorista de escala global, producto de los aciagos acontecimientos del 11 de septiembre de 2001 en los Estados Unidos, esta perspectiva considera que lo enfrentado por el país corresponde a una amenaza terrorista.

Antes que un conflicto, en el cual existirían por los menos dos contendientes que se reconocen mutuamente, la lógica de guerra terrorista explica la dinámica de violencia como un proceso sin sustento, ni explicación, lo que ha sido ampliamente promovido por la extrema derecha del país a través de personajes como Álvaro Uribe y José Obdulio Gaviria. A lo sumo, se acepta la famosa tesis de Paul Collier, según la cual la violencia se comprendería como una extensión de la economía, por lo que nos encontraríamos ante *rentseekers* o buscadores de rentas, que incrementan su accionar criminal ante el aumento de ingresos para la economía, provenientes de la explotación de recursos naturales.

Como lo anota el profesor Francisco Gutiérrez,[11] si bien pareciera que Colombia cumple con las características ideales para demostrar la tesis de Collier y considerar el conflicto colombiano como una guerra codiciosa, varios son los aspectos olvidados por este autor. Vale la pena resaltar como los presupuestos que deberían cumplirse desde el individualismo metodológico, perspectiva asumida por Collier, no se dan en la dinámica de la confrontación armada en Colombia. Es así, como en el caso de las FARC existen, a juicio de Gutiérrez, cuatro problemas esenciales: a) existen nulos incentivos económicos para quienes se enrolan en este grupo insurgente, ya que no perciben salarios y no está permitido la toma de botín individual; b) ingresar a las FARC no es un sustituto de cualquier otro trabajo, dados los riesgos y las restricciones a las que están sujetos quienes así lo hacen; c) no existe evidencia sobre la defección masiva de cuadros y dirigentes de la guerrilla hacia grupos paramilitares o el ejército, rompiéndose la lógica de competencia organizacional que caracteriza a un guerra codiciosa; d) «contrariamente a lo que sucede con soldados codiciosos, los miembros de las FARC pelean y se defienden bien».[12] Resaltando la inconsistencia de los fundamentos mismos de la tesis de Collier, Gutiérrez logra demostrar su incapacidad explicativa para el caso colombiano.

La tesis de la amenaza terrorista como argumento para negar la existencia de un conflicto social y armado, implica que la solución se reduzca también a la derrota total, por parte del Estado, de aquellos que amenazan al conjunto de la sociedad. Se trata de la guerra total contra todo aquello que pueda presentarse como perteneciente o cercano a la mentada amenaza terrorista. La ejemplificación de este tipo de solución se encuentra en la «política de seguridad democrática», impulsada desde los dos gobiernos de Álvaro Uribe.

Volviendo a las concepciones sobre conflicto y paz, en un segundo momento se encuentra el reconocimiento efectivo de un conflicto de carácter armado, el cual tiene explicación en las condiciones de pobreza e inequidad del país, pero únicamente para explicar las razones por las cuales algunos individuos se enrolan en una organización insurgente, no siendo tampoco la fundamental. La participación en una dinámica de conflicto es tratada desde las perspectivas de los intereses y condiciones particulares de cada combatiente, centrando el problema de la paz en la desmovilización y rehabilitación de quienes se han incorporado a la lucha armada; se trata por ende, de un tratamiento individualizado.

Pese a reconocer la existencia de inequidades, desigualdades y exclusiones, no se contemplan como dinámicas de orden estructural, sino que más bien son fallos de mercado susceptibles de ser resueltos desde la institucionalidad existente. De tal modo, se considera que el Estado, tal y como está configurado en la actualidad, tiene la capacidad y la tarea de canalizar los conflictos y las contradicciones; las reformas sociales para solucionar las carencias y desigualdades, se proponen también como generosas concesiones por parte de los sectores dominantes, necesarias para mantener la viabilidad del proyecto hegemónico y para contener cualquier dinámica de lucha social y popular.

En el terreno militar, se considera el paulatino debilitamiento del contendor, es decir de las insurgencias, para posteriormente ingresar al campo de las negociaciones, que tal y como se ha propuesto anteriormente, ha de centrarse en los problemas que en sentido estricto tocan a las personas involucradas directamente en la confrontación armada. En el contexto de los actuales escenarios de diálogo, en curso en la ciudad de La Habana, la defensa de la agenda hecha por los negociadores del gobierno claramente ha apuntado a esta perspectiva, con la flexibilización temática que ha incluido discusiones sobre el modelo de explotación agropecuaria y el modelo de tenencia de la tierra. Lo anterior puede explicar en tanto sectores del propio Establecimiento vienen promoviendo un consenso sobre la necesidad de eliminar las dinámicas de explotación latifundista improductivas, tales como la ganadería extensiva, la cual históricamente se ha caracterizado por muy bajos niveles de modernización y productividad.

Esta breve revisión de las diferentes concepciones de conflicto y paz termina con aquella que considera la vinculación entre dinámicas sociales, económicas, políticas, culturales y armadas, no como esferas paralelas, sino como dimensiones interrelacionadas y que generan entre sí mutuas determinaciones. Desde esta perspectiva, lo armado se convierte en expresión de múltiples conflictividades derivadas de las estructuras inequitativas, desiguales y excluyentes que caracterizan la organización política, económica y social vigente. No se trata únicamente de los orígenes históricos de la confrontación armada, vinculados a la inequitativa distribución de la tierra, sino de una forma de explicar la continuidad de la confrontación armada como producto de la profundización de inequidades existentes y la creación de otras nuevas.

De esta manera, no resulta coincidencia que la mayor etapa de confrontación armada en el país ocurriera en los años noventa, justo cuando se desarrollaba de manera completa el proyecto neoliberal. Desde la perspectiva teórica, esta manera de comprender el conflicto encuadra en la propuesta de acumulación por desposesión, elaborada por David Harvey y que, para el caso colombiano, ha sido discutida, entre otros, por el profesor Jairo Estrada,[13] sirviendo a su vez para ejemplificar la concepción de conflicto multidimensional que se pretende ilustrar.

El proceso de acumulación por despojo o desposesión se comprende como aquel en el que se configura un panorama de violencia organizada para gestionar la crisis del capital y crear condiciones para una nueva etapa de acumulación. Algunas de sus principales características, como reconversión productiva tanto en lo urbano como en lo rural, la flexiblización y precarización del trabajo o las privatizaciones y concesiones de actividades productivas desde el Estado hacia sectores privados, han sido ejecutadas mediante sendos procesos de violencia institucional y parainstitucional, legales e ilegales. Así por ejemplo, el profesor Estrada argumenta que el proceso de neoliberalización vivido en Colombia se ha dado gracias a la construcción de un «paraestado», el cual «ha propiciado una profunda transformación (violenta) de las relaciones de propiedad, y ha incidido sobre la redefinición de las relaciones entre el capital y el trabajo, también recurriendo al ejercicio de la violencia».[14]

El tremendo y doloroso auge del paramilitarismo, que tiene su pico de violencia entre los años 1997 y 2000, se explica más que como una respuesta de sectores latifundistas al accionar de organizaciones guerrilleras —la versión más popularizada de este fenómeno—, sino como herramienta esencial para una renovada forma de vincular y desarrollar procesos de acumulación de capital. De esta manera, el conflicto se encuentra estrechamente vinculado a las dinámicas políticas y económicas del país, que a su vez genera nuevas conflictividades sociales, ambientales y culturales que retroalimentan la dimensión armada.

Ahora bien, partiendo de esta definición de conflicto, su resolución pasa por el tratamiento de los orígenes económicos, sociales y políticos, como problemas de corte estructural; en la medida en que el conflicto es multidimensional, incluyendo elementos de contexto y estructura, así como las particularidades de quienes se involucran directamente en la confrontación armada, la solución efectiva y real del mismo requiere también, un punto de vista multidimensional. No se trata únicamente de desarme, si no de configuración de un nuevo acuerdo político, social y económico para la construcción de un proyecto de nación capaz de superar, paulatinamente los problemas de fondo que sustentan el actual estado de conflicto.

Se erige acá la propuesta de solución política, vista como proceso que se construye socialmente y no como pacto entre partes en contienda armada, decretando el estado de paz. De esta manera, los acuerdos de desarme y finalización de acciones armadas, son en últimas, uno de los posibles engranajes para sacar adelante la tarea de la paz. Pero como ha quedado documentado en la historia reciente, la existencia de tal escenario no resulta suficiente al momento de hallar salidas definitivas.[15]

Las múltiples dimensiones de la solución política

La consideración de lo político en esta conceptualización de la solución al conflicto tiene diferentes dimensiones. En primer lugar, y como bien lo han ubicado analistas internacionales como Catherine Barnes, a propósito de diferentes experiencias de paz y guerra en el mundo contemporáneo, lo político refiere al carácter de las agendas de discusión, ya que la inclusión de problemas de carácter estructural, necesariamente remiten a la forma en la que se encuentra organizado el Estado, la economía, la justicia, o el sistema de participación, temas que van más allá de reformas parciales o de medidas específicas hacia futuras desmovilizaciones. Se trata en últimas de temas de estructuración de la sociedad como un todo, es decir temas políticos de nivel nacional. Afirma Barnes por tanto que:

> En la medida en que las negociaciones van más allá de acuerdos sobre asuntos específicos para terminar las hostilidades para dirigirse a cuestiones que incluyen la estructura del Estado, los sistemas políticos o la asignación de recursos, se convierten en una forma de tomar decisiones políticas.[16]

De la mano con los temas de la agenda, lo político se define por quiénes son los que participan del proceso. En tanto que los temas son estructurales, políticos y relacionados con las actuales dinámicas de poder, el proceso de solución no puede estar restringido a organizaciones en contienda militar, es decir a Estado e insurgencias. La agenda marca la necesidad de tomar decisiones políticas, y en un contexto como el colombiano en el que el alto nivel de conflictividad social muestra un claro cuestionamiento a las relaciones de poder y a la organización social y económica vigente, es fundamental promover y permitir la más amplia participación de diferentes sectores, clases y grupos sociales, religiosos y culturales, para que la opinión de quienes se encuentran directamente afectados por las múltiples dimensiones del conflicto contribuya a construir propuestas y respuestas.

La necesidad de amplia participación lleva de manera inmediata a la discusión sobre las formas de dicha participación, convirtiéndose en el tercer aspecto sobre el cual se construye la consideración de una solución al conflicto como de carácter político. Mientras que el tipo de agenda y la vinculación de múltiples sectores al proceso podrían plantearse hoy como relativo consenso entre quienes consideran relevante la solución política, las formas de participación son todavía un ámbito para la discusión.

En el marco de este debate y según Camilo González Posso la solución política se define como:

> Pacto Nacional de Paz, requiere un proyecto de cambio cultural y de estructuras que han soportado las violencias y la clave para un reto de semejantes proporciones es la construcción de los sujetos motores de esa transformación. Esos sujetos, en plural, se están configurando de muchas maneras. En expresiones políticas democráticas, experiencias locales y regionales de Gobierno con transparencia y sentido de la solidaridad, movimientos sociales y comunidades de paz, compromisos empresa-

riales de productividad con responsabilidad social, expresiones culturales y de intelectuales. Esa solución política, como se vio con el proceso constituyente de 1991, requiere que se den simultáneamente pactos entre fuerzas civiles y partes combatientes del conflicto armado interno. La simultaneidad de mesas de construcción del Pacto Nacional puede ser la ruta ideal, pero si ello no se logra, el curso del proceso depende del protagonismo de fuerzas sociales y políticas de amplia convocatoria que hagan posible instrumentos, como fue la Constituyente, capaces de incluir incluso a los grupos armados. Las mesas de negociación entre el Gobierno y la guerrilla o con grupos paras deben tener su agenda particular y en los aspectos relativos al Pacto Nacional de Paz, **pueden interactuar con los escenarios de pacto civil que representen democráticamente a la sociedad.**[17] (Resaltado propio).

De la anterior conceptualización vale la pena destacar la frase de cierre, ya que se muestra como conclusiva frente al carácter de la participación social, popular y ciudadana. Se observa como la acción de la sociedad se plantea a la manera de un proceso paralelo al diálogo y acuerdo entre fuerzas en confrontación armada, en función de la construcción del Pacto Nacional de Paz. Una participación más directa está sujeta a la condición de posibilidad de interacción con los escenarios de negociación.

En una perspectiva parecida, el profesor Jaime Zuluaga, conocedor y analista profuso de los procesos de paz desarrollados en el país, propone la solución política en los siguientes términos:

Despejar el camino hacia la negociación política exige aprender del pasado. No es realista pensar que una negociación con las FARC-EP y el ELN sin contemplar reformas políticas, económicas y sociales, que seguramente tendrán que someterse a un mecanismo de legitimación tal como una Asamblea constituyente o un referendo. Una negociación de esta naturaleza requiere acompañamiento de la sociedad para enriquecer las deliberaciones de la mesa y suplir las deficiencias de representatividad. No hay que olvidar que, paradójicamente, en el contexto de guerra se ha avanzado en la construcción de sociedad civil estrechamente asociada a la lucha por la paz, que además de acompañar las deliberaciones, puede jugar un papel importante en propiciar acercamientos entre las partes o mediar para la superación de dificultades que se presenten en las negociaciones.[18]

Se afirma que se trata de un punto de vista que se puede asimilar del de Camilo González Posso, contrastando los elementos sobre el carácter de la participación de la sociedad. En este caso de hace mención de dicha participación en el punto final del proceso, al considerarse la necesidad de un mecanismo de legitimación de acuerdos en la mesa establecida entre partes en conflicto. Se trata de un papel de acompañamiento, más no de activo contribuyente. Como en el caso anterior, no hay una participación directa, que incida de principio a fin, en el proceso de solución política, que tenga en cuenta a la sociedad como sujeto con voz propia, aunque claramente no homogéneo a su interior. Se restringe la participación popular y ciudadana a observador atento, pero desde la barrera.

La consideración de la solución política que aquí se propone para la discusión, entronca en este punto con los elementos planteados en el acápite anterior sobre la importancia de considerar la participación política como construcción, adquisición y realización de poder social, desde los sectores subalternos y en perspectiva de transformación social. Para que la solución política al conflicto sea realmente eficaz es imprescindible que la participación de la sociedad no se dé al final, únicamente para la ratificación de posibles acuerdos; debe ser permanente y a lo largo de todo el proceso. No se trata de una dinámica meramente consultiva, para preguntar la opinión sobre construcciones hechas en desconocimiento de la realidad social, sino del reconocimiento de las realidades locales y regionales en las cuales se desdobla la multidimensionalidad del conflicto. Sin estas lecturas y los aportes que desde allí se generen para la comprensión de las dinámicas nacionales, no es factible formular paz duradera.

Como lo demuestra el caso salvadoreño, la participación social no puede ser una tarea del denominado posconflicto. Este proceso estuvo rodeado por la sociedad mediante convergencias de corte social y popular. En tal sentido, surge en 1987 el Comité Permanente para el Debate Nacional por la Paz (CPDN), amplio espacio que genere la agenda social para los diálogos de paz, haciendo énfasis en las causas sociales, económicas y políticas de la confrontación armada, pero que no tuvo participación en la mesa de diálogos. Tal ausencia generó la gran deuda social y económica que hoy todavía padece El Salvador, gracias también a la imposición del neoliberalismo. El efectivo logro de mayores garantías políticas fue estrangulado por la regresiva agenda económica del posconflicto, hecho derivado de la no incorporación de las propuestas del movimiento social y popular.

Por último, y como cuarto elemento que define lo político de la solución del conflicto, se encuentra que esta articulación entre agenda extendida a problemas estructurales, amplia participación de carácter directo, decisorio y permanente, debe revertirse en la generación de un nuevo pacto o acuerdo social, económico y político, que reconozca las diversidades y genera posibilidades para la construcción de un proyecto viable y equitativo de nación. Lo anterior implica que el resultado sustancial de un proceso de solución política no está en medidas de desmovilización, sino en propuestas para avanzar en la necesaria reconfiguración del país en clave de efectiva igualdad económica, social y política, reconocimiento de derechos y diferencias, paso decisivo para cerrar el largo camino de violencia por el que ha transitado la nación colombiana.

El momento de la lucha

La dinámica de lucha social y popular en el país es un elemento que marca amplias diferencias con el proceso de diálogo del Caguán, dado entre 1999 y 2002. Mientras que a finales de los noventa la conclusión generalizada sobre los movimientos sociales era la aguda crisis por la que atravesaban, en los albores de la década del diez del siglo XXI, se hace evidente un proceso de recomposición y fortalecimiento de la lucha social, que aunque no es homogéneo, sí permite discutir la trascendencia que puede tener en una dinámica de diálogos por la paz con justicia social.

Según Mauricio Archila,[19] al iniciar el siglo XXI los actores colectivos se caracterizaban por un precario papel en transformaciones de fondo: un alto grado de dispersión en las luchas, con primacía de las demandas particulares, organizaciones poco representativas, con escasos mecanismos de coordinación y que, a lo sumo, participaban en convergencias temporales, determinadas por factores políticos y económicos externos, dejando como gran resultado la inexistencia de movimientos sociales fuertes.

Diez años después algunos de estos problemas persisten, pero varios elementos evidencian dinámica de cambio, reconociendo también, que se trata de un proceso lento y desigual, aún en curso. Desde lo cuantitativo y según datos del Centro de Investigación y Educación Popular (CINEP), el número de acciones de protesta ha incrementado lo largo de los últimos quince años, pasando de menos de quinientas en 1998, a poco más de ochocientas en 2010, con dos picos importantes en 1999 y 2007, este último con el mayor número de eventos. Si bien no se cuenta aún con el dato para 2011, es evidente que continúa el ascenso, observable en la dinámica del movimiento estudiantil, las luchas por el territorio en cabeza de indígenas y campesinos, por transporte público digno en algunas de las principales ciudades, o por condiciones de trabajo en cabeza de trabajadores del sector minero energético.

Más allá de lo cuantitativo, otros elementos de orden orgánico, programático, y relativos a los repertorios de confrontación, dejan claro que algunos de los movimientos sociales colombianos se encuentran en proceso de fortalecimiento. Lo primero tiene que ver con la cualificación en la capacidad de movilización y confrontación, observable por el sostenimiento de las acciones colectivas a lo largo del tiempo, con casos regionales como la lucha de los trabajadores del sector minero energético, o las tomas a entidades a nivel local. Como segundo elemento, el sostenimiento de tales acciones permite el fortalecimiento de la unidad de acción y la construcción programática, tal y como ha ocurrido con varios sectores del movimiento campesino e indígena que han avanzado en elaboraciones como las Zonas de Reserva Campesina o en la conceptualización del territorio y lo territorial.

Una tercera consideración está en la construcción de referentes unitarios a partir de procesos regionales y de base, tanto sectorial, como la Mesa Amplia Nacional Estudiantil (MANE), en el movimiento estudiantil universitario, como en convergencias de organizaciones sociales y populares en torno a proyectos políticos colectivos como el Congreso de los Pueblos o la Marcha Patriótica. Particularmente estos dos últimos procesos reabren el debate sobre la relación entre lo político y lo social en los movimientos sociales en Colombia, en tanto proponen la construcción del poder político como un proceso que si bien converge hacia lo Estatal, se sustenta en la reivindicación social y en la capacidad de las organizaciones y comunidades para tomar decisiones, distanciándose así de las concepciones que restringen lo político a lo institucional formal.

El movimiento estudiantil universitario es el caso más representativo en la recomposición de los movimientos sociales. Desde 2005 propuso un repertorio de acción colectiva con un claro protagonismo del paro de actividades académicas y a partir de una base organizativa, reconstruida desde finales de los noventa, logra pasar de acciones locales sostenidas a una fuerte articulación y coordinación a través de la MANE, con la definición de un programa mínimo, asumido a nivel nacional que permite desarrollar el emblemático paro de 2011, cuya duración y contundencia significó un punto de inflexión en la construcción de este actor colectivo.

Paz con justicia social en la agenda social y popular

Los analistas de movimientos sociales han creado la categoría «movimiento por la paz», constituida por un conjunto de acciones colectivas motivadas en la búsqueda de la paz, la defensa de la vida y el rechazo a la violencia, catalogándolas a su vez como las más importantes de los años noventa en Colombia.[20] Siendo evidente la amplia movilización social en torno a estos temas, vale la pena abrir el debate sobre el significado de la paz como un campo en disputa, pues las expresiones a favor de la paz y en contra del conflicto, lejos de constituir una dinámica homogénea son expresiones de las diversas formas de entender la dinámica de violencia en el país.

Las organizaciones sociales y populares constituyen el sujeto colectivo más persistente en el tema de paz, tanto desde lo sectorial como lo regional. Esto resulta lógico al observar casos en el recrudecimiento de la confrontación armada como Antioquía, Magdalena Medio, Cauca, Arauca o Chocó. Pero una mirada a las reivindicaciones planteadas permite ubicar que la búsqueda de la paz no es un punto más en la agenda, propuesto de manera paralela al conjunto de exigencias. Es por el contrario, un elemento orgánico en la construcción reivindicativa, articulador de los diferentes aspectos contenidos en propuestas programáticas, transversal a las mismas y que da cuenta de la comprensión de la confrontación armada como parte en el desarrollo de sendos conflictos económicos, sociales, políticos, ambientales y culturales en el país.

Enunciando algunos ejemplos encontramos que el Mandato Agrario, documento programático resultado del Congreso Agrario de 2003, plantea la vinculación entre lógicas de las empresas nacionales y multinacionales, desplazamiento forzado, la política de seguridad democrática y la política económica del entonces presidente Álvaro Uribe. De igual manera, la movilización Agraria y Popular de octubre de 2007, propuso una fuerte articulación entre aumento del presupuesto de guerra y deterioro de derechos como salud y educación. Recientemente, tanto el Encuentro Nacional de Comunidades Campesinas, Afrodescendientes e Indígenas por la Tierra y la Paz de Colombia, como el Congreso de Tierras, Territorios y Soberanías, celebrados en 2011, dejaron claro en sus conclusiones una perspectiva de conflicto que denota un carácter multidimensional, donde lo social, lo económico y lo político sustentan y retroalimentan las dinámicas de confrontación armada. En ese mismo sentido, la consigna central de la MANE, «por una nueva educación para un país con soberanía, democracia y paz», en su proceso de discusión a lo largo del 2011, permite ver la concepción articuladora entre conflicto armado y conflicto social, político y económico.

La comprensión del conflicto en diversas dinámicas interrelacionadas, conduce también a una perspectiva de paz con justicia social que las organizaciones sociales y populares colocan en juego en cada evento de protesta y en sus repertorios de acción colectiva. Es así como a la luz de los diálogos que apenas inician entre la insurgencia y el gobierno de Santos, el aporte sustancial del movimiento social y popular estará en el acumulado de construcción reivindicativa y programática, así como de esas concepciones de conflicto y paz, fundadas en la realidad local y cristalizadas en acuerdos, pronunciamientos y propuestas de corte nacional, como la ley alternativa de tierras o la ley alternativa de educación superior que se encuentra en construcción.

Mediante el ejercicio reivindicativo, la generación de propuesta y la movilización, las organizaciones sociales y populares están participando hoy con fuerza en el proceso de diálogo por la paz, colocando en juego las lecturas construidas y alimentando la agenda de discusión ya establecida para el escenario de Oslo. Lo anterior se da pese a no lograr todavía reconocimiento su papel como sujeto activo, con voz en la mesa. Las iniciativas que se viene promoviendo evidencian en la práctica como se está construyendo ejercicios de poder social para hacer de la paz una construcción social.

Muchos procesos provenientes de las más diversas tradiciones de lucha popular como las iglesias, las organizaciones gremiales de campesinos, indígenas, estudiantes y trabajadores, o las convergencias de procesos sociales que se articulan en clave de lo político, tales como la Marcha Patriótica o el Congreso de los Pueblos, se encuentran diseñando y ejecutando sus propuestas de solución política y paz con justicia social.

Aunque se trata de dinámicas aún en ciernes, vale la pena mencionar ejercicios como el de las Constituyentes por la Paz con Justicia Social o el Congreso de Paz, promovidas por múltiples organizaciones sociales, políticas, populares, culturales. El reciente lanzamiento de las Constituyentes por la Paz, muestra en los rasgos de su propuesta el empeño por avanzar en procesos de poder social, en los cuales las comunidades y personas participantes, no solo buscan opinar sobre los elementos esenciales de la paz desde la perspectiva de justicia social, sino generar propuestas a partir de lecturas regionales y sectoriales, que habrán de traducirse en mandatos. Pero lejos de una regionalización del conflicto, la propuesta de las Constituyentes apunta a consolidar diagnósticos y generar escenarios para cualificar la capacidad de decisión y de realización de poder, en perspectiva nacional.

La participación social, popular y ciudadana necesariamente ha de ser permanente, directa y cualificada, para generar propuestas sobre temas, mecanismo y dinámicas de resolución de las múltiples dimensiones de la conflictividad en Colombia, dándole el verdadero cariz político a la solución del conflicto, siendo esta precisamente la tarea de los movimientos y organizaciones sociales del país. Lo que demuestra el proceso nacional, es que pese a no lograr hasta el momento una participación de estas características, el movimiento social y popular está configurando escenarios desde los cuales construye de manera efectiva aportes a la solución política, faltando por evidenciarse hasta el momento, la capacidad y voluntad del Establecimiento para reconocer e incorporar, o quedar sobrepasado por tales construcciones.

Notas

1. Sergio De Zubiría Samper: «Dilemas y desafíos de la participación política», *Izquierda* no. 29, Bogotá, 2013, pp. 46-53.

2. Ibídem: p. 49.

3. Jean Cohen y Andrew Arato: *Sociedad Civil y Teoría Política*, Fondo de Cultura Económica, 2001, p. 8.

4. La preocupación es latente, en especial, en partidos como el Polo Democrático, el Movimiento Independiente de Renovación Absoluta (MIRA), el Partido Verde y Cambio Radical, este último articulado a la Unidad Nacional. Bajo las actuales reglas de juego, incluso partidos y colectividades que se han presentado a elecciones a nombre de minorías étnicas corren el riesgo de desaparecer de la dinámica electoral.

5. Juan Ignacio García: «Regulación Jurídica de los Partidos Políticos en Chile», Daniel Zovatto (coordinador), *Regulación jurídica de los partidos políticos en América Latina*, Universidad Nacional Autónoma de México, México D.F., 2006, pp. 305-329.

6. *El Espectador*: «"Uribe sabía del apoyo de las AUC": Mancuso», Sección Judicial, 25 de septiembre de 2012.

7. Coordinación Colombia-Europa-Estados Unidos: «Desapariciones forzadas en Colombia. En búsqueda de la justicia», Documentos temáticos no. 6, Bogotá, 2012, p. 10.

8. Datos de la Coalición Larga Vida a las Mariposas, hechas públicas durante el «Encuentro por la Libertad de los Prisioneros Políticos», en junio de 2011.

9. Atilio Borón: «"Poder, "contra-poder" y "antipoder". Notas sobre un extravío teórico político en el pensamiento crítico contemporáneo», *Chiapas* no. 15, Buenos Aires/México, 2003, p. 10.

10. Sergio De Zubiría Samper: «Dilemas y desafíos de la participación política», *Izquierda* no. 29, Bogotá, 2013, pp. 46-53.

11. Francisco Gutiérrez: «Criminal rebels? A discussion of war and criminality from the Colombian experience» (publicado en versión corregida y ampliada), *Politics and Society*, vol. 32 no. 2, 2004, pp. 257-285.

12. Ibídem: p. 270.

13. Jairo Estrada: *Derechos del Capital. Dispositivos de protección e incentivos a la acumulación en Colombia*, Universidad Nacional de Colombia, Bogotá, 2010, p. 35.

14. Ibídem: p. 35.

15. Al respecto se puede revisar el artículo «De la oposición armada al frustrado intento de alternativa democrática en Colombia», de Enrique Florez y Pedro Valenzuela, en el que se realiza un balance de los procesos de desmovilización de inicios de los noventa y su precario papel en la construcción de alternativas democráticas.

16. Catherine Barnes: «Democratizing peacemaking processes: strategies and dilemmas for public participation», *Accord*, Issue no. 13, United Kingdom, pp. 6-12.

17. Camilo González Posso: «La paz sin los armados. Colombia entre la guerra y la paz: alternativas a la guerra», *Documentos* no. 20, Bogotá, 2004, p. 21.

18. Jaime Zuluaga: «Colombia: Dos Décadas entre la Guerra y la Paz», *Colombia entre la guerra y la paz: alternativas a la guerra*, *Documentos* no. 20, Bogotá, 2004, pp. 30-31.

19. Mauricio Archila: «Colombia en el cambio de siglo: actores sociales, guerra y política», *Nueva Sociedad* no. 182, Caracas, pp. 76-89.

20. Mauricio García: «Paz en el territorio: dinámica de expansión geográfica del accionar colectivo por la paz en Colombia 1978-2003», *Revista Territorios* no. 15, Bogotá, pp. 9-32.

CAPÍTULO 3

Proceso de Paz
y Asamblea constituyente

Diálogos de La Habana y pertinencia de una Asamblea nacional constituyente

Jairo Estrada Álvarez

Presentación

El presente ensayo tiene como propósito principal explorar, de manera preliminar, la cuestión de la refrendación de un eventual acuerdo final entre el gobierno de Colombia, en cabeza de Juan Manuel Santos, y la guerrilla de las Fuerzas Armadas Revolucionarias de Colombia-Ejército del Pueblo (FARC-EP), a través de una Asamblea nacional constituyente. En desarrollo de ese propósito, el trabajo se ha dividido en cuatro partes. En la primera, se aborda la problemática de la refrendación de un eventual acuerdo considerando tanto las concepciones predominantes sobre la materia, como los mecanismos previstos en el ordenamiento constitucional colombiano. En la segunda, se argumenta acerca de la pertinencia y las posibilidades de una Asamblea nacional constituyente, mostrando las diferentes posturas al respecto hasta ahora conocidas, destacando la necesidad de una apropiación social de la iniciativa e indicando las condiciones para que esta pueda prosperar. En la tercera parte, se analiza el marco normativo que hace viable contemplar la Asamblea como mecanismo de refrendación. Asimismo se formulan las batallas políticas que sería necesario emprender para materializar la opción constituyente. Y por último, en la cuarta, se muestra que la Asamblea constituyente abre nuevas posibilidades para la acción política, en el entendido que se trata de un momento de la lucha de clases, en el que se ponen en juego diferentes proyectos político-económicos de sociedad, y que ella no representa, en sentido estricto, un mecanismo de cierre del conflicto social y armado, sino la continuación de la guerra a través de los medios que ofrece la política.

La cuestión de la refrendación de eventuales acuerdos

En la medida en que las partes han avanzado en acuerdos parciales sobre aspectos del primer punto de la Agenda concernientes al desarrollo rural y agrario integral, anunciado el inicio de diálogos sobre la participación política (segundo punto de la Agenda), y han explorado otros de manera informal según se ha conocido en diversas declaraciones tanto del gobierno como de la guerrilla de las FARC-EP, la cuestión de la refrendación de eventuales acuerdos basada en el principio de que «nada está acordado hasta que todo esté acordado»,[1] tiende a ocupar un lugar central en la discusión.

Y no puede ser de otra manera, pues se trata de un asunto cardinal de todo proceso de diálogos en el que —considerada su dinámica y la perspectiva real de un acercamiento entre las partes— se puede avanzar hacia la negociación de un acuerdo final. Tal acuerdo no puede ser considerado como una mera formalidad jurídico-política. Tampoco su refrendación. Se está en presencia de un hecho histórico de posibilidad de cierre del alzamiento armado contra el Estado y de tránsito hacia el pleno ejercicio de la política por parte de las fuerzas insurgentes, en este caso, en cabeza de las FARC-EP. En ese sentido, la integralidad de la agenda pactada para iniciar los diálogos adquiere toda relevancia, pues no se trata solamente del logro de unos acuerdos para ponerle fin a la confrontación armada en lo concerniente a definiciones políticas sustantivas de los diferentes puntos de la agenda, sino ante todo de la refrendación e implementación de esos acuerdos. Los mecanismos de refrendación y de implementación de acuerdos hacen parte integral, desde esa perspectiva, del posible acuerdo final, en la medida en que no es suficiente la manifestación de voluntad por parte del Estado —representado en este caso por el gobierno de Santos— de dar cumplimiento a lo pactado. Desde luego que la naturaleza de una refrendación de acuerdos y los mecanismos para implementarlos depende de los contenidos mismos del eventual Acuerdo final.

Si se considera que el camino escogido hacia una solución política del conflicto social y armado descansa en la aceptación por las partes de que una prolongación de la confrontación armada no va a conducir a la victoria militar de alguna de ellas, se está en presencia del reconocimiento fáctico de una relación política y de poder que presume que ponerle fin al alzamiento armado implica redefinir las relaciones de poder justamente a través del diálogo y la negociación. Como el escenario no es el de una rendición de la guerrilla, los diálogos de La Habana son esencialmente unos diálogos acerca de las relaciones de poder existentes, que son las que han producido precisamente el alzamiento armado contra el Estado. Un eventual acuerdo final es, por tanto, un acuerdo de redefinición de esas relaciones de poder. Cómo se redefinen esas relaciones escapa a los propósitos de este trabajo. Lo que se pacte será un indicador específico de la correlación de fuerzas y de los poderes representados en la Mesa de diálogos.

Con fundamento en una equivocada prefiguración del enemigo insurgente al que se le consideraba derrotado y sujeto de una paz exprés, la refrendación acuerdos ha sido concebida por parte del gobierno y de su bancada en el Congreso de la República, a través del trámite legislativo de algunas reformas. Se estimó incluso que las principales cuotas de un proceso de paz ya se habían pagado con la aprobación de la Ley de víctimas y de restitución de tierras (Ley 1448 de 2011) y el Marco jurídico para la paz (Acto legislativo 01 de 2012), basado en la llamada justicia transicional,[2] que está a la espera de su desarrollo a través de una ley estatutaria. Asimismo, se había avanzado en la preparación de un proyecto de ley general agraria y de desarrollo rural, que no ha podido ser presentada al Congreso por los impedimentos generados por la regulación del mecanismo de la consulta previa. De esa forma quedarían resueltos los puntos nodales del Acuerdo: la cuestión agraria y la participación política de la insurgencia desmovilizada. Lo demás sería cuestión de carpintería.

El curso de los diálogos de La Habana, no obstante, ha mostrado de manera temprana los límites de esa pretensión. Por una parte, se ha puesto en evidencia que no es posible atar un proceso de diálogos con la guerrilla a los tiempos de la agenda legislativa del Congreso. Por la otra, la aproximación juiciosa al contenido de la agenda pactada ha demostrado que esta posee un alto nivel de complejidad, que le ha impuesto a las partes tratamientos intensos —en tiempo y contenidos— para acercarse a los principios de acuerdo preliminares y parciales anunciados a la opinión pública a través de los voceros del gobierno y de la guerrilla.

El proceso ha demostrado que posee un nivel de autonomía tal que no es posible someterlo a la validación por el Congreso; menos en el contexto del inicio de un proceso electoral en el que eventuales acuerdos podrían convertirse en objeto preciado para la obtención de dividendos electorales. Por otra parte, dado que la agenda de diálogos contempla el abordaje de la participación política, debe esperarse un cuestionamiento a fondo del régimen político, del sistema político y de partidos y de mecanismos de representación, de la inexistencia de garantías a la oposición política, a juzgar por documentos y declaraciones de la guerrilla. Más allá de ello, es indiscutible que en Colombia impera una régimen de democracia gobernable, fundamentado en el fraude estructural y en el que en el que el clientelismo, la corrupción, el ejercicio estructural de la violencia y la movilización de recursos por los grandes poderes económicos continúan siendo baluartes principales. En suma, de una institución como el Congreso cuya legitimidad es cuestionada a la luz de un entendimiento profundo de la democracia no podría esperarse la refrendación de eventuales acuerdos. Para que ello fuere posible, se requeriría previamente una reforma política de alcances estructurales.

Incluso situándose en el escenario de una refrendación legal de acuerdos por parte del Congreso, quedaría aún pendiente el control de constitucionalidad que ejerce la Corte Constitucional. Sin desconocer la importancia de ese procedimiento, se agregaría un factor no controlable, de relativa incertidumbre, que podría dar al traste con eventuales acuerdos refrendados por vía legal, presentándose la paradoja de que mecanismos constitucionales concebidos para dotar con seguridad jurídica al ordenamiento generarían márgenes de inseguridad jurídica para la refrendación de acuerdos.

A estos argumentos se le adicionan otros políticos y jurídicos al mismo tiempo. Si el acuerdo es con el gobierno actual no existe garantía para que lo pactado y refrendado legalmente persista en el tiempo. Dado que el proceso de diálogos y los eventuales acuerdos no responden en sentido estricto a una política de Estado, un cambio de gobierno puede traer consigo un cambio de políticas. Leyes que hayan tenido como propósito la refrendación de acuerdos pueden ser objeto de derogación o de reforma. El debate político colombiano reciente así lo demuestra y no descartaría esa posibilidad. Hay fuerzas políticas y económicas poderosas, militaristas y de ultraderecha, que se oponen a la posibilidad de una solución política al conflicto social y armado; que han intentado bloquear sistemáticamente cualquier intento en esa dirección; que consideran que los diálogos iniciados en La Habana representarían una claudicación del Estado frente al terrorismo; que solo cabría la rendición y la desmovilización sin concesión alguna. Más allá de las opciones reales de estas fuerzas en el momento actual, es un dato que no puede menospreciarse. De hecho, tales fuerzas vienen organizando su participación en la contienda electoral que se avecina apelando al mismo discurso y a la misma retórica de la seguridad que condujo a su triunfo electoral en 2002.

Descartada la vía del Congreso por las razones anotadas, quedan las opciones brindadas por los llamados mecanismos de participación popular, tal y como está establecido en el actual ordenamiento en el artículo 103 de la Constitución: la consulta popular, el referendo y el plebiscito. El propio presidente Santos señaló que se acudiría a esas figuras «simplemente si se necesitan», porque ya se habrían establecido mecanismos como los desarrollos legales que tendrá el marco jurídico para la paz.[3] Según lo hasta aquí señalado, se requerirá de la participación popular para cualquier refrendación.

La Ley 134 de 1994 reglamentó los mecanismos de participación popular. Sin entrar en un análisis del carácter restrictivo de tal reglamentación, los mecanismos previstos se caracterizan en sus aspectos básicos de la siguiente forma.

- Consulta popular: «…es la institución mediante la cual, una pregunta de carácter general sobre un asunto de trascendencia nacional, departamental, municipal, distrital o local, es sometido por el Presidente de la República, el gobernador o el alcalde, según el caso, a consideración del pueblo para que este se pronuncie formalmente al respecto» (Art. 8.). Su resultado es obligatorio; para su aprobación se requiere la participación de la tercera parte del censo electoral, es decir, cerca de 10 millones de votos.

- Referendo: «Es la convocatoria que se hace al pueblo para que apruebe o rechace un proyecto de norma jurídica o derogue o no una norma ya vigente» (Art. 3.). Este mecanismo exige una participación equivalente en votos de la cuarta parte del censo electoral, es decir, un poco más de 7.5 millones.

- Plebiscito: «[...] es el pronunciamiento del pueblo convocado por el Presidente de la República, mediante el cual apoya o rechaza una determinada decisión del Ejecutivo» (Art. 7.). Este mecanismo demanda la participación de la mitad del censo electoral, es decir, más de 15 millones de votos.

Sin considerar las particularidades y los alcances diferenciados que tiene cada uno de los mecanismos aquí expuestos de manera sucinta, en todos ellos se estaría en presencia de escenarios de aprobación o no aprobación de los eventuales acuerdos logrados en la Mesa de diálogos por la vía del voto popular. La refrendación popular representaría, desde el punto de vista del discurso democrático, un indiscutible avance respecto de la refrendación a través del Congreso.

No obstante, a mi juicio, esta vía posee varios inconvenientes: Primero, por el procedimiento pactado para adelantar los diálogos, basado entre otros en el secreto y la confidencialidad, la sociedad en su conjunto ha estado excluida —al menos formalmente— de la construcción del eventual acuerdo. Ello significaría que la refrendación popular se constituiría en la práctica en un escenario para reabrir la discusión de lo acordado, dado que esta se convierte de facto en el escenario propicio para suplir la participación exigua durante el proceso de diálogos que condujo al acuerdo. Segundo, si se consideran los (probables) rasgos del texto de un eventual acuerdo final (diferentes materias, alto nivel de especialización, extensión, etc.), la pedagogía para hacerlo comprensible a fin de someterlo a una refrendación suficientemente informada se tornaría de altísima complejidad. La producción manipulada de opinión podría convertirse en factor determinante de los resultados. Tercero, el proceso de refrendación podría estar viciado por los elementos que caracterizan estructuralmente la votación. Ella implicaría la activación de los mecanismos propios de democracia gobernable. De manera especial, deberían esperarse fuertes intentos de incidencia en los resultados de poderes políticos y económicos afectados por los eventuales acuerdos. Cuarto, todo lo anterior podría conllevar a no alcanzar los mínimos de votación requeridos o incluso la no aprobación de lo acordado. Quinto, la aprobación incluso de un eventual acuerdo por la vía de la refrendación no conlleva necesariamente la definición de mecanismos seguros para su implementación.

En resumen, la refrendación popular no solo se fundamenta en la lógica del poder constituido, que la ha regulado de manera restrictiva, sino que tiende además a reproducirla. Para quienes se encuentran frente a la decisión de desistir del alzamiento armado contra el Estado, sobre el supuesto de la imposibilidad de la derrota militar, genera incertidumbre, representa una relación de asimetría y, en la práctica, otra forma de sometimiento al poder constituido.

En consideración a lo anterior, con miras a avanzar hacia la superación de la guerra y al ejercicio pleno de la política debe contemplarse recorrer el camino de una Asamblea nacional constituyente como mecanismo de refrendación de un eventual acuerdo final.

Pertinencia y posibilidades de una Asamblea nacional constituyente

Existen suficientes razones filosóficas, históricas, jurídicas y políticas para argumentar a favor de una Asamblea nacional constituyente y demostrar su pertinencia. Este escrito apenas explora de manera preliminar algunas de ellas, atendiendo la especificidad reciente del proceso político colombiano y la necesidad de una solución política al conflicto social y armado; considerando, además, las posibilidades que brinda el ordenamiento jurídico vigente.

La definición de una agenda de diálogos implicó justamente establecer los puntos mínimos que pueden hacer viable el tránsito hacia un escenario de negociación que culmine en la formulación de un acuerdo, que debe ser refrendado e implementado. En presencia del reconocimiento fáctico del carácter político del alzamiento armado y de la no solución del conflicto por vías militares, diálogos que conducen a la negociación y el acuerdo, si bien no representan una «revolución por decreto» sí expresan la voluntad de las partes de construir una salida que —situada en un campo de transacción— implica una redefinición de las relaciones políticas y de poder existentes. De parte del Estado se trata de conceder para crear las condiciones para el desistimiento del alzamiento armado. De parte de la guerrilla, de considerar tal desistimiento a cambio de la aceptación de determinadas exigencias. ¿Qué tanto poder se cede? y ¿qué tanto poder se toma?, eso es justamente el resultado del diálogo que puede conducir a una negociación y a la formulación de un acuerdo final. Tal acuerdo es esencialmente un acuerdo para la redefinición de las relaciones de poder; representa en sentido estricto el diseño de un nuevo contrato social. Ello solo es posible por la vía de la constituyente.

Desde esa perspectiva, se está frente un agotamiento de facto de la Constitución de 1991. Ella resulta útil para desatar un proceso constituyente, atendiendo las posibilidades que brinda como marco normativo; no así, para refrendar un acuerdo final entre el gobierno y la guerrilla de las FARC-EP. El acuerdo demanda la negación cualitativamente positiva del ordenamiento vigente para llevarlo a un nuevo nivel de democratización de la sociedad.

Al desatar la lógica constituyente, el acuerdo, que ha sido el resultado de diálogos directos y secretos entre parte comprometidas directamente en la contienda militar, se diluye en la lógica de la asamblea democrática, a la que se incorpora la sociedad en su conjunto para deliberar soberanamente no solo sobre lo pactado, sino incluso con la posibilidad de incorporar nuevos temas o asuntos no abordados en la Mesa de diálogos, que pueden ser de su interés. Los alcances de la Asamblea constituyente dependen, por una parte, de lo pactado entre las partes que suscriben el acuerdo; por la otra, de la misma correlación social de fuerzas, representada en la Asamblea. El escenario de la transacción se traslada ahora a la Asamblea constituyente en la que se ponen en juego diversos y plurales proyectos político-económicos. En ese aspecto, la conformación de la Asamblea y la representación de las fuerzas sociales y políticas ocupan un lugar central. Lo que saldría de ella es un nuevo contrato social, un nuevo poder constituido, contentivo del nuevo marco normativo para la implementación de los acuerdos y el pleno ejercicio de la política.

En la Colombia actual la pertinencia de la opción constituyente como mecanismo de refrendación de un eventual acuerdo final aún no ha sido discutida. El presidente Santos descartó de entrada esa posibilidad; la guerrilla de las FARC-EP ha señalado que esa es la única vía posible. Se han conocido igualmente múltiples manifestaciones de opinión, unas a favor, otras en contra, sin que el tema haya sido objeto de un análisis de fondo. Bien podría afirmarse que la discusión apenas comienza y que ganará importancia en la medida en que avancen los diálogos y sobre todo se conozcan progresos en la construcción de un eventual acuerdo.

Frente a la posibilidad de la constituyente, algunas posiciones se encuentran predeterminadas ideológicamente. En los sectores más extremistas de derecha, el tema ni siquiera se considera. Si los diálogos representan una claudicación frente al terrorismo, un escenario asambleario sería totalmente descartable, a no ser que por conveniencia política se estimase que algunos temas de su interés podrían incorporarse en la agenda constituyente.[4] En el campo de la derecha, en general, se desestima por lo pronto la opción constituyente. Esta se considera una concesión innecesaria. Del análisis que se realiza del balance político-militar actual de la guerra, se infiere que la refrendación debería ser a través de desarrollos legales, y podría sellarse a través de la participación popular. Una postura de este tipo, se observa en sectores mayoritarios del partido de la U y en sectores de los partidos que conforman la coalición de gobierno.

En general, los partidos del establecimiento, representativos de los intereses de las clases dominantes, incluyendo las posiciones más liberales o incluso liberal-sociales, no contemplan por lo pronto la opción de la Asamblea constituyente. Además de la postura ideológica y política que le sirve de sustento a sus tesis, la cercanía de las elecciones parlamentarias y presidenciales en 2014 no solo traslada el orden de prioridades, sino que la perspectiva constituyente se aprecia como una interferencia a la refrendación del régimen político y del sistema político por la vía electoral.

En algunos sectores democráticos y progresistas, la idea constituyente no ha sido abordada; o si se ha hecho es para descartarla. Quienes la consideran inconveniente se aferran a la tesis de los peligros que podría encarnar una iniciativa de esas características para el mantenimiento de las «conquistas democráticas» de la Constitución de 1991.[5] Su análisis parte de la premisa de que una constituyente favorecería a los sectores más retrógrados de la sociedad y podría conducir a un reposicionamiento del proyecto político de la ultraderecha y el militarismo.

Sin duda, una posición conservadora que resulta, en primer lugar, de una sobrevaloración del ordenamiento constitucional vigente. La Constitución de 1991 ha cumplido un papel histórico importante: permitió sellar los acuerdos de paz con los grupos guerrilleros minoritarios, contribuyó a superar los diseños jurídico-formales del régimen de democracia restringida impuesto por el Frente Nacional, incorporó al ordenamiento un muy importante catálogo de derechos ciudadanos. Al mismo tiempo, no obstante, posibilitó la estabilización del régimen de dominación de clase e incluyó aspectos centrales del modelo económico neoliberal. Bajo su amparo, desde luego sin proponérselo, se llevó a cabo la consolidación de la estrategia violenta de acumulación de capital, se profundizó la desigualdad social, se implementó a profundidad el proyecto paramilitar, y se prolongó el conflicto social y armado hasta la actualidad. Además de representar un acuerdo de paz inconcluso, por excluir a las principales organizaciones guerrilleras de nuestra historia, las FARC-EP y el ELN, sus desarrollos legales, así como las recurrentes reformas constitucionales, han hecho de la Carta un texto que no solo dista de los diseños de 1991, sino que está llamado a ser superado por la historia.

Tal posición, conlleva implícitamente, en segundo lugar, una subvaloración aparente del lugar histórico y de las posibilidades de los diálogos de La Habana, así como del estado actual de la lucha de clases y de las capacidades del movimiento social y popular, pues esa lectura del momento político conduce a privilegiar el escenario del ya mencionado proceso electoral. En ese sentido, la atención se centra más bien en la consideración de que las posibilidades del cambio político se encuentran en una amplia alianza electoral que pueda presentar un candidato presidencial propio. La opción constituyente se podría considerar como una interferencia frente a ese propósito, que generaría además una redefinición del espacio político actual y un reacomodo de los proyectos político-económicos. En tal reacomodo, las opciones centradas en la perspectiva electoral de 2014 se verían desfavorecidas.

Junto con estas posturas que, más allá de sus diferencias ideológicas, se mueven en el marco de entendimientos muy institucionales de la política, en los que la acción política privilegia las contiendas electorales y la movilización de opinión, se encuentra una variedad de posiciones provenientes tanto de sectores académicos e intelectuales, de algunos productores de opinión, de integrantes de diferentes partidos y organizaciones políticas, y sobre todo de lo que se podría denominar el *movimiento real*.[6] Más allá de los matices de estas posiciones, a ellas las caracteriza en lo esencial su acuerdo con la pertinencia y la conveniencia de la Asamblea constituyente. Tal postura resulta de varias consideraciones:

Primero, sin quedar atrapados por una ilusión constitucional, la dinámica del movimiento social y popular, exhibida particularmente durante el último quinquenio, hace pensar que se encuentra en curso un cambio en la correlación de fuerzas que puede conducir a la redefinición del pacto de organización del poder de 1991 a través del mecanismo asambleario. Uno de los rasgos principales asumidos por el movimiento se encuentra en un marcado carácter constituyente, lo cual resulta de un nivel de politización que lo sitúa más allá de la mera contestación o reivindicación. Desde luego que aún es necesario canalizar la dispersión y avanzar en procesos de unidad, para poder desatar con fuerza la potencia constituyente. Las luchas por la tierra y el territorio de comunidades campesinas, indígenas y afrodescendientes, las luchas estudiantiles por la educación, las luchas de la nueva generación de clase obrera precarizada ligadas a la acumulación minero-energética y agroindustrial, entre otras, son a la vez luchas íntimamente ligadas con la solución política del conflicto social y armado. En los casos de mayor politización se han evidenciado como luchas por la paz con justicia social, como lo demuestra el accionar de la Marcha Patriótica, del Congreso de los Pueblos, de la Minga social e indígena y de múltiples procesos regionales y locales. Segundo, los diálogos de La Habana representan la apertura de un nuevo espacio político, que no puede ser reducido a la posibilidad de la negociación y el acuerdo entre las partes comprometidas directamente en la contienda militar. Tal espacio debe ser apropiado socialmente si pretende proyectar y adquirir nuevas dimensiones, incluida la posibilidad de una perspectiva asamblearia constituyente. Tal perspectiva tiene que ser producida socialmente; no puede ser simplemente el resultado del acuerdo. Lo que la haría posible es que la opción constituyente devenga en movimiento. Tercero, en consideración a lo anterior, la opción constituyente representa el escenario posible de confluencia de trayectorias históricas distintas de la lucha social y popular, incluyendo las fuerzas insurgentes todavía no vinculadas a un proceso de diálogo como es el caso del ELN principalmente, pero también de reductos locales del EPL. Cuarto, con la opción constituyente pueden confluir otros sectores económicos, políticos y sociales, interesados en el abordaje de asuntos y temáticas no resueltas por el ordenamiento vigente, concernientes a la organización institucional y la estructura del Estado, a la administración de justicia, el ordenamiento territorial, entre otros.[7]

De lo hasta aquí planteado, se puede afirmar que la opción de una Asamblea nacional constituyente como mecanismo de refrendación de un acuerdo entre la guerrilla de las FARC-EP y el gobierno de Santos, tiene que sortear varios escollos. No solo se trata de aquellos referidos a un eventual acuerdo en la Mesa de diálogos. En lo esencial, se trata de superar las resistencias existentes en diversos sectores de la sociedad o incluso la oposición manifiesta. Como ocurre en el conjunto de la sociedad, también en este caso se está en un campo de fuerzas y de luchas, en el que el vector predominante debe encauzarse hacia la producción de la posibilidad de la Asamblea. Así como la idea de la solución política, la perspectiva del diálogo y de la negociación lograron abrirse paso en medio de condiciones adversas, y continúan adelante pese al continuo asedio que pretenden imponerle sectores militaristas y de ultraderecha, asimismo debe esperarse que la idea constituyente pueda consolidarse y desarrollarse.

A mi juicio, para que ello sea posible se requieren al menos tres condiciones interrelacionadas. Primera: la opción de la solución política debe consolidarse como la opción predominante, no solo en la Mesa de diálogos, sino en el conjunto de la sociedad.[8]

Segunda: es necesario que el gobierno de Santos y la guerrilla de las FARC-EP consideren y construyan un acuerdo político para la convocatoria y realización de una Asamblea constituyente como mecanismo de refrendación de un acuerdo general. Asimismo, que tal acuerdo cuente con el respaldo del Congreso, pues es a este a quien le corresponde, en consonancia con el ordenamiento constitucional vigente, desatar el proceso formalmente.[9] Tercera, las demandas sociales y populares por la solución política y la paz con justicia social deben asumir los rasgos de un amplio movimiento político y social poderoso, cuya perspectiva sea justamente la de una Asamblea constituyente. Estas condiciones sintetizan el sentido y el contenido de la batalla política actual en Colombia: lograr un balance político mayoritario y estable a favor de los diálogos y la opción constituyente.

Tal propósito cuenta con un contexto internacional favorable. A pesar del persistente intervencionismo militar y del despliegue de recursos —políticos, ideológicos, económicos y tecnológicos— del imperialismo, que pretende reforzar la posibilidad de una salida militar, la correlación regional de fuerzas en Nuestra América representa un factor que incide a favor de la solución política. La cuestión de la paz en Colombia ha trascendido el ámbito nacional, adquiriendo los rasgos de una aspiración regional.

Marco normativo de una Asamblea nacional constituyente

El marco normativo para un gran acuerdo político nacional a favor de la paz, así como de convocatoria de una Asamblea nacional constituyente está definido por la propia Constitución de 1991. El artículo 22 de la Carta política señala que «la paz es un derecho y un deber de obligatorio cumplimiento». Por otra parte, el artículo 376 establece:

Mediante ley aprobada por la mayoría de los miembros de una y otra Cámara, el Congreso podrá disponer que el pueblo en votación popular decida si convoca a una Asamblea constituyente con la competencia, el período y la composición que la misma ley determine.

Se entenderá que el pueblo convoca la Asamblea, si así lo aprueba, cuando menos, una tercera parte de los integrantes del censo electoral.

La Asamblea deberá ser elegida por el voto directo de los ciudadanos, en acto electoral que no podrá coincidir con otro. A partir de la elección quedará en suspenso la facultad ordinaria del Congreso para reformar la Constitución durante el término señalado para que la Asamblea cumpla con sus funciones. La Asamblea adoptará su propio reglamento.

En consonancia con los artículos señalados, se requeriría de parte del gobierno y del poder legislativo la voluntad política para avanzar en la concreción del marco jurídico de refrendación de un Acuerdo final por la vía constituyente. Desde luego que no es un asunto de fácil trámite, más aún cuando se impuso socialmente la idea de la posibilidad de una derrota militar de la guerrilla que nunca llegó. Y cuando tal acuerdo implica que el Congreso se niegue asimismo. En general, que el poder constituido tenga la disposición de ceder su poder al poder constituyente, así sea de manera transitoria.

En aras de un bien jurídico (político, social y cultural) supremo como es la paz, que de alcanzarse generaría nuevas condiciones para el trámite de los conflictos sociales y de clase, es que se justifica ética y políticamente todo esfuerzo por darle una salida constitucional a la guerra en Colombia. Se trataría al mismo tiempo de un acto de reconocimiento y generosidad mutuos. Y desde el punto de vista de la insurgencia guerrillera, de un mecanismo que dotaría al proceso con un relativo nivel de seguridad jurídica, al menos en el sentido formal. No es novedoso afirmar que la existencia de instancias de administración de justicia a nivel internacional, cuyos propósitos y contenidos escapan al objeto de este texto, se ha convertido en la práctica en instrumento de negociación por parte del Estado para alegar condiciones determinadas de sometimiento de la insurgencia guerrillera. Por otra parte, la experiencia colombiana es ilustrativa (y dolorosa) en cuanto a incumplimientos de acuerdos de paz.

El acuerdo político entre el gobierno y la guerrilla para la convocatoria de una Asamblea constituyente debe concretarse en un proyecto de ley a ser tramitado en el Congreso, con el respaldo político de las fuerzas que conforman la coalición de gobierno. Se esperaría igualmente el acompañamiento de sectores democráticos hoy minoritarios. Según lo establece la Constitución, el acuerdo materializado en proyecto de ley, deberá ser contentivo de la competencia, el período y la composición de la Asamblea constituyente. Debe suponerse que la competencia de la Asamblea estaría definida por el contenido del eventual acuerdo final para la terminación del conflicto y que su composición incluiría la participación de constituyentes de la organización guerrillera. A ello habría que adicionarle probablemente asuntos que resulten del interés tanto de las fuerzas políticas que acompañan la convocatoria de la Asamblea, como del movimiento social y popular. También, aquellos provenientes de las fuerzas guerrilleras que no están en proceso de diálogos. La opción constituyente no está pensada de manera exclusiva para dar refrendar un eventual acuerdo final; ella debe concretar aspiraciones de la sociedad colombiana en general y, en especial, de los sectores sociales y populares.

Lo que le seguiría a la aprobación de la ley son tres verdaderas batallas políticas. La primera, para garantizar que en consulta popular se refrende la convocatoria a la Asamblea. La segunda, referida a la elección de los constituyentes. Y la tercera, concerniente a las deliberaciones que habrán de conducir a la formalización de un nuevo contrato social en la forma de un nuevo texto constitucional. En todos los casos, se trata de poner a prueba la capacidad del movimiento social y popular para producir un cambio en el balance político y de poder, teniendo en cuenta sus trayectorias y repertorios históricos de lucha, así como su nivel de organicidad y politización actual.

De un eventual escenario constituyente debe esperarse un nuevo marco jurídico-político institucional que genere condiciones para avanzar en la democratización de la economía y la sociedad y continuar con un proceso de acumulación de fuerzas tendiente a producir cambios políticos profundos y estructurales. La Asamblea constituyente no es el punto de llegada de una revolución triunfante. No es más que un alto en la contienda para refrendar avances, reacomodar las fuerzas y darle continuidad a las luchas. Ella no puede derivar en la ilusión del derecho.

Asamblea nacional constituyente, lucha de clases y nuevas posibilidades de la acción política

La experiencia reciente en Nuestra América muestra la importancia de procesos constituyentes para consolidar proyectos políticos. Asimismo enseña que tales procesos en sí mismos no producen los cambios estructurales requeridos en la sociedad. También que los marcos constitucionales no necesariamente conllevan a desarrollos legales acordes con el sentido que les ha dado el constituyente primario, sino que estos están sujetos a una reafirmación continua de la correlación de fuerzas. En las experiencias de Venezuela, Bolivia y Ecuador, los procesos constituyentes estuvieron precedidos de cambios políticos basados en la acumulación de fuerzas, la movilización y la lucha popular contra el neoliberalismo, así como en el despliegue de la potencia constituyente, que tendrían como punto de llegada triunfos electorales, a partir de los cuales se impulsaría la trasformación constitucional y la formalización jurídico-política del nuevo balance político y de poder.

En el caso colombiano, de prosperar la perspectiva constituyente para refrendar un eventual acuerdo de paz, la situación es significativamente distinta. El pulso de fuerzas que ha conducido al diálogo y que ha abierto la posibilidad de la negociación y el acuerdo final se encuentra en pleno desarrollo. La dinámica social y popular, las luchas de resistencia y la potencia constituyente están aún dispersas y no han alcanzado los niveles de cohesión requeridos para producir un cambio político de alcances estructurales, pero son evidentes los mayores niveles de organización y de politización.

La perspectiva de una Asamblea nacional constituyente podría convertirse precisamente en un factor de cohesión y encuentro, tanto en lo relacionado con el proceso que pueda conducir a ella, como en la definición de temas y asuntos que serían de su objeto. Desde ese punto de vista, la opción constituyente es una expresión del estado de la lucha de clases, pues con referencia a ella se juegan proyectos político-económicos de sociedad. Y desata al mismo tiempo, posibilidades indiscutibles para la acción política y la lucha popular.

La opción constituyente puede convertirse en el punto de llegada (y de partida a la vez) de trayectorias movimiento; de ese movimiento que se ha venido acumulando y desplegando a lo largo de la última década y entretanto posee rasgos propios de la lógica constituyente.

Tal movimiento ha vivido el tránsito de movimiento destituyente a movimiento constituyente. De movimiento primordialmente de protesta, movilización y resistencia a movimiento que se autocomprende como opción de poder, aún desigual y diferenciado en tiempos, ritmos, intensidad y repertorios.[10] De manera específica me refiero a la *Marcha Patriótica,* al *Congreso de los Pueblos,* a la *Coalición de movimientos y organizaciones sociales de Colombia* (COMOSOC) así como a múltiples procesos organizativos regiona-

les y locales. Además de su renovada concepción de la política, que
trasciende enfoques institucionales y que amplía el espectro de la
acción más allá del sistema político y electoral, a estos movimientos los caracteriza un entendimiento múltiple y diverso del sujeto
político, concebido siempre desde la perspectiva de las clases subalternas, así como su condición de movimiento de movimientos.
Las luchas de estos movimientos son luchas contra los contenidos
esenciales de la actual fase de acumulación capitalista en el país:
financiarización, explotación transnacional minero-energética, agro-
combustibles, depredación sociambiental, precarización del trabajo,
mercantilización de la vida y de los derechos, violencia estatal y
paramilitar, despojo y desplazamiento forzado. Al mismo tiempo,
luchas reafirmativas de la soberanía, la autonomía de las comunidades, de la tierra y el territorio, de los derechos y del buen vivir de
la población. Como se aprecia, movimiento y luchas que agregarían
valor de manera significativa a un proceso de constituyente.

Estos movimientos han sido en la mayoría de los casos también
movimientos por la solución política y la paz con justicia social. En
el caso de los movimientos que hoy conforman la *Marcha Patriótica*
buena parte de su repertorio de movilización ha estado referido
a la solución política. Así lo demuestra el «Encuentro nacional e
internacional por el acuerdo humanitario y la paz» celebrado en
Cali del 13 al 5 de noviembre de 2009, o la «Marcha Patriótica y
el Cabildo Abierto por la Independencia» realizado en Bogotá del
19 al 2 de julio de 2010, o el «Encuentro de comunidades campesinas, indígenas y afrodescendientes por la tierra y la paz de Colombia», llevado a cabo en Barrancabermeja del 12 al 15 de agosto, o la
movilización del 23 de abril de 2012, que selló formalmente la constitución de *Marcha Patriótica* como movimiento político y social. El
inicio de los diálogos de La Habana no se circunscribe, en ese sentido al acuerdo directo, entre el gobierno de Santos y las FARC-EP.
Es también el resultado de la movilización social y popular.

Por otra parte, el desarrollo de los diálogos se ha acompañado de esfuerzos por avanzar en la construcción de movimiento que no solo se apropie socialmente de ellos, sino que los dote con los contenidos de las clases subalternas organizadas y de las gentes del común, en general. Muestra de ello es el proceso político-cultural y pedagógico de las «Constituyentes regionales y sectoriales por la paz con justicia social» que aspira a realizar cerca de 300 constituyentes, preparatorias de una «Asamblea Nacional de Constituyentes regionales y sectoriales», de la que saldrá el mandato constituyente de las gentes del común. Una magnífica expresión de los avances de esta iniciativa fue la «Movilización por la paz, la democracia y la defensa de lo público» del 9 de abril de 2013, que —junto con otros sectores sociales y políticos y recogiendo el legado histórico de Gaitán— dotó con nuevos contenidos las aspiraciones sociales y populares por superar el ciclo de violencia y construir la paz con justicia social que demanda el país. En la misma dirección, deben interpretarse el «Congreso de paz» promovido por el *Congreso de los pueblos* y las iniciativas promovidas por la *Ruta social común por la paz*.

Todos estos procesos son expresivos de acumulados que pueden confluir en la batalla política por producir un balance a favor de la Asamblea nacional constituyente. Representan al mismo tiempo la posibilidad de fortalecer un eventual acuerdo entre el gobierno de Santos y la guerrilla de las FARC-EP, con las demandas sociales y populares. La agenda de diálogos de La Habana es contentiva de aspectos nodales para avanzar hacia una democratización de la política y del poder. Me refiero de manera particular a la cuestión de la tierra y el territorio, la participación política y las víctimas del conflicto. Dialogar sobre ello, entrar en el ámbito de la negociación y el acuerdo representa indiscutiblemente un avance de la lucha política general; ha permitido direccionar y condensar su sentido y las posibilidades de la transformación estructural. Desde luego que no la agota. No solo porque ese no es el propósito, sino porque ello implica más bien la intención de canalizar y juntar las rebeldías para darles una mayor proyección y contenido. El lugar de encuentro puede ser justamente la Asamblea constituyente.

La perspectiva de la Asamblea nacional constituyente debe comprenderse como un momento de la lucha de clases, incluso de su intensificación. Ella no representa en momento alguno el cierre de las aspiraciones históricas del movimiento insurgente, tampoco de las luchas sociales y populares, mucho menos la renuncia del bloque de poder a su proyecto de dominación de clase. En la mirada de este último, si se allanara a ella, es la pretensión y posibilidad de darle continuidad a la imperante estrategia de acumulación neoliberal, que se ha acentuado y profundizado incluso en medio de los diálogos de La Habana, con un verdadero paquete de reformas neoliberales de segunda y tercera generación. La conquista y colonización de nuevos territorios para someterlos a la explotación transnacional, la mercantilización extrema de los variados ámbitos de la vida social, así el proceso de creciente financiarización han continuado su curso. La pretensión de organizar el ejercicio del poder a través de nuevos mecanismos de validación del régimen político, que parecieran marcar distancia —al menos en la retórica— frente al recurso del ejercicio abierto de la violencia estatal y paramilitar, está al orden del día. El «expediente democrático» se convierte en fundamento de legitimación del poder de clase.

La cuestión de fondo, no resuelta, consiste en definir qué medida los diálogos de La Habana, la negociación y un eventual Acuerdo final entre el gobierno de Santos y las guerrilla de las FARC-EP contribuyen a un quiebre de la correlación de fuerzas para avanzar en la democratización de la sociedad y la redefinición del modelo económico. No se trata del fin del conflicto, sino de la continuidad de la guerrilla a través de los medios que ofrece la política. La Asamblea nacional constituyente podría representar un paso adelante.

Notas

1. Véase a Gobierno de la República de Colombia-Fuerzas Armadas Revolucionarias de Colombia-Ejército del Pueblo (FARC-EP): «Acuerdo general para la terminación del conflicto y construcción de una paz estable y duradera», 2012.

2. Con este acto legislativo se incluyó en la Constitución un nuevo artículo transitorio que dice: «Artículo Transitorio 66. Los instrumentos de justicia transicional serán excepcionales y tendrán como finalidad prevalente facilitar la terminación del conflicto armado interno y el logro de la paz estable y duradera, con garantías de no repetición y de seguridad para todos los colombianos; y garantizarán en el mayor nivel posible, los derechos de las víctimas a la verdad, la justicia y la reparación. Una ley estatutaria podrá autorizar que, en el marco de un acuerdo de paz, se dé un tratamiento diferenciado para los distintos grupos armados al margen de la ley que hayan sido parte en el conflicto armado interno y también para los agentes del Estado, en relación con su participación en el mismo».

3. Diario *El Tiempo*, Bogotá, 18 de enero de 2013, p. 4.

4. Sectores del uribismo quisieron promover en 2012 una Constituyente para sacar adelante una reforma a las justicia; se afirmó que en realidad pretendían generan condiciones para una reelección presidencial indefinida del expresidente Álvaro Uribe Vélez.

5. La tesis ha sido formulada por Antonio Navarro Wolff en diferentes foros y eventos.

6. Véase a Jairo Estrada Álvarez: «¿Paz express o Asamblea Constituyente?», *Revista Izquierda*, no. 27, Bogotá, 2012, pp. 4-9 y«Diálogos de La Habana: ¿Hacia una Asamblea nacional constituyente?», *Revista Izquierda*, Bogotá, 2013, pp. 4-9.

7. Véase a Álvaro Leyva Durán: «La paz es con la historia», diario *El Tiempo*, Bogotá, 2 de febrero de 2013.

8. En contra de ello actúa el concepto gubernamental de diálogos en medio de la confrontación militar, desatendiendo el clamor social y propuestas de las propia insurgencia a favor de una tregua bilateral. También, las acciones de los sectores militaristas y de ultraderecha que presionan por una solución militar, así como las recurrentes campañas mediáticas de desprestigio del proceso.

9. En este caso, el gobierno tendría que hacer valer sus mayorías en el Congreso como expresión de su voluntad política a favor del acuerdo.

10. Maristella Svampa: *Cambio de época. Movimientos sociales y poder político.* Siglo XXI editores, CLACSO, Buenos Aires, 2008, 238 p.

Política de paz y reinvención de la política.
Historia, tierra y construcción de *Lo común*

Daniel Libreros Caicedo y Jorge Gantiva Silva

El largo ciclo histórico de latifundio y terror de Estado

La tierra es el centro de las negociaciones de paz en La Habana entre el gobierno de Santos y las FARC. No es casual que sea el primer punto de la agenda. Se trata de reconocer la centralidad de la tierra para el conflicto colombiano. No hay que olvidar que las FARC surgieron en los inicios del Frente Nacional bajo la forma de autodefensa campesina, como respuesta al despojo de las tierras por parte de los grandes latifundistas y contra la ofensiva militar de un régimen autoritario que reprimió las reivindicaciones de las masas campesinas, y que en las décadas posteriores adecuó el sistema institucional ante las exigencias del capitalismo internacional y la globalización neoliberal sobre el binomio: latifundio-«terror de Estado». Si bien, el tema de la tierra no explica solo el conflicto armado, expresa de todas maneras la forma como se constituyó el tipo de régimen político imperante en Colombia. Necesariamente, esta tesis remite a la comprensión de la historia y a la configuración de la dominación política.

La recurrencia del latifundio

Como ocurrió en la mayoría de los países periféricos, el desarrollo del capitalismo en Colombia se fundamentó en el poder político y económico del latifundio, abriendo un sinnúmero de tensiones recurrentes con el Estado, la conformación de las regiones y los poderes locales, y las aspiraciones del movimiento campesino. Desde que el modelo de acumulación se consolidó mediante la denominada «sustitución de importaciones», apareció la contradicción entre la extensión y profundización de la mercantilización de la economía, de un lado, y la permanencia del modelo hacendatario basado en el gran latifundio, por el otro, el cual ha buscado mantener a los campesinos poseedores bajo formas premodernas de trabajo, particularmente en las zonas cafeteras, en medio de la competencia internacional del precio del café, la construcción de infraestructura y el impacto de la globalización, lo que desencadenó el aumento gigantesco de los precios de la tierra. Esta contradicción desató el movimiento campesino, las movilizaciones y luchas por la recuperación de la tierra,[1] proceso que produjo una crisis en el hacendismo convencional y confrontó el «régimen señorial hacendatario» como lo llamaba Antonio García Nossa.[2]

El gobierno de López Pumarejo, con la expedición de la ley 200 de 1936, logró apaciguar la radicalidad campesina al reducir la prescripción adquisitiva de dominio en predios ocupados sin oposición del propietario de treinta a cinco años. Esta concesión fue otorgada en medio de una normatividad estrecha, que la limitaba en el tiempo las ocupaciones ocurridas antes de 1935, desconocía la desigualdad en el acceso a la propiedad rural y la apropiación de baldíos en las zonas de frontera.[3] La misma ley establecía la pérdida de la calidad de propietario a quien se le comprobara la ausencia de explotación en sus predios por un período de 10 años; sin embargo, la disposición no tuvo mayores consecuencias.

La ley 200 tuvo como correlato la expulsión de colonos, arrendatarios y aparceros en las zonas de conflicto y la reducción del área cultivada para evitar el choque con los arrendatarios, situación que obligó a la importación de alimentos. La ley 100 de 1994 cerró las posibilidades de atacar la propiedad de las haciendas al tiempo que normalizó la aparcería, recuperando la inversión.[4] Este desenvolvimiento histórico grafica la configuración del Estado colombiano una vez consolidado el ciclo de la modernización capitalista. El Estado modernizado preservó en lo fundamental «el esqueleto y el espíritu» del sistema hacendista-autoritario y clerical que legitimó la «Regeneración» de Rafael Núñez en 1886.

La forma-Estado corporativo

Diseñado bajo el peso político de un bipartidismo elitista que definía el accionar político-militar de las clases en el poder y en el marco de una modernización que tomó impulso bajo la hegemonía conservadora (1886-1930),[5] la versión colombiana del Estado moderno apareció signada por una institucionalidad precaria, incapaz de integrar a la población bajo los supuestos de la filosofía liberal;[6] y obligada a compensar ese déficit, acudió a los oficios de la Iglesia Católica para garantizar sus privilegios y dar continuidad al Concordato con el Vaticano.[7]

Ahora bien, estas razones políticas e ideológicas, históricas e institucionales están sustentadas en un patrón de acumulación de capital, cuyo soporte ha sido, en primera instancia, la exportación cafetera, controlada a su vez por la Federación Nacional de Cafeteros, posibilitándole obtener importantes divisas que determinaron una forma de desarrollo y un tipo de industrialización. Este peso específico en lo económico se proyectó en el plano político impidiendo que el Estado colombiano se apropiara de las rentas del comercio exterior y pudiera tomar decisiones públicas por fuera de los intereses privados de las fracciones del capital.[8] La consecuencia nefasta de este proceso fue la cristalización de un cierto modelo de Estado-corporativo, cuyas características patrimonialistas desvirtuaron el sentido moderno de lo público y la democracia. La formación de los gremios empresariales que representaban estas fracciones del capital, formalizó dicho corporativismo. En cierto modo, es el largo camino de la «captura del Estado» por parte de grupos privados que a la larga cimentará el dominio de las mafias, de la corrupción y del poder clientelista.

La república señorial hacendataria y el bipartidismo

Tras el asesinato de Gaitán, este sistema de dominación política entró en serias contradicciones y adquirió el rostro de una «República señorial hacendataria» que generó caos institucional, «autonomización» y enfrentamiento de los poderes locales, incapacidad del Estado de ejercer el monopolio de las armas,[9] por lo que las élites y el gobierno conservador, en particular, utilizaron la policía y los primeros grupos paramilitares, llamados entonces («chulavitas», «pájaros») para mantener el poder y el control. En el campo, nuevamente en las zonas cafeteras y en una coyuntura de precios internacionales favorables del café, se concentró la violencia y produjo un desplazamiento campesino a gran escala.[10]

Más allá de constatar este proceso histórico, importa resaltar el hecho de que la masificación degradada de la violencia, destruyó valores de referencia colectivos y lazos sociales, abriendo en el campo una fase de despojo recurrente que aún no termina, robo indiscriminado de tierras, desplazamiento masivo del campo a la ciudad, promovido y ejecutado, tanto por el paramilitarismo como por las políticas neoliberales. Lo que confirma la historia, es que el funcionamiento político-institucional está sustentado en el binomio: latifundio-terror de Estado.

No hay que olvidar, por ejemplo, que la dictadura de Rojas Pinilla fue resultado de un acuerdo bipartidista en el que la Dirección Liberal de entonces, comprometió a las guerrillas liberales en una desmovilización. A la postre, sus principales dirigentes fueron asesinados. El Frente Nacional surge de otro acuerdo bipartidista en el que los responsables de la violencia de los años anteriores quedaron en la impunidad y se legalizó el despojo de tierras. La asociación entre latifundistas y capitalistas agrarios profundizó la industrialización del campo en algunas regiones de conformidad con las exigencias del modelo sustitutivo que a finales de la década del sesenta del siglo XX se impuso hacia las exportaciones.[11]

Sin embargo, desde los años iniciales del Frente Nacional era evidente que en la estructura de la propiedad rural ya se había consolidado el latifundio improductivo, precisamente en las regiones más fértiles. Los informes técnicos de los organismos internacionales (Currie y Lebret) destacaron esta situación y la calificaron de irracional desde el prisma de las necesidades del desarrollo capitalista, mientras que la ganadería extensiva estaba ubicada en las llanuras fértiles y la mayoría de los campesinos se agolpaban en las laderas de montaña en condiciones de pobreza y vida precaria. En este mismo período, una vez consolidado el triunfo de la Revolución Cubana, los gobiernos de los Estados Unidos reorientaron sus políticas hacia la «contención subversiva», abrieron un espacio de reformismo agrario y combinaron represión y asistencialismo en la región.

El reformismo agrario contrainsurgente

En este contexto la política liberal (Carlos Lleras Restrepo) propugnó el desarrollo del capitalismo en el campo basado en la pequeña propiedad, teniendo acogida social e institucional. Se expidió la ley 135 de 1961 que creó el Instituto Nacional de Reforma Agraria (INCORA). Las políticas agrarias durante la década de 1960 continuaron el mismo derrotero, al punto que en el mismo gobierno del Lleras Restrepo, se desata como contrapartida uno de los movimientos campesinos más genuinos bajo la consigna «la tierra pa'el trabaja». La idea del gobierno era integrar el movimiento campesino al Estado, creando la Asociación Nacional de Usuarios Campesinos (ANUC). La fórmula de Lleras incluía medidas para la contención de la migración del campo a la ciudad, promoviendo el fortalecimiento de la economía parcelaria como dique de contención antes estos dilemas.[12]

El «Pacto de Chicoral» suscrito en 1972 entre el entonces presidente de la República, Misael Pastrana, y Alfonso López Michelsen, jefe del partido Liberal, significó el cierre del ciclo de los intentos reformistas en el campo que tuvieron realmente resultados muy precarios. Por lo demás, la política oficial del gobierno de Pastrana plasmada en el Plan de Desarrollo «Las Cuatro Estrategias» había desestimado la preocupación por la migración del campo a las ciudades, ofreciendo la construcción de viviendas y áreas económicas similares que no exigía alta calificación laboral, como política alternativa ante el desempleo. En este escenario complejo, surgió el más pavoroso paramilitarismo como punta de lanza contra el movimiento democrático de campesinos por la tierra, el cual trajo las matanzas y desplazamientos que contribuyeron a fortalecer el dominio terrateniente, consolidándose de este modo la contrarreforma agraria que ha significado la apropiación violenta de más de 7 millones de hectáreas; ha fortalecido el poder paramilitar en las regiones; ha servido como instrumento de acumulación mediante el lavado de activos y ha condenado al desplazamiento, la ruina, el despojo y la desesperanza de más 4 millones de campesinos y pobladores del campo.

El surgimiento de los grupos de autodefensas, organizados por el paramilitarismo, se configuró en el contexto de la política de terror de Estado, con autorización oficial (Decreto 3398 de 1968), y operando con el apoyo de sectores del alto mando militar. En este sentido, ese proceso ha repercutido en la conformación del ejército colombiano como cuerpo de choque en la confrontación interna y como fuerza de imposición violenta para mantener el orden social. Fue moldeado precisamente para enfrentar las revueltas obreras —años veinte—, se consolidó en la segunda posguerra con la asesoría militar norteamericana, bajo la doctrina del anticomunismo como cuerpo contrainsurgente.[13] La subordinación al Pentágono ha sido un factor en su estructuración, funcionamiento y formación ideológica. Al mismo tiempo, esta dependencia, ha determinado la incondicionalidad de la diplomacia colombiana al imperio norteamericano.[14] Durante el Frente Nacional y bajo el régimen de excepción, denominado por un largo período «Estado de Sitio», la institucionalidad bipartidista entregó al ejército la judicialización de la rebelión política y de las luchas sociales mediante la imposición de la Justicia Penal militar.

La defección del liberalismo colombiano

En este recorrido histórico existe un rasgo político en la explicación del poder político convencional del latifundio, ligado al papel del liberalismo. Durante el gobierno de López Pumarejo se colocó a prueba su capacidad de cambio hacia un proyecto liberal-modernizante, y la llamada «Revolución en Marcha» desarrolló algunas transformaciones en el funcionamiento estatal, particularmente en la política laboral y tributaria; no obstante, sus alcances resultaron bastante precarios. Por ejemplo, el enfrentamiento contra el latifundio nunca ocurrió, a pesar de las declaraciones rimbombantes que precedieron a la expedición de la ley 200. La precaria conformación de una burguesía industrial, impidió la consolidación de una fuerza material que contribuyera a disolver el régimen latifundista, hacendatario. La derrota del movimiento campesino impidió concretar esta posibilidad; mientras del paramilitarismo se convirtió en la fuerza disolvente del democratismo campesino. El proyecto de la modernidad terminó siendo un difuso eco en medio de la «modernización tardía» del capital globalizado y transnacional y de la violencia social y política.

La incomprensión del carácter reaccionario de la burguesía colombiana y su íntima articulación con el Imperio, genera muchas confusiones y equivocaciones en política. Es conocida una cierta mitología en la izquierda colombiana sobre las supuestas bondades progresistas del gobierno de López Pumarejo («Revolución en Marcha»; sin embargo, estos argumentos mistificados solo han servido para justificar una estrategia de conciliación de clases con el gobierno de López Pumarejo,[15] como lo promovió el recién fundado Partido Comunista, y que de manera reiterada la izquierda reformista ha mantenido para validar su alianza con una supuesta «burguesía nacional» según la jerga del MOIR y otros agrupamientos de centro-izquierda.

La burguesía liberal colombiana ha sido sumamente conservadora. El «centenarismo» no ha sido más que una generación liberal pacata que renunció a los ideales del liberalismo social y democrático. Lo que siguió inmediatamente —finales de los años cuarenta— fue el desprendimiento del sector de Eduardo Santos para consolidar los acuerdos con el conservatismo y la Iglesia Católica contra el fantasma del comunismo y la pretensión de cualquier reforma estructural del Estado colombiano. Tras el fracaso del segundo gobierno de López Pumarejo, gana la presidencia, Mariano Ospina Pérez, uno de los conservadores más caracterizados por su espíritu de contrarreforma, un personaje que ejecuta la maniobra de la continuidad institucionalidad luego del asesinato del caudillo popular, Jorge Eliécer Gaitán.

Los acontecimientos históricos posteriores comprometen la defección del liberalismo en el proceso de construcción de la modernización. Acorralado por el terror conservador, durante los años iniciales de la «Violencia», el Partido Liberal acompañó la decisión de las guerrillas liberales a rebelarse. Una vez que lograron acogida entre las masas, las involucraron en el pacto de reconciliación sin garantías, abandonándolas a su propia suerte. Poco tiempo después sus dirigentes fueron asesinados con la complacencia de sus anteriores mentores. Estos sectores suscribieron el pacto bipartidista del Frente Nacional, como modelo oligárquico y autoritario; continuaron una suerte de modernización basada en el latifundio y mantuvieron intacta la «República señorial». Al irrumpir la globalización neoliberal han sido los artífices de su aplicación dogmática. Es evidente la constante histórica del carácter retardatario del liberalismo colombiano. No obstante, se sigue guardando la ilusión de un supuesto liberalismo reformador con la vana idea del «desarrollo democrático», el logro de la modernidad; y a lo sumo se propone conformar un supuesto frente político progresista que termine con la violencia sistemática en la que ha estado sumida Colombia y con la pretensión de concluir con el atraso, terror de Estado y la antidemocracia. Esta estrategia, a todas luces, equivocada, solo ha servido para minar la capacidad de resistencia y rebeldía de las masas.

La insurgencia: resistencia y poder territorial

Las FARC surgieron como autodefensa campesina, como proyecto de los campesinos liberales contra el régimen conservador y los grupos privados que desataron el «terror de Estado». Su forma de cohesión social se articuló al modelo de tradiciones familiares y de vecindad.[16] Una vez ocurrida la desmovilización de las guerrillas llaneras con su desenlace fatal, abandonaron esta opción y en el enfrentamiento con Rojas Pinilla y el Frente Nacional giraron hacia una posición comunista, fusionándose en el llamado Bloque Sur. En el lapso 1957-1964 transitaron de la lucha inter-partidaria a la resistencia campesina contra del Estado, lo que cimentó su naturaleza ideológica, establecida en la plataforma que dio inicio a las FARC en 1964. El gobierno de Guillermo León Valencia reacciona entonces desatando un amplio plan militar llamado «operación Marquetalia», una de las acciones militares de mayor envergadura que se haya hecho en toda la región, en esa época, asesorada y dirigida directamente por los Estados Unidos. Las FARC logran subsistir, consolidándose como estructura político-militar, al tiempo que inician un proceso de colonización en el sur-oriente del país.[17]

Resistencia campesina y colonato

Tener en cuenta este proceso es importante dado que la ofensiva ideológica global, asociada en lo militar con la denominada «lucha antiterrorista», ha diseñado, en el plano interno, una falsa simetría entre guerrilla y paramilitarismo, intentando eludir la responsabilidad del «terror de Estado», que además busca erradicar de la memoria colectiva la historia de la resistencia del movimiento campesino. Independientemente de las diferencias ideológicas, políticas, con el proyecto político y el accionar de las FARC, es un hecho histórico su ligazón con la resistencia campesina. No admitirlo es seguir la cartilla establecida en el Pentágono y los círculos de la oligarquía colombiana

Los dirigentes de las FARC «encontraron un enorme potencial en los colonos pobres de los nueve frentes de frontera interior de la segunda mitad del siglo XX, que abrieron a la producción unos 4 millones de hectáreas…».[18] Durante la década de 1980 cuando el país devino en productor de hoja de coca y la crisis del modelo sustitutivo en el campo produjo un desplazamiento campesino hacia esas zonas de colonato esta guerrilla encontró las bases económicas y poblacionales para articular y centralizar la anterior colonización dispersa. En la década de 1990, el enfrentamiento en el terreno con los paramilitares obligó a un cambio de estrategia militar, dirigido al control de los territorios como base de apoyo a la economía de guerra; obligó igualmente a las FARC a transitar del cobro de impuestos a la compra-venta de la coca en el sitio de producción, a la intermediación con el capital ilegal que la obtiene como materia prima.[19]

La dirección de las FARC logró, adicionalmente, posicionar un discurso alternativo, que coloca al Estado como responsable de la siembra de coca en estas regiones a causa del abandono secular a que ha sido sometido el colono y los pobres del campo por parte del Estado. Las marchas cocaleras en ese período, fueron realzadas bajo esa orientación. El posicionamiento territorial explica el porqué ahora, cuando se ha abierto una nueva posibilidad de negociación de paz, en La Habana, las FARC han planteado la constitucionalización de territorios campesinos con organización política interna propia, lo que significa un cambio cualitativo en términos comparativos en lo que se refiere a propuestas a las que realizó esta misma guerrilla en los anteriores negociaciones de paz.[20]

La tierra en el contexto de la globalización

Lo que empezó como una decisión del imperio norteamericano en el gobierno de Nixon de transitar del dominio político del régimen de Estados desiguales —definido en la segunda posguerra—, a la hegemonía del dólar en el sistema financiero internacional, decisión que produjo la terminación del patrón dólar-oro con sus medidas complementarias (tasas de cambio variables, desregulación de los flujos de capital),[21] dio por concluido a mediados de la década de 1980 con el control por parte de los grandes intermediarios financieros (Hedge Funds, Banca de Inversión, Fondos de Pensiones, Compañías Aseguradoras) de la producción y la distribución de una riqueza cada vez más concentrada, control que se realiza en los mercados de capitales.[22] Este giro histórico determina el carácter rentista —capitalismo patrimonial[23] de la fase actual del capitalismo. Como parte de ese rentismo, las inversiones de los grupos transnacionales se registran bajo la forma de títulos en los mercados financieros.

Este funcionamiento de los mercados de capitales recuperó la importancia de las inversiones asociadas a la tierra, por cuanto las empresas transnacionales ubicadas en la producción primaria (agricultura, petróleo y minería) han vendido beneficiándose en los últimos años de un alza en los precios de las *commodities*, como resultado de un «*boom*» de las titularizaciones en el sector, causado por decisiones deliberadas de las autoridades financieras estadounidenses.[24] Esta es una de las causas del porqué, en el caso colombiano, existe una presión del capital internacional sobre el gobierno de Santos y el empresariado rural para aumentar la inversión agrícola.[25]

Sin embargo, el dimensionamiento del tema de la tierra no obedece tan solo a razones coyunturales, sino, igualmente, a condiciones estructurales. La globalización neoliberal produjo una nueva división internacional del trabajo. Esta división internacional del trabajo se encuentra vertebrada en torno a las grandes corporaciones transnacionales que han terminado por convertir a la franja mayoritaria del comercio internacional en un comercio intra-firmas (transacciones entre filiales y matrices).[26] Enrique Arceo ha hecho un buen resumen de las características de esta crucial transformación:

> Se trata de un cambio fundamental en la centralización de la gestión y la especialización de las filiales que posibilita el pasaje de la provisión por las filiales de productos para los mercados en que están implantadas, a la producción de partes o piezas en proceso en el marco de un proceso productivo global que se desarrolla en el mercado mundial o regional y tiene a este como destinatario [...] Se ha pasado a una división internacional del trabajo centrada en el intercambio de productos manufacturados del centro por productos primarios de la periferia, a otra basada en el intercambio de productos manufacturados cuya producción requiere distintas proporciones de capital y de trabajo calificado.[27]

Como añade el mismo Arceo, las burguesías periféricas en este nuevo escenario productivo transnacional deben incorporarse en condiciones de «subcontratistas en las redes globales».[28] La particularidad del desarrollo geográfico desigual que produjo la división del trabajo en la fase del capital globalizado, está basada en el hecho de que América Latina padecía en el período de la crisis de la deuda, un rezago en relación con Asia (China y los «Tigres asiáticos» principalmente) y quedó condenada a la reprimarización económica.[29]

El juego de poder en la Mesa de Negociaciones

Estas consideraciones explican porqué el gobierno de Santos y los empresarios rurales pretenden que la negociación política con las FARC sirva de oportunidad para acomodarse a las exigencias del capital globalizado. El primer paso para lograr ese cometido es el de formalizar la propiedad de la tierra después de décadas de despojo. Para lograr ese propósito requiere legitimar internamente, y ante la comunidad internacional, el tema de los desplazados. La ley 1448 del 2011 que expidió el Congreso por solicitud del Presidente, antes de que empezaran las negociaciones de La Habana, además de las falencias frente a la normatividad internacional en derechos humanos, limita el uso de las tierras que se devolverán a las víctimas, respeta los megaproyectos de minería y agro-industriales al excluirlos de la restitución y define una indemnización con títulos de deuda pública a los desplazados que no quieran retornar a sus territorios.

Este instrumento normativo de estas características tiene sus limitaciones para negociar con la guerrilla, que reclama la representación de miles de colonos que incorporaron a la producción 4 millones de hectáreas. Esta realidad obliga a una negociación que incluya el tema de la organización territorial. En la mesa de negociaciones, la propuesta gubernamental gira en este tema regional hacia la focalización en las zonas en que tiene presencia esta guerrilla, eludiendo el enfrentamiento con los latifundistas en el resto del país.[30] Al mismo tiempo, el gobierno pretende desde ya asegurar el orden político en esos territorios para garantizarle al gran capital el control corporativo de los mismos, a la manera de lo que ocurre en otras regiones.

El control corporativo de los territorios permite la integración territorial de las poblaciones rurales, en la medida en que una de las particularidades definitorias del capital globalizado es la de la acumulación geográfica o la acumulación espacial,[31] mediante la cual se apropia y organiza bajo su lógica de funcionamiento el conjunto del circuito económico regional (producción, distribución y consumo). En el caso de la agricultura este tipo de acumulación toma la forma de cadenas productivas que pueden ejecutarse a través de alianzas asociativas sin importar, ni el tamaño, ni el tipo de propiedad. Pueden citarse múltiples informes de instituciones internacionales sobre este tema. Según la FAO, «Las alianzas productivas involucran a diferentes actores en los procesos productivos. Dichos actores, se vinculan de forma voluntaria para intercambiar recursos, generando compromisos en la consecución de un objetivo común, cuya principal virtud es agregar valor…».[32] Capturar el valor agregado deviene en un asunto decisivo si se tiene en cuenta que el monto mayor de ese valor se obtiene actualmente por fuera de las fincas.

Rafael Mejía, presidente de la SAC, haciendo eco de esas orientaciones de los voceros del capital global ha insistido en el desarrollo agrario con enfoque territorial y en las alianzas asociativas como propuesta que debe acompañar la salida política al conflicto:

> Por lo tanto, el desarrollo rural con enfoque territorial es un concepto integral que comprende aspectos como la promoción de la producción agrícola, iniciativas que promuevan la seguridad alimentaria, la educación, la infraestructura, la salud y el desarrollo de capacidades productivas de los ciudadanos, el fortalecimiento

de las instituciones rurales y la protección de grupos vulnerables, todo esto en el contexto de un espacio rural [...].[33]

Sobre esta base ha formulado el diseño de alianzas asociativas que incluyan a empresarios rurales con pequeños y medianos propietarios, resguardos y comunidades afro-descendientes para la ejecución de cadenas productivas.

En el contexto de acumulación espacial de capital la economía campesina de pequeña propiedad no tan solo debe ser respetada, sino, igualmente, promocionada.[34] Apoyado en la investigación de José Leibovich[35] según la cual la productividad de la tierra en los minifundios (medida bajo el indicador pesos y rendimiento anual por hectárea), toda vez que es 40 veces superior a la de la gran propiedad, 28 veces superior a la de los productores medianos y casi seis veces superior a la de los pequeños propietarios; el exministro Rudolf Hommes concluye que si se cediera «el 10 por ciento de la tierra a los cultivadores en minifundios o en pequeñas propiedades, la producción agrícola podría aumentar en un 16 por ciento si se mantienen las productividades. Y si les cedieran el 20 por ciento, aumentaría la producción agropecuaria en cerca del 32 por ciento...».[36] Además añade que las tierras a repartir a los minifundistas deben tomarse del Fondo de Estupefacientes.

En esta propuesta hay algo que está implícito, y debe develarse. Las formas de producción y el proceso tecnológico que las acompaña serían las de un capital depredador que utiliza fertilizantes basados en la química del petróleo y que incentiva a la producción acudiendo a los transgénicos. Se produciría una expropiación sobre el derecho al uso del suelo de los campesinos, y significaría el final de la economía familiar basada en saberes ancestrales. En una palabra, se oficializaría el paso del minifundista y el pequeño propietario al microempresario rural controlando el capital, la mercantilización de la tierra, la asistencia técnica y el sistema crediticio del capital.[37] En regiones de colonato bajo la influencia de las FARC, esta propuesta integradora estaría acompañada de un proceso que transitaría de la sustitución de cultivos ilícitos hacia cultivos de incidencia en el mercado.

La misma lógica de funcionamiento espacial pretende aplicarse a las zonas de reserva campesina. Las reconoce el Estado para articularlas al espacio mercantilizado. Juan Manuel Ospina, exdirector del INCODER ha anotado al respecto:

> Las zonas de reserva campesina, se asimilarían a los resguardos y a los títulos colectivos afro, combinando propiedad colectiva y vivienda y parcela familiar; escenarios para una vida comunitaria activa que sea motor de progreso y de democracia; en ellas la propiedad se mantendría indefinidamente en manos campesinas para abrirse de manera organizada a los mercados, a los encadenamientos productivos con el sector agroempresarial [...].[38]

Las FARC han propuesto otras consideraciones para estas zonas de reserva campesina, asociadas al concepto de territorios colectivos campesinos que tendrían normas de funcionamiento diferentes a las de las transacciones en el mercado y con autonomía política en las decisiones de quienes las integran como sucede con los resguardos indígenas.[39]

Consolidar un proyecto de estas características requiere actuar en clave de resistencia espacial. Obliga a construir una unidad política plural entre todos los oprimidos del campo en la perspectiva de poderes políticos regionales alternativos que puedan articularse con el tiempo con las rebeliones urbanas en procura de la transformación social. Esta resistencia espacial plantea igualmente la necesidad de formas colectivas de intercambio económico diferentes a las del mercado capitalista. En una palabra, se trata de afirmar un proceso de «desconexión parcial» con la globalización.[40] Este es el tamaño de la paz y el sentido de las transformaciones políticas y sociales.

La significación histórica de la paz y la construcción de *Lo común*

Las negociaciones de paz en La Habana representan un acontecimiento histórico para que Colombia pueda emprender procesos de transformación democrática. A sabiendas de las enormes dificultades y de la férrea oposición de sectores reaccionarios, este proceso de paz tiene la ventaja de plantear asuntos estratégicos para la construcción de nuevas posibilidades para el cambio social y político. El capital transnacional insistirá en su lógica de «subsunción real» y total; y querrá limitar su alcance al juego de la mercantilización, la capitalización y la «empresarización», sin importar, los lazos sociales, los saberes ancestrales y las culturas populares. Las élites buscarán minimizar su proyección, y seguirán reduciendo sus objetivos al fracaso anticipado del proceso de paz. El país, polarizado por los alcances de la paz, ha logrado develar la magnitud de las transformaciones necesarias para un cambio significativo. Sin embargo, el gobierno y la oligarquía se niegan sistemáticamente a producir cambios en el orden macroeconómico y político. La voluntad de paz de los distintos actores también tiene sus límites. El gobierno, acosado por la ofensiva del proyecto del «centro democrático»-paramilitar que lidera Uribe, el estallido de la protesta social ante el recrudecimiento de las políticas neoliberales y la proximidad de los comicios presidenciales, transitará en una suerte de turbulencias recurrentes, con intentos de desenlace fatal. Para las partes, será un desafío complejo. Podrá concretarse un pacto de diverso tipo. Podrá ser beneficioso para los contendientes, sin resultados estratégicos definitorios. También, podrá convenirse en un acuerdo transitorio que buscará alentar un movimiento democrático de grandes transformaciones. O, podrá ser también otro proceso de paz como los que ha habido en Colombia y que la historia recordará como un armisticio temporal para reanudar los nuevos conflictos y los venideros procesos de paz.

Evidentemente algunas de las debilidades del actual proceso de paz alientan la incertidumbre y la conspiración por parte de la oligarquía reaccionaria. En particular, la ausencia de un vigoroso movimiento social, civil y democrático por la paz que soporte la agenda de las negociaciones hace creer que se trata de un acuerdo entre guerreros. La precariedad de la participación ciudadana y la ausencia de un entusiasmo público, despierta dudas y desazón. El mismo gobierno y los sectores reaccionarios han contribuido a minar su credibilidad mediante el asedio catastrófico de los medios de comunicación.

Por supuesto, la mayor debilidad radica en la dispersión de la izquierda, en su profunda división y en la carencia de un pensamiento estratégico. En particular, el predominio de una visión instrumental, corporativa y mezquina ha obstaculizado la comprensión de las dimensiones históricas del actual proceso de paz. En este contexto, la proyección de las negociaciones de paz requiere una izquierda comprometida cabalmente con la solución política al conflicto armado. Para ello, será necesario instalarse en otra lógica, en la idea-fuerza de la reinvención de la política. Urge superar entonces la visión corporativa, aparatista e instrumental, y promover en consecuencia una política de *Lo común*. Asimismo, los movimientos sociales, las resistencias regionales, las movilizaciones y la solidaridad requieren construir una propuesta nacional de cambios democráticos. En este escenario de complejidad la construcción de *Lo común* no es una suma de reivindicaciones, sino un proyecto de múltiples interpelaciones y creaciones colectivas sobre la base de las ideas de la democracia, el Buen Vivir y la paz. Es necesario seguir insistiendo en la necesidad de modificar la estructura del Estado latifundista, cambiar el régimen hacendatario y superar la «República señorial».

Sobre esta base, el proceso de paz tiene que estar soportado en la convocatoria de una Asamblea nacional constituyente. Ninguna paz será posible sin refrendarse a través de la voluntad popular. El temor de algunos sectores según la cual dicha Asamblea sería la un salto al vacío que aprovecharían los opositores de la Constitución de 1991 para hacerla regresiva, no tiene fundamento político, moral y social. Por el contrario, sería el escenario histórico para crear una «hoja de ruta» hacia las grandes transformaciones democráticas y el espacio propicio para consolidar las aspiraciones populares, regionales y sociales alternativas. Se trata de repensar entonces la paz como proceso histórico de cambio democrático. Sobre este horizonte tiene sentido la construcción de Lo común y la reinvención de Colombia como país democrático.

Notas

1. El antecedente de este enfrentamiento se encuentra en la dicotomía hacienda-colonización que operó durante el siglo XIX: «Gran parte de aquellas haciendas, se habían levantado después de 1870 sobre la posesión de tierras baldías, desmontando el área mediante la utilización de colonos o arrendatarios, los cuales, una vez abierto el cultivo ocupaban una pequeña parcela para cultivar café o productos de su propia supervivencia o la de la hacienda. Estas formas de constitución de las haciendas implicaban que los límites entre propiedad privada y las tierras baldías […] fueran extremadamente imprecisos…». Jesús Antonio Bejarano: La Economía Colombiana entre 1922 y 1929, Historia Económica, t. 1, vol. 4, Antología Jesús Antonio Bejarano, Editorial Universidad Nacional de Colombia, Bogotá, 2011, p. 187.

2. Un relato detallado de las luchas campesinas en ese período y para el caso de Cundinamarca se encuentra en Rocío Londoño Botero: Juan de la Cruz Varela-Sociedad y Política en la región del Sumapaz (1902-1984)», Editorial Universidad Nacional, Bogotá, 2011.

3. Catherine Legrand: Colonización y Protesta campesina en Colombia.1850-1950, Editorial Universidad Nacional, Bogotá, 1988, pp. 200 y ss. La referencia a esta autora sobre el tema es utilizada por Rocío Londoño Botero en Ibídem, pp. 310-311.

4. Jesús Antonio Bejarano: op. cit., p. 210.

5. Es suficientemente aceptado en los análisis de la época que el lapso 1922-1929 fue decisivo en el desarrollo del capitalismo, por cuanto el aumento

en los precios internacionales del café y el pago por la pérdida de Panamá (US$ 25 millones de la época) posibilitaron acceder al endeudamiento externo, expandir una política fiscal que dinamizó la construcción de obras públicas y políticas de fomento industrial.

6.   «Los dos partidos políticos surgieron y se consolidaron tempranamente, los militares y el ejército continuaron siendo débiles, persistió un fuerte regionalismo y la incorporación de los sectores populares se dio a través de los partidos y no a través de la mediación del Estado…». Ana María Bejarano: «*Democracias precarias*», Ediciones Uniandes, Bogotá, p. 79.

7.   La preservación de este «ethos cultural» decimonónico en la modernización sustitutiva ha sido analizada en Rubén Jaramillo: «*Colombia la Modernidad Postergada*», *Revista Argumentos*, Bogotá, 1998.

8.   Este es el elemento característico del Estado colombiano que explicita la diferencia del formato de dominación política en la fase sustitutiva en el país con relación a los modelos populistas que para la época surgieron en la región de los cuales son relevantes Brasil, México y Argentina.

9.   «Tres disparos acabaron con la vida de Jorge Eliécer Gaitán […]. En diversas regiones del país este hecho tuvo un impacto particular. Los hechos más significativos fueron: la organización de la resistencia liberal y comunista en Antioquia, Santander, el Sumapaz en Cundinamarca y en el sur del Tolima: la manifestación de bandolerismo asociado a la lucha bipartidista en Risaralda, Caldas, Quindío, Boyacá y en el Norte del valle del Cauca que fueron aniquiladas sin piedad; y las guerrillas liberales que actuaron en los llanos orientales…». Orlando Villanueva Martínez: *Guadalupe Salcedo y la Insurrección llanera, 1949-1957*, Universidad Nacional de Colombia, Bogotá, p. 27.

10. López Michelsen después de insistir en la bonanza cafetera del período reconoció este hecho. Preguntado: «¿Cómo se expresa este fenómeno en el campo? La violencia tiene que ver con la tenencia de la tierra […] De tal suerte que los campos, en el terreno agrícola, la lucha por la tierra cafetera determina inclusive la localización de la violencia. En la costa no hay café, allí la violencia es esporádica, dispersa. En el Tolima la zona cafetera en la zona del Líbano, la zona de la cordillera de la violencia es más caracterizada. En el valle la violencia no ocurre por aventura, la violencia tiene lugar en las cordilleras donde se cultiva café. En Antioquía. Posiblemente el departamento más traumatizado por la violencia fue Caldas cuando no se había desmembrado en los tres departamentos actuales…». Añade que la violencia en los Llanos debe explicarse de manera indirecta por la violencia en las zonas cafeteras dado que produjo un desplazamiento de colonos a esos territorios. Arturo Alape: *La Paz, La Violencia: Testigos de Excepción*, Editorial Planeta, Bogotá, 1985, pp. 43-44.

11. Es un tema consensuado en la literatura económica que a finales de la década de 1960 se produce un cambio en la orientación del modelo sustitutivo hacia las exportaciones debido a los límites de la demanda, elemento común en las economías dependientes, que se explica por el límite estructural que exige la acumulación de capital de mantener contracción en los salarios. La reforma constitucional de 1968 adecuó la institucionalidad económica a esas exigencias exportadoras.

12. Una síntesis de esta propuesta y del debate que suscitó con Lauchin Currie se encuentra en Humberto Vélez: «*Concepciones de Política Económica durante el Frente Nacional*», *Revista de Cuadernos Colombianos* no. 2. Este autor, a su vez, y compartiendo su análisis del tema, es citado por, Jesús Bejarano: *Ensayos de Interpretación de la Economía Colombiana*, Editorial La Carreta, Bogotá, 1974, pp. 67 y ss.

13. La mentalidad castrense se forjó a fuego lento en la represión contra los trabajadores petroleros de Barrancabermeja y de la zona bananera de Santa Marta en la década de 1920; en la represión de la insurrección popular del 9 abril de 1948, achacada nacional e internacionalmente a un complot comunista; en la participación del Batallón Colombia en la Guerra de Corea (1951-1954) bajo el mando del ejército de los Estados Unidos. Véase a Marco Palacios: *Violencia pública en Colombia-1958-2010*, Ediciones Fondo de Cultura Económica, México, D.F., 2012, p. 47.

14. Ejemplos sobran. El más relevante fue la votación en las Naciones Unidas en contra de Argentina cuando los sucesos de «Las Malvinas».

15. Este capítulo de la historia de la izquierda colombiana se encuentra descrito con suficiente detalle en la compilación realizada por Klaus Meschkat y José María Rojas, titulada *Liquidando el pasado. La izquierda colombiana en los archivos de la Unión Soviética*, Taurus/Fescol, Bogotá, 2009. Allí se muestra con documentos de la época cómo la liquidación del Partido Socialista Revolucionario (PSR) y el surgimiento del Partido Comunista obedecieron a una decisión de Moscú como parte de una política internacional. La política de conciliación de clases fue aupada en virtud de la teorización de los «Frentes Populares» que formuló el dirigente búlgaro Dimitrov.

16. Carlos Medina Gallego recuerda a propósito del Movimiento Agrario de Marquetalia que fuera decisivo en el origen de estas autodefensas: «Desde 1959 hasta 1963, el Movimiento Agrario de Marquetalia se consagra a construir la economía campesina y a defender la región de la acción de los grupos paramilitares, en particular de los llamados "limpios" cuya idea es eliminar a la dirigencia de las autodefensas campesinas. El asesinato de Jacobo Prías Álape en Gaitania, a manos de los "limpios" quienes son dirigidos por Mariachi, abre el camino de una serie de asesinatos, expropiaciones y desplazamiento de la población y anuncia una época difícil para el movimiento...». Carlos Medina Gallego: *FARC-EP-1958-2008*, Uni-

versidad Nacional de Colombia, Bogotá, 2009, p. 83. Situación similar se vivió Riochiquito, El Pato y Guayabero.

17. La estructura organizativa va a ser definida hasta después de 1974 en la sexta conferencia. Incluirá escuadras, guerrilla, compañía, columna y frentes, y la posibilidad de que con la expansión de la guerrilla se conformen bloques de frentes, dirigidos por los estados mayores, los cuales, a su vez, están subordinados al Secretariado. Esto quedó codificado en el llamado «Estatuto Interno de las FARC». Véase a Carlos Medina Gallego: Ibídem: pp. 138-140. Resalta igualmente como la Revolución Cubana y el cisma en el movimiento comunista internacional, con la ruptura entre China y la Unión soviética, igualmente fueron decisivas en la conformación ideológica de esta guerrilla. Las líneas generales de lo expuesto en esta aparte son tomadas del mismo autor.

18. Marco Palacios: op. cit., p. 57.

19. «A mediados de la década de los 90 la relación de los grupos armados se da en el nuevo contexto originado en el profundo cambio que implicó la condición de Colombia como primer país productor de cultivos de coca; para obtener materia prima ilegal los grupos armados ya no son simples cobradores de impuestos sino intermediarios de capital ilegal comprador de materia prima. El nuevo escenario ha venido incidiendo en cambios acelerados sobre diversos aspectos relacionados con la vía las regiones productoras y planteando nuevos retos a las mismas políticas antidroga que buscan una incidencia sobre una economía. Se trata de transformaciones en relación con las comunidades vinculadas a los cultivos de uso lícito; cambios en la creación ejercicio del poder local y regional en el marco de la guerra; nuevas situaciones de tensión con el gobierno central y con aquellos países interesados de una u otra manera en el impulso de programas de desarrollo alternativo…». Ricardo Vargas Meza: *Drogas, conflicto armado y desarrollo alternativo*, Prefacio, Acción Andina Colombia, junio del 2003.

20. Constitucionalización de la figura del territorio campesino, en cabeza de las comunidades campesinas y de sus organizaciones, la cual representará una de las formas de organización territorial del Estado colombiano en los mismos términos que para las comunidades indígenas y afro-descendientes. En tal sentido, los territorios campesinos serán inembargables e imprescriptibles. En consideración a las formas de propiedad existentes en estos territorios —individual, asociativa, comunitaria o colectiva—, y con miras a evitar la concentración de la propiedad sobre la tierra, habrá en ellos regulaciones específicas sobre la transferencia de derechos. […] Sin perjuicio de otras formas, los territorios campesinos estarán conformados por Zonas de Reserva Campesina o por Zonas de producción campesina de alimentos. Delegación de Paz de las FARC-EP: *Propuesta en el marco de las negociaciones de La Habana-Comunicado*, La Habana, 9 de febrero de 2013.

Obviamente que esta propuesta la acompañan de la legalización de cultivos ilícitos.

21. Sobre el tema, véase a Peter Gowan: *La apuesta de la Globalización*, Editorial Akal, Madrid, 2003.

22. Véase a François Chesnais: *Le Finance* Mondialisée, Editions la Découverte, París, 2004.

23. El término fue acuñado por los teóricos de la llamada «Escuela de la Regulación».

24. «En el año 2000, la *Commodity Futures Trading Commission* (CFTC), entidad encargada de regular actividades en los mercados de derivados financieros, perdió la potestad de supervisar e imponer límites a las actividades de especuladores a través de los *Over The Counter Derivatives* (OTC) [...] las posiciones con este tipo de instrumentos financieros representaban menos de 500 mil millones de dólares. En la segunda mitad de la década se presentó una verdadera explosión en el crecimiento de los mismos, alcanzando una cifra de 13 millones de millones de dólares en el pico de los precios de las materias primas en el verano del 2008...». Daniel Munévar: «*Alza en los precios de los alimentos. Una mirada desde América Latina*», cadtm.org/Espanol, abril del 2011.

25. En varios documentos de las Instituciones Financieras internacionales, particularmente del Banco Mundial, se insiste en este aspecto.

26. Un monto equivalente al 70% del comercio mundial. Dato referenciado en informes de la UNCTAD.

27. Enrique Arceo: «*El fracaso de la reestructuración neoliberal en América Latina Estrategias de los sectores dominantes y alternativas populares*», capítulo dentro del libro, *Neoliberalismo y Sectores dominantes*, CLACSO, Buenos Aires, 2006, pp. 37 y ss.

28. La confirmación de que esta transformación ha funcionado en la periferia está en el cambio en el componente de las exportaciones. «En 1980 solo el 19% de estas estaba constituido por productos de la industria manufacturera, ascendiendo esa proporción al 53% en 1990 y al 65% en 2001...». Ibídem: p. 39.

29. «La participación del total de la periferia en el PBI mundial [...], sube casi 11 puntos (39%), pero Asia y Oceanía periférica aumenta 13 puntos, de los cuales casi 10 corresponden a China y los Tigres, reducidos, en este caso, a Corea, Singapur y Hong Kong, puesto que no se dispone de datos de Taiwán. El peso relativo de las restantes regiones disminuye, siendo las caídas más importantes la de África subsahariana (27%), América Andina (26%) y el Cono Sur de América latina (14%)...». Ibídem: p. 42.

30. En los medios de comunicación se filtró la noticia de que el gobierno se negó a aceptar la propuesta de las FARC de colocarle un límite de 100 hectáreas al latifundio. Marisol Giraldo Gómez: «Latifundio, Eje del pulso

Gobierno-FARC en Cuba», *El Tiempo*, 26 de enero del 2013. Esto a pesar de que los propios capitalistas rurales agrupados en la SAC reconocen en varios documentos que los hatos ganaderos desperdician en ganadería extensiva 18 millones de hectáreas, lo que encarece el costo de la tierra a tal punto que reduce al máximo las posibilidades exportadoras.

31. David Harvey la considera como un tipo de acumulación necesaria para ubicar el exceso de capitales que terminó por producir la «sobreacumulación» de capital evidenciada en los inicios de la década de 1970. Para ello recurre a la tesis de la «destrucción creativa» de Schumpeter bajo otros supuestos teóricos. Véase a David Harvey: *El Nuevo Imperialismo*, Ediciones Akal, Barcelona, 2003.

32. Silvia Piñeros Vargas, Luis Alejandro Acosta Ávila y Florence Tartanal: Alianzas Productivas en agronegocios experiencias de la FAO en América Latina y El Caribe, FAO, Santiago de Chile, 2012, p. 32. Añade dicho informe que «Las alianzas productivas se definen como: "Acuerdos o vínculos —formales o informales— de cooperación entre dos o más agentes productivos para coordinar recursos, esfuerzos y habilidades que tienen un objetivo estratégico común para el beneficio mutuo […]. Estos vínculos permiten compartir visiones, capacidades y habilidades, de modo que se aprovechan las sinergias de la interacción y complementariedad de las fortalezas y debilidades de los agentes productivos y de diversos sectores"».

33. Rafael Mejía López: «*La Agricultura Colombiana próspera, el camino para la paz*», presentada en el Foro «Política de Desarrollo Integral» a nombre de la SAC, Bogotá, 17 de diciembre de 2012.

34. Jesús Bejarano había anotado para el caso del desarrollo capitalista en el campo, en el anterior modelo sustitutivo, que una de las particularidades del mismo era la subsistencia de la economía campesina la cual explicaba por: «el tipo de articulación particular que guarda con el sistema en conjunto, esto es por el carácter de su integración capitalista a la economía nacional. Tanto por la función específica que desempeña como productora de bienes salario (y no como "productora" de mano de obra) lo que permite un abaratamiento relativo de los mismos, como por su propia estructura interna que se funda en la explotación intensiva del suelo y en la sobre-explotación del propio trabajo en el interior de la unidad de explotación…». Jesús Bejarano: *Ensayos de interpretación de la Economía colombiana*, Editorial La Carreta, Bogotá, 1974, p. 60.

35. Un estudio sobre la base de los mismos criterios para el conjunto de los países periféricos se encuentra en Albert Berry «The Economics of land reform and of small forms in developing countries; implications for post-conflict situations», capítulo 2 del libro «*Distribute Justice in transitions*», coordinado por varios autores y publicado por FICHL; Torkel Opsahl, Academic.E.Publisher, Oslo, 2010.

36. Rudolf Hommes: «La productividad de los campesinos», *El Tiempo*, viernes 18 de enero de 2013 (www.eltiempo.com/.../rudolfhommes/ ARTICULO-WEB-NEW_NOT). Estas conclusiones tienen una base de explicación cual es la de que en la economía agraria las reglas de la inversión a escala agregada no operan igual que en otros sectores.

37. Leibovich lo reconoce expresamente. Compartiendo la tesis de que los predios a distribuir en los minifundios salgan de los baldíos o de tierras expropiadas, y añadiendo que incluso se puede utilizar el derecho a la superficie para desarrollar contratos de arrendamiento de largo plazo señala: «Si bien lo anterior es necesario, no es suficiente. Los pequeños productores requieren de asistencia técnica y acceso a financiamiento. Un pequeño productor no alcanza a pagar los costos de la asistencia técnica y por el contrario esta genera externalidades positivas entre los productores. En cuanto al financiamiento, muchísimos productores no se financian y si lo hacen es a costos exageradamente elevados con el agiotista del pueblo». José Leibovich: «Los pequeños productores agrícolas», *El Espectador*, febrero de 2013.

38. Juan Manuel Ospina: «Zonas de reserva o de desarrollo campesino», *El Espectador*, 13 de febrero de 2013.

39. El Ministro de Agricultura ha declarado públicamente en contra de esta posibilidad. Las zonas de reserva campesina no pueden convertirse en «republiquetas independientes que fraccionen la soberanía» ha señalado. Véase a Juan Camilo Restrepo: «*Las zonas de Reserva campesina no puedes ser republiquetas independientes*», *El Tiempo*, 24 de febrero de 2013.

40. El término lo ha utilizado Samir Amín en varios de sus escritos.

Movilización y constituyente para la paz

Ricardo Sánchez Ángel

El momento político está signado por el avance de los diálogos en La Habana entre el gobierno del presidente Juan Manuel Santos y la insurgencia armada de las FARC. Un nuevo capítulo de la larga guerra en el marco de violencias de todo orden, que arrastra tras de sí la sociedad colombiana.

Si se toma el período inaugurado el 9 de abril de 1948, la violencia y sus guerrillas cumplen 65 años de edad. Si se marca desde los comienzos de las FARC en 1964, la edad es de 49 años.

Algo y mucho explica la edad de esta guerra y sus proyecciones. En toda esta zaga, cuyos orígenes vienen de las guerras civiles decimonónicas y los distintos momentos de violencia del siglo XX, se adelantaron diálogos, negociaciones con amnistías, indultos, leyes de extinción de penas y traiciones, además de nuevas instituciones.[1] Experiencias a tener en cuenta en el actual momento político por la paz.

El paisaje económico

El desenvolvimiento de la economía capitalista, con sus modelos de acumulación, ha vivido y se ha beneficiado de las distintas modalidades de violencia y, en especial, de la confrontación con los alzados en armas agraristas, rebeldes y revolucionarios. La insurgencia, a su vez, vivió sus propias vicisitudes en el contexto de los cambios en la arena nacional e internacional.

Desde el triunfo de los gobiernos de Reagan y Thatcher y su contrarrevolución, neoliberal en lo económico y reaccionaria en lo internacional y lo político, se aceleró una etapa del capitalismo caracterizada por la búsqueda de nuevas fuentes de acumulación. Es así que salarios, seguridad social, empleo y servicios públicos se encuentran sometidos a una brutal intervención de signo negativo. Asimismo, el comercio internacional vio disminuir el proteccionismo de los países de Nuestra América y en otras latitudes del capitalismo periférico.

Al compás de la liberación económica y financiera, se acentuó la transnacionalización y financiarización de la economía en el marco de la «globalización». La concentración y centralización del capital se aceleró en las metrópolis y en las altas clases a nivel planetario. En forma simultánea, se producía una revolución científico-tecnológica en las comunicaciones, la biotecnología, la computarización, los descubrimientos químicos, el armamentismo, la naturaleza y el universo, en búsqueda de mayor productividad.

Todas estas tendencias se profundizaron a distintos ritmos y contradicciones, expresados en resistencias de los trabajadores. También de gobiernos, como en el caso de Venezuela, Bolivia, Ecuador y Argentina. Pero la tendencia dominante no ha cambiado de rumbo, mientras las resistencias se mantienen y acrecientan, y los nuevos procesos de las multitudes en el continente son favorables a la causa de la justicia social.

En el interregno de los ochenta a hoy, las crisis del capitalismo de ciclo recesivo desmejoraron la condición de los trabajadores a nivel mundial, aunque con ritmos diferentes, porque lo que está en curso desde el 2009 es una verdadera depresión, más fuerte en Europa y los Estados Unidos.

En Colombia, hay que subrayar como decisiva la contrarreforma agraria más grande del continente y del hemisferio occidental, con su concentración neolatifundista y de haciendas agroindustriales en expansión sobre territorios de selva y bosques, como en el Chocó y la Orinoquía. Ha sido una de las fuentes más grandes de la acumulación capitalista, con base en la violencia y expropiación, causante de la más espantosa tragedia humanitaria en el continente: más de cuatro millones de desplazados, miles de asesinados, desaparecidos y heridos. La estructura económica dominante ha fortalecido su expansión con las multinacionales, que operan como eje de la explotación, verdadero saqueo colonial de petróleo, carbón, níquel, oro, cobalto, toda una variopinta canasta de recursos naturales.

Además, y en concordancia con estas realidades, la banca y las finanzas se han acrecentado, con jugosas e inmorales ganancias. Por último, pero no de último, desde hace tres décadas el país es epicentro del cultivo, producción y comercialización de la cocaína, con el consecuente fortalecimiento del crimen organizado, que opera en la ilegalidad y legalidad. Se trata de uno de los componentes del sistema de acumulación más potente en Colombia, varios países de América Latina, los Estados Unidos y Europa. Es el capitalismo por expropiación del trabajo y la propiedad. La economía de mercado, centralizada y concentrada, ha colocado a la sociedad, la educación, la salud, la cultura, al igual que a la naturaleza, a sus designios.

Estas realidades se consolidaron durante el largo gobierno de Álvaro Uribe Vélez y continúa con variados énfasis y adecuaciones en el gobierno del actual presidente Juan Manuel Santos, en que los tratados de libre comercio se firman como «vales de cantina» y sin debate nacional, acelerando la liberación económica en detrimento del trabajo doméstico. Las cinco locomotoras del actual Plan de Desarrollo: infraestructura, vivienda, agro, minería e innovación, se encuentran en esa dirección.

Lo que hay en materia laboral, en salud y educación, así como en materia tributaria, seguridad social y régimen pensional, han hecho de Colombia el segundo país más desigual de América Latina y el tercero en el mundo, superado solo por Haití y Angola, con niveles alarmantes de pobreza y un desempleo abierto de dos dígitos, el más alto del continente. En síntesis, en Colombia no avanzó la reforma, sino la contrarreforma neoliberal.

La geografía en que actuó y lo sigue haciendo la insurgencia es multicolor, porque también está el ELN y antes el M-19, el EPL, el PRT y otros núcleos guerrilleros. Así, las FARC y el ELN vienen a ser unas organizaciones al mismo tiempo tradicionales y modernas. Combinan en sus experiencias y actuaciones, en sus mentalidades y propuestas, asuntos de lo antiguo y lo actual. Nada refleja mejor la larga transición del mundo rural, agrario y campesino que la constante guerrillera.

El cruce de caminos

El discurso de Manuel Marulanda al inaugurar los diálogos del Caguán durante el gobierno de Andrés Pastrana (1998-2002), es un documento ilustrativo. La querella del jefe guerrillero es contra el robo de las gallinas y los cerdos, una lograda metáfora que sintetiza la violencia contra la economía de subsistencia de los pobres del campo y explica en profundidad la raíz justiciera de la resistencia armada que las FARC adelantó contra la expropiación de las propiedades campesinas y aldeanas.[2] Este discurso me evoca la novela histórica *Michael Kohlhaas* de Heinrich Von Kleist.[3]

El establecimiento dominante ha escogido la guerra contra la insurgencia. A veces ha cedido amnistías y perdones, pero en forma que le permitiera reprimir o asesinar, desde antes del legendario Guadalupe Salcedo, a dirigentes que se incorporaron a la política legal, con las promesas incumplidas y la cuenta de cobro por pagar con su propia vida.[4]

La experiencia horrible del exterminio de la Unión Patriótica, creada en los diálogos de paz durante el gobierno del presidente Belisario Betancur, incluyendo el asesinato de Jaime Pardo Leal y Bernardo Jaramillo, ambos candidatos presidenciales, fue decisivo. Todo esto coloca serios interrogantes que deben ser absueltos inequívocamente, para garantizar de verdad que la firma de la paz no sea la firma de la sentencia de muerte para los jefes insurgentes y los militantes. Esta tarea de clarificación y de toma de medidas debe comenzar en forma contundente, desmantelando los organismos y aparatos del paramilitarismo, de la ultraderecha, que operan con fluidez en el escenario nacional, asesinando a los líderes sociales.[5]

Las guerrillas son hijas no reconocidas del sistema vigente, incoadas y mantenidas por las guerras de los dominadores. Está bien que ahora se las reconozca como hijas legítimas de esas injusticias indignantes y existentes. Cuando el gobierno del presidente Juan Manuel Santos decidió dialogar con las FARC en un acto de realismo político plausible, reconoció la legitimidad de la insurgencia. No se trata entonces de un diálogo con terroristas o bandidos, sino de insurgentes armados con razones para luchar, independiente de que no se comparta esta forma de lucha. Los atrapados sin salida de la guerra abren su puerta hacia el propósito de unos diálogos que conduzcan a una paz realista y posible.

El gobierno abrió esta puerta porque la opinión nacional e internacional lo exige. Es una ética y eficaz movilización de los pacifistas en todas partes. Las miles de víctimas de la más grande tragedia humanitaria del continente, son los primeros protagonistas de esta tarea, con los vasos comunicantes de los activos de derechos humanos, los sindicatos, las mujeres, juristas, periodistas e intelectuales. Las denuncias y las investigaciones documentadas han contribuido a la preocupación doméstica e internacional. Los gobiernos del vecindario latinoamericano están colaborando en esta materia y los organismos internacionales manifiestan sus apoyos. Solo la dere-

cha extrema que comanda el expresidente Álvaro Uribe se opone
a rajatabla.

Es importante destacar el respaldo del gobierno de los Estados
Unidos al proceso de diálogos, a propósito del reportaje de Yamid
Amat a Michael Mckinley, embajador de ese país en Colombia,
publicado en el periódico *El Tiempo* el pasado 17 de febrero. A la
pregunta, «El nuevo secretario de Estado, John Kerry, ha dicho que
EE.UU. apoya el proceso de paz: ¿qué significa ese apoyo?», sostiene el funcionario:

> Desde cuando comenzó el proceso hemos sido muy claros en
> apoyar la iniciativa del presidente Santos. Creemos que los con-
> flictos y las guerras tienen que llegar a una conclusión nego-
> ciada y, por eso, un apoyo diplomático al proceso, como el que
> Colombia ha obtenido del mundo entero, es importante. En tér-
> minos bilaterales, todo el esfuerzo, desde que se lanzó el Plan
> Colombia, ha sido dirigido a fortalecer instituciones, aumentar
> la seguridad, mejorar las condiciones dentro del país y debilitar
> a los grupos narcotraficantes, incluyendo la guerrilla. De todas
> maneras, este es un proceso colombiano y, como en todo pro-
> ceso de negociación, el gobierno decidirá cuándo necesita un
> apoyo más fuerte de la comunidad internacional.[6]

Vivimos un cruce de caminos, entre seguir transitando la guerra o
escoger la vía de la paz. El logro de esto último abrirá caminos de
civilización y progreso, hoy vedados por la barbarie de las violencias. Facilita que los escenarios de la lucha de clases por la democracia, la justicia social y la unidad latinoamericana se concreten. La
paz es movilizadora, conviene a todos, pero en primer lugar a los de
abajo, que viven el incendio de sus aldeas y la muerte por doquier.

Del lado de las FARC se acepta igualmente el carácter legítimo
del gobierno actual. Es un principio rector reconocerse mutuamente
para dialogar, sincerando sus diagnósticos y aspiraciones. Con ello,

ni el gobierno ni las FARC han renunciado a sus lugares desde donde hablan y actúan, pero sí han desplazado los antagonismos, buscando concretar la política como escenario, aunque esta modulación se vea limitada y precaria ante la continuidad de la guerra entre ambos contendientes. La liza militar anula así el quehacer político.

Esta guerra sin fin, con ribetes de barbarie, no ha producido lo que el establecimiento se propuso: la derrota y rendición de la insurgencia. Pero igual, en su carácter de movimiento revolucionario, no solo de resistencia con propósitos de poder, los insurgentes no han triunfado. Hay que reconocer que la *seguridad democrática* fracasó, y que la ofensiva con ejércitos guerrilleros no fue posible. Ni los unos han ganado, ni los otros tampoco, y la sociedad es la gran perdedora. Gerardo Molina afirmó el 13 de abril de 1982:

> Estoy convencido hoy de que ni las guerrillas derrotan al ejército, ni el ejército derrota a la guerrilla. La solución no puede ser entonces la militar; creo que la única es la solución política a base de negociaciones.[7]

Hay que buscar humanizar la guerra mediante la vigencia del Derecho Internacional de los Derechos Humanos y el Humanitario: poner fin a las retenciones-secuestros, erradicar conjuntamente los campos minados, reconocer el estatuto de presos políticos y colocar a la población civil indígena y negra por fuera. La humanización se debe complementar con el cese al fuego bilateral.

El acuerdo de paz entre gobierno e insurgencia será el comienzo de la justicia social y tiene un valor cualitativo inmenso. Los movimientos de toda naturaleza deben participar con sus reflexiones y propuestas, al igual que los partidos políticos.

Los diálogos

Los diálogos transcurren en medio de la guerra y de la vida socio-política, con carriles interrelacionados, pero diferentes en sus ritmos particulares, que pueden o no sintonizarse.

Los medios masivos de comunicación están creando una atmósfera enrarecida sobre los diálogos. Es una peligrosa decisión, que convierte el escenario mediático en un teatro de confrontación, para que la opinión termine sintonizándose con el proyecto del expresidente Álvaro Uribe, como ocurrió con la movilización del 4 de febrero de 2008, donde primó la consigna contra las FARC. Es un ejercicio mediático altanero, que asume la confrontación con las FARC como un poder independiente y que se autoproclama representante de la opinión pública nacional e impone pautas de conducta al gobierno.

Así las cosas, el periodismo serio, independiente y de las redes sociales, debe seguir ejerciendo la deliberación colectiva. No se trata de no interpelar a las FARC y de no criticarla, lo cual es necesario y legítimo, sino hacerlo con objetividad y veracidad. Yo mismo he criticado duramente a las FARC en distintas oportunidades.[8] La experiencia internacional en España y en Egipto, en Venezuela y en Bolivia, enseñan que la comunicación desde las redes sociales puede competir con el mensaje de los grandes medios.

Ojalá los acuerdos de paz sean con mucha justicia social, pero la paz que convenga al gobierno y las FARC será aceptable y habrá que saludarla y evaluarla en la acción comunicativa pública sin maximalismos.

La condición básica de estos diálogos es que no descansen en los supuestos falsos de que se está hablando con una insurgencia diezmada y poco menos que destruida, y que el gobierno está acorralado y obligado, sin alternativa diferente a adelantar la tarea del diálogo.

De darse estos supuestos, el desencuentro sería de raíz y tales cálculos serían obstáculos casi insalvables. Hay que aceptar con realismo que las guerrillas son existentes como fuerza política y que el gobierno es dominante, en una correlación de fuerzas favorable a las derechas económicas, políticas y sociales, con una extrema derecha sectaria y armada.

No se trata de protocolizar una rendición, ni una revolución pactada, sino de reconocer la necesidad de la negociación política como cese de la confrontación armada y como un bien común que debe acompañarse de justicia social.

La clave de los diálogos, de los avances de la agenda y en los alcances finales de los acuerdos de paz, descansa en la cantidad y calidad de las multitudes sociales, políticas y pacifistas, de su organización y expresión. La ecuación es: a mayor movilización, mayor profundidad en los acuerdos y viceversa.

Hay una enorme potencia en los movimientos sociales, que pueden convertirse en multitud erguida y producir cambios cualitativos en la correlación de fuerzas. En el tejido sociopolítico se adelantan luchas y movilizaciones en todo el país. El que adquiera un sentido unitario y programático es lo necesario.

Se dieron 2 863 huelgas entre 1984 y 2010, con 20 877 157 participantes, a las que se suman otras 110 sobre las que no hay información del número de huelguistas. Este es un aspecto relevante de la participación de las multitudes durante este período.[9] La protesta social incluye mingas, bloqueos, manifestaciones, paros cívicos, y motines como el de Bogotá el 9 de marzo de 2012. En la Colombia profunda hay una multiplicidad de formas de comunidad: campesina, indígena, negra, barrial y ciudadana. Al igual que ligas, asociaciones y asambleas.

La crisis recurrente de las izquierdas es un déficit a favor de la derecha. La división de las fuerzas en el Polo Democrático Alternativo, que su dirección protocolizó con expulsiones estalinistas, con la ironía que algunos de los expulsados todavía ofician en el altar del «padrecito» Stalin, constituye un duro revés para las ideas partidarias con democracia interna.

El surgimiento en la arena política de nuevos movimientos sociopolíticos como Marcha Patriótica, el Congreso de los Pueblos y la Minga Social y Comunitaria, está recomponiendo el mapa político de las izquierdas, con incidencia positiva en los procesos de paz, no solo con las FARC, sino también con el ELN.

El anuncio de los insurgentes de conformar sus propios movimientos una vez se haga tránsito a la legalidad de la paz, creará nuevas condiciones de reagrupamiento. Algo saludable para la democracia.

La Constituyente

La salida constitucional a lo que se acuerde, para que tenga legitimidad, ha sido puesta sobre la mesa por las FARC, que proponen una Asamblea nacional constituyente elegida democráticamente. Sería esta institución la que decida sobre el rumbo, para darle aplicación a lo acordado. La respuesta del presidente Juan Manuel Santos fue que se haría una consulta vía referendo. Dos maneras de concebir la salida institucional que merecen unas reflexiones que lleven a la mejor alternativa.

Descartar de entrada la propuesta de la Constituyente como lo hizo el gobierno, como si fuese un llamado a la debacle, olvida que tal propuesta es constitucionalmente legítima, al igual que el referendo. Precisamente la Constitución de 1991 llevó a canon constitucional los mecanismos de participación. En el art. 103 y 104 de la codificación original de la Carta de 1991 se dice:

> Art. 103. Son mecanismos de participación del pueblo en ejercicio de su soberanía: el voto, el plebiscito, el referendo, la consulta popular, el cabildo abierto, la iniciativa legislativa y la revocatoria de mandato.

Art. 104. El Presidente de la República, con la firma de todos los ministros y previo concepto favorable del Senado de la República, podrá consultar al pueblo decisiones de trascendencia nacional. La decisión del pueblo será obligatoria. La consulta no podrá realizarse en concurrencia con otra elección.

El plebiscito, el referendo y la consulta, tal como están diseñados, son instituciones de origen bonapartista que dejan la iniciativa en el presidencialismo. Restringen el escenario de la deliberación democrática, de la acción comunicativa en la sociedad, acerca de los temas a decidir. Por ello es la vía preferente que escogen los gobiernos. Además, los acuerdos del gobierno y la insurgencia pueden ser derrotados por la ultraderecha convocada por Álvaro Uribe, tal como sucedió en Guatemala para los acuerdos de paz en 1996. Esto, porque la fluidez de la vida política es un campo de lucha, al cual no escapan las definiciones institucionales.

El mecanismo de la constituyente lo estableció el art. 374 de la Constitución, que dice:

Art. 374. La Constitución política podrá ser reformada por el Congreso, por una Asamblea nacional o por el pueblo mediante referendo.

También por el art. 376, así:

Art. 376. Mediante ley aprobada por mayoría de los miembros de una y otra Cámara, el Congreso podrá disponer que el pueblo en votación popular decida si convoca una Asamblea constituyente con la competencia, el período y la composición que la misma ley determine.

Se entenderá que el pueblo convoca la Asamblea, si así lo aprueba, cuando menos, una tercera parte de los integrantes del censo electoral. La Asamblea deberá ser elegida por el voto directo de los ciudadanos, en un acto electoral que no podrá coincidir con otro. A partir de la elección quedará en suspenso la facultad ordinaria del Congreso para reformar la Constitución durante el término señalado para que la Asamblea cumpla sus funciones. La Asamblea adoptará su propio reglamento.

La pieza maestra de la Reforma Política es la lucha por una Asamblea nacional constituyente, de claro signo democrático y popular con plenos poderes para cambiar, no solo lo que a temas constitucionales se refiera, sino también leyes con carácter de aplicación urgente en materia de reforma agraria y urbana, de trabajo masivo justo y digno, de organización financiera (deuda externa, banca central...) y de un nuevo orden político-regional, una ley por la Nueva Educación Pública y Cultural, al igual que definir sobre nuevas materias centrales: paz, política exterior, Fuerzas Armadas...

La Asamblea constituyente popular y democrática, viene a ser la forma más avanzada de la democracia, posible en las condiciones del país como poder alternativo para lograr soluciones adecuadas y justas.

La institución de la Asamblea donstituyente tiene una larga historia en la democracia de occidente y en el desarrollo del constitucionalismo. Las grandes revoluciones como la francesa y la de los Estados Unidos, y entre nosotros la revolución de independencia,[10] fundaron, reformaron y expidieron, una y otra vez, enmiendas o nuevas constituciones. Fueron salidas supraconstitucionales o extraconstitucionales, producto de necesidades urgentes en el devenir de la República, como concretar acuerdos de paz, por ejemplo. La valoración de cada momento constituyente hay que realizarla en su contexto histórico.[11]

Lo que hizo la constituyente que expidió la Carta de 1991 fue desbloquear las salidas extraordinarias que se hacían necesarias para el logro de altos intereses de la nación. La Constituyente como nuevo poder transitorio viene a ser este tipo de herramienta jurídica legítima, en que el derecho es camino para la paz.

La Constitución de 1991 fue híbrida en esta materia del poder constituyente. Combinó lo autoritario de arriba hacia abajo, el plebiscito con lo democrático y la Asamblea constituyente. Se trata de un escenario de lucha que lo decidirá la opinión nacional.

Hay otras consideraciones que me parecen útiles para la discusión. La Constitución actual tiene un núcleo de Estado social democrático de derecho, sobre el cual no parece haber cuestionamientos de fondo de parte de la insurgencia. Hay instituciones, especialmente de tipo económico, que favorecen el modelo liberal de economía, además de numerosas reformas de 1991 al día de hoy, que desnaturalizan el alcance democrático de la Constitución.

Además, el hecho que los diferentes gobiernos, en compañía de Congresos bastante cuestionados por la opinión, hayan convertido el núcleo duro de la Carta en un «rey de burlas», suscita el interés por un cambio constitucional. Se trata de precisar qué se conserva y qué se incorpora, y entre la tradición y la ruptura, cuál es el nuevo régimen constitucional.

No se entiende, que si la Constitución ha sufrido numerosas reformas, no se pueda hacer ahora una gran reforma a la misma, conservando lo esencial en materia de derechos.

Escenarios posibles

La firma de unos acuerdos de paz y la convocatoria de la Constituyente pueden, pero nada está asegurado, crear una nueva situación con tintes de poder constituyente en las multitudes, que podría canalizarse hacia un debate eleccionario transparente y democrático. La democracia hay que abrirla, contrario a la postura del gobierno del presidente Santos, que quiere recortar las consultas a las comunidades que ordena la Constitución vigente.

Los propios resultados de estas elecciones, con cambios cualitativos o no en la situación política, pueden favorecer a las FARC, igual puede que no, por lo menos en la apuesta de ser mayoría en la Asamblea. Este es un asunto que no está decidido de antemano. Además, el gobierno podría obtener la mayoría.

El argumento de que las fuerzas de la derecha, con el protagonismo del expresidente Álvaro Uribe, podrían alzarse con un triunfo decisivo, es interesante. Puede suceder o no y solo la solución la debe dar la democracia. Invalidar la conveniencia de una Asamblea constituyente porque puedan ganar las FARC o el «Puro Centro Democrático» no es válido en lo conceptual republicano.

Es de prever otro escenario, posible y deseable. El que la Constituyente sea pluralista, con mayorías y minorías, pero con una representación que evite hegemonías y unanimismos. Sería un escenario de acuerdos sobre los poderes, sobre su reparto, sobre los modelos económicos, la soberanía y el mundo de los derechos. Expediría una Constitución y unas medidas legítimas. *Sería un pacto de paz.*

Digamos que las FARC están haciendo una apuesta, en que como fuerza política aspiran al protagonismo y al poder, aspiración legítima, pero ello puede resultar al revés y ese es un cálculo que habrán hecho al presentar su propuesta. Están confiados en el deshielo de lo establecido y en la fluidez de las aguas de la democracia. Ojala no mantengan la tentación del alzamiento general armado de la población. Y a su vez, que el gobierno del presidente Juan Manuel Santos tenga la voluntad y la fuerza política de ser un gobierno hacia la paz.

Conviene, por su pertinencia, citar a Walter Benjamin: «Pero, ¿es acaso posible la resolución no violenta de conflictos? Sin duda lo es. Las relaciones entre personas privadas ofrecen abundantes ejemplos de ello. Dondequiera que la cultura del corazón haya hecho accesibles medios limpios de acuerdo, se registra conformidad inviolenta. Y es que a los medios legítimos e ilegítimos de todo tipo, que siempre expresan violencia, pueden oponerse los no violentos, los medios limpios. Sus precondiciones subjetivas son cortesía sincera, afinidad, amor a la paz, confianza y todo aquello que en este contexto se deje nombrar».[12]

El gobierno no puede oponerse a que la cuestión agraria, la crisis humanitaria, la soberanía frente a las multinacionales, el derecho pleno a la vida, la democracia política y la justicia social, se discutan con carácter decisorio en un escenario de poder distinto al del Congreso, que representa los intereses de las clases altas, el clientelismo y la corrupción, y es un apéndice del presidencialismo bonapartista.

El debate que necesita Colombia debe ser en paz, absolutamente libre, sin cortapisas para nadie, donde compitan todos los programas sobre la sociedad. Allí tendrá su oportunidad la democracia y el socialismo.

Notas

1.   Véase a Mario Aguilera Peña: «Refundemos la nación: perdonemos a delincuentes políticos y comunes». *Análisis Político* no. 76, Bogotá D.C., 2012, pp. 5-40.

2.   Ver: *Intervención de Manuel Marulanda Vélez, comandante en jefe de las FARC-EP, en el acto de instalación de la mesa de diálogo con el gobierno nacional,* En: Archivo Chile. Documentación de Historia Político Social y Movimiento Popular contemporáneo de Chile y América Latina (http://www.archivochile.com/America_latina/Doc_paises_al/Co/farc/al_farc0005.pdf); También: *Enfoques distintos para la paz,* Periódico El Tiempo, enero 8 de 1999 (http://www.eltiempo.com/archivo/documento/MAM-870717).

3.   Heinrich Von Kleist: *Michael Kohlhaas,* Ediciones Destino, Barcelona, 1990.

4.   Ver Orlando Villanueva Martínez: *Guadalupe Salcedo y la insurrección llanera, 1949-1957,* Universidad Nacional de Colombia, Bogotá D.C., 2012.

5.   Véase a Iván David Ortiz Palacios: *Genocidio político contra la Unión Patriótica,* Universidad Nacional de Colombia, Bogotá, 2006.

6.   Yamid Amat: Reportaje a Michael Mckinley, embajador de los Estados Unidos en Colombia, titulado «Colombia está en el mejor momento», *El Tiempo,* 17 de febrero de 2013.

264 Ricardo Sánchez Ángel

7. Gerardo Molina: «La violencia, el ejército y la nación», *La formación del Estado en Colombia y otros textos políticos*, Universidad Externado de Colombia, Bogotá, 2004, p. 99.

8. Véase a Ricardo Sánchez Ángel: *Crítica y Alternativa. Las izquierdas en Colombia*, Editorial La Rosa Roja, Bogotá, 2001.

9. Mauricio Archila, Alejandro Angulo Novoa, Álvaro Delgado Guzmán, Martha Cecilia García Velandia, Luis Guillermo Guevara Guevara y Leonardo Parra: *Violencia contra el sindicalismo 1984-2010*, CINEP, Bogotá, 2012.

10. Para un estudio del poder constituyente en la revolución democrática, véase a Antonio Negri: *El poder constituyente. Ensayo sobre las alternativas de la modernidad*, Libertarias/Prodhufi S.A., España, 1994.

11. He realizado en su oportunidad este escrutinio, para el período comprendido entre 1886 y 1991, en Ricardo Sánchez Ángel: *Política y Constitución*, Fundación Universidad Central, Bogotá, 1998, capítulo segundo, «El poder y las constituyentes en la historia colombiana 1886-1991», pp. 35-63.

12. Walter Benjamin: «Para una crítica de la violencia», *Para una crítica de la violencia y otros ensayos. Iluminaciones IV*, Taurus Humanidades, Madrid, 1991, p. 34.

ANEXO

Acuerdo General para la terminación del conflicto y la construcción de una paz estable y duradera

Los delegados del Gobierno de la República de Colombia (Gobierno Nacional) y de las Fuerzas Armadas Revolucionarias de Colombia-Ejército del Pueblo (FARC-EP);

Como resultado del Encuentro Exploratorio que tuvo como sede La Habana, Cuba, entre febrero 23 y agosto 26 de 2012, y que contó con la participación del Gobierno de la República de Cuba y del Gobierno de Noruega como garantes, y con el apoyo del Gobierno de la República Bolivariana de Venezuela como facilitador de logística y acompañante;

Con la decisión mutua de poner fin al conflicto como condición esencial para la construcción de la paz estable y duradera;

Atendiendo el clamor de la población por la paz, y reconociendo que:

- La construcción de la paz es asunto de la sociedad en su conjunto que requiere de la participación de todos, sin distinción, incluidas otras organizaciones guerrilleras a las que invitamos a unirse a este propósito;

- El respeto de los derechos humanos en todos los confines del territorio nacional es un fin del Estado que debe promoverse;

- El desarrollo económico con justicia social y en armonía con el medio ambiente, es garantía de paz y progreso;

- El desarrollo social con equidad y bienestar, incluyendo las grandes mayorías, permite crecer como país;

- Una Colombia en paz jugará un papel activo y soberano en la paz y el desarrollo regional y mundial;

- Es importante ampliar la democracia como condición para lograr bases sólidas de la paz;

- Con la disposición total del Gobierno Nacional y de las FARC-EP de llegar a un acuerdo, y la invitación a toda la sociedad colombiana, así como a los organismos de integración regional y a la comunidad internacional, a acompañar este proceso;

Hemos acordado:

I. Iniciar conversaciones directas e ininterrumpidas sobre los puntos de la Agenda aquí establecida, con el fin de alcanzar un Acuerdo Final para la terminación del conflicto que contribuya a la construcción de la paz estable y duradera.

II. Establecer una Mesa de Conversaciones que se instalará públicamente dentro de los primeros 15 días del mes de Octubre en Oslo, Noruega, y cuya sede principal será La Habana, Cuba. La Mesa podrá hacer reuniones en otros países.

III. Garantizar la efectividad del proceso y concluir el trabajo sobre los puntos de la Agenda de manera expedita y en el menor tiempo posible, para cumplir con las expectativas de la sociedad sobre un pronto acuerdo. En todo caso, la duración estará sujeta a evaluaciones periódicas de los avances.

IV. Desarrollar las conversaciones con el apoyo de los gobiernos de Cuba y Noruega como garantes y los gobiernos de Venezuela y Chile como acompañantes. De acuerdo con las necesidades del proceso, se podrá de común acuerdo invitar a otros.

V. La siguiente Agenda:

1. Política de desarrollo agrario integral

   El desarrollo agrario integral es determinante para impulsar la integración de las regiones y el desarrollo social y económico equitativo del país.

   1. Acceso y uso de la tierra. Tierras improductivas. Formalización de la propiedad. Frontera agrícola y protección de zonas de reserva.

   2. Programas de desarrollo con enfoque territorial.

   3. Infraestructura y adecuación de tierras.

   4. Desarrollo social: Salud, educación, vivienda, erradicación de la pobreza.

   5. Estímulo a la producción agropecuaria y a la economía solidaria y cooperativa. Asistencia técnica. Subsidios. Crédito. Generación de ingresos. Mercadeo. Formalización laboral.

   6. Sistema de seguridad alimentaria.

2. Participación política

   1. Derechos y garantías para el ejercicio de la oposición política en general y en particular para los nuevos movimientos que surjan luego de la firma del Acuerdo Final. Acceso a medios de comunicación.

   2. Mecanismos democráticos de participación ciudadana, incluidos los de participación directa, en los diferentes niveles y diversos temas.

   3. Medidas efectivas para promover mayor participación en la política nacional, regional y local de todos los sectores, incluyendo la población más vulnerable, en igualdad de condiciones y con garantías de seguridad.

3. Fin del conflicto

Proceso integral y simultáneo que implica:

1. Cese al fuego y de hostilidades bilateral y definitivo.

2. Dejación de las armas. Reincorporación de las FARC-EP a la vida civil —en lo económico, lo social y lo político—, de acuerdo con sus intereses.

3. El Gobierno Nacional coordinará la revisión de la situación de las personas privadas de la libertad, procesados o condenadas, por pertenecer o colaborar con las FARC-EP.

4. En forma paralela el Gobierno Nacional intensificará el combate para acabar con las organizaciones criminales y sus redes de apoyo, incluyendo la lucha contra la corrupción y la impunidad, en particular contra cualquier organización responsable de homicidios y masacres o que atente contra defensores de derechos humanos, movimientos sociales o movimientos políticos.

5. El Gobierno Nacional revisará y hará las reformas y los ajustes institucionales necesarios para hacer frente a los retos de la construcción de la paz.

6. Garantías de seguridad.

7. En el marco de lo establecido en el Punto 5 (Víctimas) de este acuerdo se esclarecerá, entre otros, el fenómeno del paramilitarismo.

La firma del Acuerdo Final inicia este proceso, el cual debe desarrollarse en un tiempo prudencial acordado por las partes.

4. Solución al problema de las drogas ilícitas

1. Programas de sustitución de cultivos de uso ilícito. Planes integrales de desarrollo con participación de las comunidades en el diseño, ejecución y evaluación de los

programas de sustitución y recuperación ambiental de las áreas afectadas por dichos cultivos.

2. Programas de prevención del consumo y salud pública.

3. Solución del fenómeno de producción y comercialización de narcóticos.

5. Víctimas

Resarcir a las víctimas está en el centro del acuerdo Gobierno Nacional-FARC-EP. En ese sentido se tratarán:

1. Derechos humanos de las víctimas.

2. Verdad.

6. Implementación, verificación y refrendación

La firma del Acuerdo Final da inicio a la implementación de todos los puntos acordados.

1. Mecanismos de implementación y verificación.

   a. Sistema de implementación, dándole especial importancia a las regiones.

   b. Comisiones de seguimiento y verificación.

   c. Mecanismos de resolución de diferencias.

   Estos mecanismos tendrán capacidad y poder de ejecución y estarán conformados por representantes de las partes y de la sociedad según el caso.

2. Acompañamiento internacional.

3. Cronograma.

4. Presupuesto.

5. Herramientas de difusión y comunicación.

6. Mecanismo de refrendación de los acuerdos.

VI: Las siguientes reglas de funcionamiento:

1. En las sesiones de la Mesa participarán hasta 10 personas por delegación, de los cuales hasta 5 serán plenipotenciarios quienes llevarán la vocería respectiva. Cada delegación estará compuesta hasta por 30 representantes.

2. Con el fin de contribuir al desarrollo del proceso se podrán realizar consultas a expertos sobre los temas de la Agenda, una vez surtido el trámite correspondiente.

3. Para garantizar la transparencia del proceso, la Mesa elaborará informes periódicos.

4. Se establecerá un mecanismo para dar a conocer conjuntamente los avances de la Mesa. Las discusiones de la Mesa no se harán públicas.

5. Se implementará una estrategia de difusión eficaz.

6. Para garantizar la más amplia participación posible, se establecerá un mecanismo de recepción de propuestas sobre los puntos de la agenda de ciudadanos y organizaciones, por medios físicos o electrónicos. De común acuerdo y en un tiempo determinado, la Mesa podrá hacer consultas directas y recibir propuestas sobre dichos puntos, o delegar en un tercero la organización de espacios de participación.

7. El Gobierno Nacional garantizará los recursos necesarios para el funcionamiento de la Mesa, que serán administrados de manera eficaz y transparente.

8. La Mesa contará con la tecnología necesaria para adelantar el proceso.

9. Las conversaciones iniciarán con el punto Política de desarrollo agrario integral y se seguirá con el orden que la Mesa acuerde.

10. Las conversaciones se darán bajo el principio que nada está acordado hasta que todo esté acordado.

Firmado a los 26 días del mes de agosto de 2012, en La Habana, Cuba.

Por el Gobierno de la República de Colombia:

Sergio Jaramillo   Frank Pearl
Plenipotenciario   Plenipotenciario

Por las Fuerzas Armadas Revolucionarias de Colombia–Ejército del Pueblo:

Mauricio Jaramillo   Ricardo Téllez   Andrés Paris
Plenipotenciario   Plenipotenciario   Plenipotenciario

Testigos:

Por el Gobierno de la República de Cuba:

Carlos Fernández de Cossío   Abel García

Por el Gobierno de Noruega:

Dag Halvor Nylander   Vegar S. Brynildsen

Sobre los autores

JAIRO ESTRADA ÁLVAREZ. Economista. PhD en Ciencias Económicas, Hochfachschule fuer Oekonomie, Berlín. Profesor asociado del Departamento de Ciencia Política. Director académico de la Maestría en Estudios Políticos Latinoamericanos. Coordinador del Grupo interdisciplinario de estudios políticos y sociales, Universidad Nacional de Colombia. Coordinador de Grupo de trabajo de CLACSO *Economía mundial economías nacionales y crisis capitalista*. Coordinador académico del Seminario internacional *Marx vive*. Director de la Revistas *Izquierda* y *Espacio crítico*. Su trabajo académico se concentra en la economía política contemporánea. Autor de múltiples publicaciones. Su libro más reciente es *Derechos del capital. Dispositivos de protección e incentivos a la acumulación en Colombia* (2010).

VÍCTOR MANUEL MONCAYO CRUZ. Doctor en Derecho por la Universidad Nacional de Colombia. Magister en Ciencia Política por la Universidad Católica de Lovaina. Decano de la Facultad de Derecho y Ciencias Políticas y Rector de la Universidad Nacional (1993-2003); profesor emérito de la misma Universidad. Publicaciones recientes: *El Leviatán derrotado* (2004), *Universidad Nacional: Espacio crítico* (2005), «Transformaciones del capitalismo, conocimiento, trabajo y formación académica», en *Trabajo y Capital en el siglo XXI* (2010), y «¿Cómo aproximarse al Estado en América Latina», en *El Estado en América Latina: continuidades y rupturas* (2012). Es Miembro de la Orden Nacional del Mérito de la República Francesa. Hace para del Consejo Editorial de la Revista *Izquierda*.

NELSON RAÚL FAJARDO MARULANDA. Economista, Magíster en Estudios Políticos. Aspirante a Doctor en Filosofía por la Universidad de La Habana. Profesor e investigador de la Universidad Distrital Francisco José de Caldas. Miembro del Consejo Editorial de la Revista *Taller*. Autor de investigaciones, libros y artículos en el campo del análisis político y de la economía política.

FRANK MOLANO CAMARGO. Licenciado en Ciencias Sociales por la Universidad Pedagógica Nacional 1987. Magister en Historia por la Universidad Nacional 2004. Docente Investigador de la Universidad Distrital Francisco José de Caldas. Miembro del Consejo Editorial de la Revista *Izquierda*. Autor de numerosas investigaciones, libros y artículos sobre los siguientes campos de discusión: Imperialismo y neoliberalismo; Educación neoliberal y pedagogía crítica; Protesta social y construcción de memoria histórica; Historia de la izquierda colombiana.

CARLOS MEDINA GALLEGO. Licenciado en Ciencias Sociales. Magíster y Doctor en Historia por la Universidad Nacional de Colombia. Profesor asociado del Departamento de Ciencia Política. Miembro del Grupo de investigación en Seguridad y Defensa, Universidad Nacional de Colombia. Investigador y analista del conflicto social y armado. Autor de numerosas investigaciones, libros y artículos en el campo del análisis político. Dentro de sus últimos libros se encuentra *FARC-EP. Notas para una historia política (1958-2008)*, publicado en 2009.

JAIME CAYCEDO TURRIAGO. Antropólogo. Magister en Estudios Políticos y Relaciones Internacionales. Doctor en Filosofía por la Universidad de la Habana. Fue profesor del Departamento de Antropología de la Universidad Nacional. Miembro del Consejo Editorial de la *Revista Contexto Latinoamericano*. Autor de numerosas investigaciones, libros y artículos en el campo del análisis político. Dentro de sus últimos libros se encuentra *Paz democrática y emancipación: Colombia en la hora latinoamericana* (2007).

SERGIO DE ZUBIRÍA SAMPER. Licenciado en Filosofía y Letras por la Universidad de los Andes, Bogotá, Colombia. Estudios de Maestría en Hermenéutica en la Universidad Nacional de Colombia, Bogotá. Máster Internacional en Gestión, Políticas Culturales y Desarrollo de la UNESCO, Universidad de Girona, España. Doctor en Filosofía Política por la UNED, Madrid, España. Profesor Asociado del Departamento de Filosofía de la Universidad de los Andes, Bogotá, Colombia. Miembro del Consejo Editorial de la Revista *Izquierda*. Su trabajo académico se concentra en la filosofía política moderna y contemporánea (con énfasis en teoría crítica de la sociedad), la estética moderna y contemporánea, las teorías de la cultura y la cultura latinoamericana.

SANDRA CAROLINA BAUTISTA BAUTISTA. Economista. Magíster en Estudios Políticos por la Universidad Nacional de Colombia. Profesora del Departamento de Ciencia Política de la Universidad Nacional de Colombia. Su trabajo académico e investigativo se concentra en el análisis político y la investigación sobre los movimientos sociales.

JORGE GANTIVA SILVA. Filósofo. Profesor titular de la Universidad del Tolima; coordinador del Grupo de Investigación IBANASCA. Co-fundador del Movimiento pedagógico. Cooperante del Centro Internacional Miranda. Profesor invitado, Maestría en educación, ALBA-Educación, Ministerio del poder popular para la educación universitaria; Editor de la Revista *Aquelarre*. Miembro del Consejo Editorial de la Revista *Izquierda*. Su trabajo académico se concentra en la filosofía política. Autor de múltiples publicaciones en el campo del análisis político. Su última obra es *Un ensayo sobre Gramsci. El sentido de la filosofía de la política y la tarea del pensar* (2008).

DANIEL LIBREROS CAICEDO. Abogado. Magíster en Ciencia Política. Candidato a Doctor en Derecho por la Universidad Nacional de Colombia. Profesor del Departamento de Derecho; miembro del Grupo interdisciplinario de estudios políticos y sociales, Universidad Nacional de Colombia. Docente de la Universidad Libre en la Facultad de Derecho. Investigador y Miembro Honorario del Centro Miranda de Venezuela. Miembro del Consejo Editorial de la Revista *Izquierda*. Autor de múltiples investigaciones en temas de política, política internacional, economía política y Derecho.

RICARDO SÁNCHEZ ÁNGEL. Abogado, Magíster en Filosofía. Doctor en Historia por la Universidad Nacional de Colombia. Profesor asociado del Departamento de Historia. Director académico del doctorado en Historia, miembro de la línea de investigación en Historia Política y Social, integrante del Grupo interdisciplinario de estudios políticos y sociales Universidad Nacional de Colombia. Profesor titular Universidad Externado de Colombia. Ha sido decano de la Facultad de Derecho, Ciencias Políticas y Sociales de la Universidad Nacional de Colombia (1989-1993) y director del Instituto para el Desarrollo de la Democracia Luis Carlos Galán (1993-1998). Miembro del Consejo Editorial las Revistas *Izquierda* y *Espacio crítico*. Autor de múltiples publicaciones. Su libro más reciente es *¡Huelga! Luchas de la clase trabajadora en Colombia (1975-1981)*, publicado en 2009.